# 한국통사

韓國痛史

# 한국통사

韓國痛史

국망의 아픈 역사를
되돌아보는 거울

박은식 저 | 김태웅 역해

규장각
새로 읽는
우리 고전
002

아카넷

# '규장각 고전 총서' 발간에 부쳐

　고전은 과거의 텍스트이지만 현재에도 의미 있게 읽힐 수 있는 것을 이른다. 고전이라 하면 사서삼경과 같은 경서, 사기나 한서와 같은 역사서, 노자나 장자, 한비자와 같은 제자서를 떠올린다. 이들은 중국의 고전인 동시에 동아시아의 고전으로 군림하여 수백 수천 년 동안 그 지위를 잃지 않았지만, 때로는 자신을 수양하는 바탕으로, 때로는 입신양명을 위한 과거 공부의 교재로, 때로는 동아시아를 관통하는 글쓰기의 전범으로, 시대와 사람에 따라 그 의미는 동일하지 않았다. 지금은 이들 고전이 주로 세상을 보는 눈을 밝게 하고 마음을 다스리는 방편으로서 읽히니 그 의미가 다시 달라졌다.

　그러면 동아시아 공동의 고전이 아닌 우리의 고전은 어떤 것이고 그 가치는 무엇인가? 여기에 대한 답은 쉽지 않다. 중국 중심의 보편적 가치를 지향하던 전통 시대, 동아시아 공동의 고전이 아닌 조선의 고전이 따로 필요하지 않았기에 고전의 권위를 누릴 수 있었던 우리의 책은 많지 않았다. 이 점에서 우리나라에서 고전은 절로 존재하였던 과거형이 아니라 새롭게 찾아 현재적 가치를 부여하면서 그 권위가 형성되는 진행형이라 하겠다.

　서울대학교 규장각한국학연구원은 법고창신의 정신으로 고전을 연구하는 기관이다. 수많은 고서 더미에서 법고창신의 정신을 살릴 수 있는 텍스트를 찾아 현재적 가치를 부여함으로써 새로운 고전을 만들어 가는 일을 하여야 한다. 그간 이러한 사명을 잊은 것은 아니지만, 기초적인 연구를 우선할 수밖에 없는 현실로 인하여 우리 고전의 가치를 찾아 새롭게 읽어주는 일을 그다지 많이 하지 못하였다. 이제 이 일을 더 미룰 수 없어 규장각한국학연구원에서는 그간 한국학술사 발전에 큰 기여를 한 대우재단의 도움을 받아 '규장각 새로 읽는 우리 고전 총서'를 기획하였다. 그 핵심은 이러하다.

　현재적 의미가 있다 하더라도 고전은 여전히 과거의 글이다. 현재는 그 글이 만들어진 때와는 완전히 다른 세상이다. 더구나 대부분의 고전은 글 자체도 한문으로 되어 있다. 과거의 글을 현재에 읽힐 수 있도록 하자면 현대어로 번역하는 일은 기본이고, 더 나아가 그 글이 어떠한 의미가 있는지를 꼼꼼하고 친절하게 풀어주어야 한다. 우리 시대 지성인의 우리 고전에 대한 갈구를 이렇게 접근하고자 한다.

'규장각 새로 읽는 우리 고전 총서'는 단순한 텍스트의 번역을 넘어 깊이 있는 학술 번역으로 나아가고자 한다. 필자의 개인적 역량에다 학계의 연구 성과를 더하여, 텍스트의 번역과 동시에 해당 주제를 통관하는 하나의 학술사, 혹은 문화사를 지향할 것이다. 이를 통하여 우리의 고전이 동아시아의 고전, 혹은 세계의 고전으로 발돋움할 수 있기를 기대한다.

기획위원을 대표하여 이종묵이 쓰다.

# 차례

해제 한국 근대의 사기(史記)를 읽는다  9

서언  23

# 한국 근대의 사기(史記)를 읽는다

## 이 책을 다시 읽어야 하는 이유

지난 19세기와 20세기는 문명을 내세워 침략과 전쟁, 파괴와 수탈이 저질러진 시대였다. 이른바 극단의 시대였다. 제1차 세계대전과 제2차 세계대전으로 전 인류가 끔찍한 참화를 겪었으며 그 밖에 이념과 문화, 종교의 대립으로 크고 작은 전쟁이 수없이 일어나 세계 각지의 수많은 주민들이 고통을 받았다. 동아시아에서도 일본 제국주의의 대한제국 강점과 대륙 침략 전쟁, 한반도의 분단과 6·25 남북전쟁 등 갈등과 분쟁이 끊이지 않았다.

이에 평화와 공존의 시대를 만들기 위해서는 세계 각국이 지난날의 잘못된 역사를 바로 보고 그것을 정리해야 한다는 목소리가 높다. 특히 한반도를 둘러싼 지난 세기의 역사가 보여주듯이 동아시아 각국이 이러한 시대를 맞이하기 위해서는 과거사의 정리가 절실히 필요하다. 여기에는 일본 제국주의의 침략과 가혹한 통치에서 비롯된 범죄 행위를 규명하고 반성하는 행위가 포함된다. 그뿐더러 19세기와 20세기의 세계 역사가 우리 역사의 전개 과정에서 지니는 의미를 냉정하게 평가해야 한다. 이는 동아시아 각국의 진정한 화해와 교류를 마련할 수 있는 초석이며 나아가 인류가 평화롭게 같이 잘 살 수 있는 시대를 열어가는 실마리가 되기 때문이다.

그러나 최근 지난날 일제의 강점과 침략 전쟁을 미화하려는 움직임이 오히려 강화되고 있다. 일본에서 일어나고 있는 야스쿠니 신사 참배나 역사 교과서 왜곡 움직임은 그러한 사례들이다. 한편, 21세기에 들어와 '개혁'과 '개방'을 내세운 중국은 초강대국으로 부상하는 가운데 이른바 동북공정을 통해 고구려의 역사를 자국의 역사로 둔갑시켰다. 이는 오늘날 중국의 정체성 유지와 국익 확보를 내세워 우리 고대사를 심각하게 왜곡하는 행위이다.

그런 만큼 우리는 한반도를 둘러싼 주변국들의 이러한 움직임을 주시할 필요가 있다. 나아가 현재 우리가 처한 국제 정세와 분단 현실을 역사적으로 이해하기 위해서는 우리가 걸어온 과거의 흔적들을 꼼꼼하게 발견하면서 그 의미를 성찰할 필요가 있다.

그렇다면 지난 1910년 국망(國亡)을 맞이하면서 좌절과 고통을 겪어야 했던 우리 선조들은 자신들의 동시대와 세계를 어떻게 보았는가? 우리는 그들의 쓰라린 삶 속에서 무엇을 배워야 할 것인가? 여기서 우리는 조국 광복을 위해 치열한 삶을 살아가면서 냉철한 인식과 과학적 방법을 통해 당대의 우리 역사를 정리하고자 하였던 백암(白巖) 박은식(朴殷植)을 만나게 된다. 그리고 그의 저술을 통해 근대 고전의 참맛을 느낄 수 있다.

## 민족혼을 불러일으킨 근대의 고전

옛사람이 이르기를 나라는 멸할 수가 있으나 역사는 멸할 수가 없다고 하였으니 그것은 나라는 형체이고 역사는 정신이기 때문이다. 이제 한국의 형체는 허물어졌으나 정신은 홀로 존재할 수 없는 것인가? 이것이 통사(痛史)를 짓는 까닭이다. 정신이 보존되어 멸하지 아니하면 형체는 부활할 때가 있을 것이다.

이 구절은 일제에 나라를 빼앗기고 민족의 존립마저 위태로운 1915년, 박은식이 중국 상해에서 출판한 『한국통사(韓國痛史)』 서언에 나오는 말로 저술의 의도를 잘 보여준다. 비록 책 이름을 '아픈 역사'란 뜻의 '통사(痛史)'라 지었지만, 그는 역사를 통해 우리 민족의 정신을 일깨우면 궁극적으로 나라를 되찾을 수 있다는 희망을 품고 이 책에서 한국 근대의 역사를 일목요연하게 정리하고 있다. 비록 그의 소망과 달리 생전에 광복의 벅찬 감격을 누리지 못했지만 또 다른 저서인 『한국독립운동지혈사(韓國獨立運動之血史)』와 함께 이 책은 일본인의 가슴을 오싹하게 했다.

이에 일본인은 『한국통사』의 한국 내 유입을 막느라고 혈안이 되었고 이것도 뜻대로 되지 않자 아예 한국의 역사를 과학적으로 연구한답시고 1915년 이른바 조선반도사(朝鮮半島史)를 편찬하고자 하였다. 즉 한국의 역사를 자기네들의 입맛에 맞도록 철저하게 왜곡하고 조작함으로써 역사의 진실을 가리고 한국인의 정체성을 말살하고자 하였다. 그리하여 그들은 조선반도사 편찬의 취지를 『한국통사』와 관련하여 다음과 같이 언급하였다.

『한국통사(韓國痛史)』라고 일컫는, 한 재외 조선인의 저서 같은 것이 진상을 규명하지는 않고 함부로 망설(妄說)을 드러내 보이고 있는 것이다. 이러한 사적(史籍)들이 인심을 현혹시키는 해독 또한 참으로 큰 것임은 말로 다할 수 없는 것이다.

당시 일본인들은 한국인들이 『한국통사』에 영향을 받아 항일투쟁에 참여하지 않을까 전전긍긍하고 있었던 것이다. 그들의 이러한 우려는 현실로 나타났으니 중국·노령·미주 등지에서는 한국인들이 이 책을 탐독하거나 그 내용을 전해 들음으로써 일제 침략의 진실과 선조들이 벌인 정열적인 민족운동의 면모를 확인할 수 있었다. 나아가 1917년 하와이에서는 이 책을 한글로 번역 간행하여 재미 한인 학생들의 교재로 사용하기도 하였다.[1] 아울러 국내의 한국인들도 일제의 매서운 눈길을

---

1  하와이 한인 교포들이 경영하는 국민보사(國民報社)에서 1917년 6월 김병식이 한글로 번역한 『한국통사』를 펴냈다.

피해 몰래 책을 탐독하기도 하였다. 예컨대 영남의 대표적인 유학자로서 국내에서 독립운동을 펼쳤던 하겸진(河謙鎭, 1870~1946)은 1930년에 『한국통사』의 결론 일부를 인용하는 가운데 일제가 『한국통사』를 없애려는 책동을 비판하면서 '국사가 망하지 아니하면, 그 나라도 망하지 않는다(國史不亡 則其國不亡)'라는 박은식의 사론(史論)에 적극 공감하였다.

오늘날 냉전의 시대가 끝난 뒤 지구촌 시대를 맞이하고도 나라와 나라 사이에서, 이웃과 이웃 사이에서 인종 · 종교 · 자원 분쟁이 그칠 줄 모르고 일어나고 있다. 그리고 늘 강자가 약자를 힘으로 눌러 자신들의 뱃속을 채우고 있음도 사실이다. 특히 이념의 대결을 대신하여 자국의 이익을 키우고 자국민의 정체성을 강화한다는 구실로 제 나라의 역사를 미화하고 이웃의 역사를 왜곡하고 있다.

이러한 시대에 박은식의 『한국통사』는 사실에 입각하여 강자의 수탈을 위한 침략과 더불어 약자의 평화를 향한 저항을 밝히고 공생의 의미를 되새김으로써 한낱 자기 민족만을 치켜세우는 자민족 중심의 역사서가 아니라 약자의 주체를 살리고 역사의 진실을 세상에 드러내는 역사서이다. 바로 이러한 점에서 『한국통사』는 나라와 나라, 민족과 민족, 개인과 개인이 상호 동등하고 평화롭게 살 수 있는 길을 지난 역사에서 찾으려는 고전으로 자리매김할 만하다.

# 민족사학의 길을 열다

박은식은 1859년 황해도 황주에서 태어났다. 본관은 밀양, 호는 겸곡(謙谷)·백암(白巖)이며, 필명으로는 무치생(無恥生)·태백광노(太白狂奴)·창해노방실(滄海老紡室)·백치(白痴)를 사용했다. 박은식은 『한국통사』에서 태백광노라는 필명을 사용했는데, 여기서 '태백'은 백두산을, '광노'는 나라가 망한 것을 슬퍼하여 미친 채 살아가는 노예를 뜻한다.

그는 중키에 광대뼈가 튀어 나왔으며, 늘 미소 짓는 얼굴에 넉넉하고 소탈한 성품을 지녔다고 알려져 있다. 일찍이 부친에게서 시와 문장을 배웠고 평안도 지방을 두루 돌아다녔으며 20대에는 다산 정약용이 키워 낸 제자의 문하에 들어가 실학에 접하였다. 이때 그는 다산의 여러 저술을 열람하였다. 이후 향시에 합격하여 왕릉의 참봉을 지내기도 하였다. 그러나 그의 이런 평범한 인생은 1894년 동학란과 갑오·광무개혁을 계기로 막을 내리고 서구 문명의 충격과 국가의 개혁 과제 앞에 보수 유학자에서 동도서기론자(東道西器論者)로 변신하였다. 특히 경학과[經學科, 1895년에 성균관(成均館) 내에 설치되었으며 역사(歷史), 지리(地理), 수학(數學) 등의 학문을 배우는 학과] 강사와 한성사범학교(서울대학교 사범대학의 전신) 교관을 지내면서 한국 전통의 사범에 근대교육 체제를 접목하고자 하였다.

또한 박은식은 러일전쟁을 계기로 일제의 침략이 본격화하자 이를 고발하고 친일 내각을 비판하는 등 항일 언론 활동을 정력적으로 벌여 나가는 한편 기존 유교의 폐단을 비판하며 민인(民人) 중심의 유교로 바꿀 것을 주장하였다. 그의 이러한 활동은 일제의 대한제국 강점으로 소기의 성과를 거두지는 못했지만, 다른 계몽 지식인들의 행보와 달리 내적 전통에 대한 신뢰 속에서 스스로 혁신하려는 자세를 보여주어 훗날 민족운동에 귀감이 되었다.

1910년 국망 이후에는 일제에 대항하기 위해 중국으로 망명하여 독립운동에 투신하였다. 이후 대한민국 임시정부의 제2대 대통령으로 취임하여 독립운동 노선의 분열로 흔들리는 임시정부의 위상을 재정립하고자 하였다. 그러나 그는 1925년 11월 그토록 소망하였던 건국사를 쓰지 못하고 노환으로 서거하였다.

그는 이 기간에 독립운동 못지않게 역사 연구에도 몰두하였으니 이때 『동명성왕실기(東明聖王實記)』, 『몽배금태조(夢拜金太祖)』, 『천개소문전(泉蓋蘇文傳)』 등 영웅전과 함께 『한국통사』가 세상에 나왔다. 그의 말대로 역사를 망각하지 않고 제대로 쓰면 언젠가 나라를 찾을 수 있다는 희망이 있었기 때문이었다. 그리하여 그는 만주 지역을 돌아다니며 고대사 연구에 진력한 끝에 기존의 화이론적 역사관에서 벗어나 여진족 등 여러 북방 민족을 모두 단군의 후예로 보고 북방 민족의 역사를 한국 민족사의 범주에 포함시켰다. 특히 『한국통사』에서는 왕과 신하 위주로 서술하는 방식에서 벗어나 한국 근대사를 민인 대중에 중심을 두고 사건 중심으로 서술하는 방식을 채택하였다. 민족사학의 초석을 닦은 셈이다.

# 근대적 방식으로 서술된 최초의 우리 역사

『한국통사』는 고종 즉위년(1863)부터 1911년 105인 사건까지 서술한 역사책으로 1책 3편 114장으로 구성되어 있다. 그런데 이 책은 오랫동안 준비되어 온 책으로 1914년에 완성되었으며 이듬해인 1915년에 상해 대동편역국(大同編譯局)에서 출간되었다. 박은식은 집필 과정에서 10여 종의 책을 참고하는 한편, 각종 신문 자료와 법령집, 조약 등을 대거 활용한 것으로 보인다. 아울러 이 책은 이미 언급한 바와 같이 일찍부터 준비해 온 것으로 추정된다. 예컨대 1907년 고종 강제 퇴위 이후에 『한국통사』 집필 준비에 들어갔다고 상정한다면, 표기하지 않아야 할 "금상(今上) 30년 계사에 이르러"라는 구절로 보아 저자가 범례에서 밝히고 있듯이 1904년 이전에는 이후와 달리 자료 채집에 무척 신경을 썼음을 암시하고 있다. 또한 저자는 평소에 정리했던 글에다가 내용을 추가 보충하였다. 즉 초고로 추정되는 『약기편람(略記便覽)』에 수록된 갑신정변의 서술 내용과 비교 검토하면, 정변에 참가하였던 친구의 구술을 새로 넣었음을 확인할 수 있다. 특히 다른 이의 체험과 의견을 빌려 정변의 뒷이야기를 소개하고 사건의 전체를 평가하고자 하였다. 그의 이러한 수집 노력과 편찬 방식은 역사가로서 반드시 지녀야 할 열정과 자세를 잘 보여준다.

제1편에서는 지리의 대강과 역사의 대개를 다루면서 지리적 환경과 함께 우리 역사의 계통과 내력을 요령 있게 보여준다. 제2편에서는 흥선대원군의 개혁부터 대한제국의 성립 이전까지 다룬다. 여기서는 여러

개혁의 의미와 한계를 짚어 가며 역사적 평가를 내렸다. 제3편에서는 대한제국 성립 이후 1911년 105인 사건에 이르기까지 일제의 침략 과정과 함께 그 부당성과 횡포함을 상세하게 서술하고 그것이 한국인들에게 미친 영향을 소상하게 밝히는 한편 이에 저항한 의병운동과 애국계몽운동을 높이 평가하였다. 특히 한민족이 펼친 개혁운동과 구국운동의 한계를 명확히 짚음으로써 자기 과거를 통렬하게 반성하고 이후 민족운동의 방향을 제시하고 있다.

한편, 『한국통사』에서 보이는 역사서술 체제는 전통적인 역사서술 체제인 기전체나 편년체를 따르지 않고 각 사건·사실들의 내용을 설명할 뿐더러 그 원인과 결과를 서술함으로써 인과관계에 입각한 근대적 역사서술 방법론을 적용하기에 이르렀다. 그러면서도 사실과 사건에 대한 논평을 해당 장의 끝 부분에 가하고 있을 뿐만 아니라 논평이 미진할 때면 「안(按)」 설(說)을 붙여 박은식 자신의 논평을 부기(附記)하고 있다. 이처럼 이전 시기의 역사서술 체제도 일부 수용함으로써 저자의 역사적 관점과 평가를 드러내고자 하였다. 즉 그의 이러한 독특한 역사서술 체제는 근대적 역사서술 방식에 입각한 가운데 전통적 사관(史官)의 포폄(褒貶) 방식을 준용함으로써 국망에 대한 준엄한 반성을 촉구하여 광복의 길을 열어 가려는 저자의 의도를 보여준다. 또한 안중근의 이토 히로부미 저격 사건에서 볼 수 있듯이 열전 방식으로 서술하기도 한다. 그럼에도 그의 이러한 서술 체제는 한국인의 역사서술에서 처음 나타나는 것으로서 이후 한국인의 근대사 저술에 영향을 크게 미쳤다.

따라서 그가 이 책에서 일제의 침략과 한국인의 근대국가 건설 운동을 인과관계에 입각하여 정면으로 서술했다는 점은 이후 한국인들이 일제의 폭압과 교묘한 동화정책에 굴하지 않고 항일민족운동을 지속적으로 추진할 수 있는 힘으로 작용하였다. 그의 실천적 역사인식과 근대적 역사서술이 지니는 의미가 바로 여기에 있다. 결국 주체의 형성과 발전은 자기 문화의 자주적 건설 경험과 외부와의 끊임없는 상호작용 속에서 가능하다는 점에서 이 책은 오늘날 한국 문화가 나아가야 할 방향을 모색함에 곱씹어 읽어야 할 고전인 셈이다. 『한국통사』의 자매편이라 할 『한국독립운동지혈사』를 통해 3·1운동을 비롯한 한국인들의 항일민족운동을 일독한다면 한국 근대사를 이해하는 데 금상첨화일 것이다. 다만 여기서는 책의 성격과 분량상 내용 전체를 완전히 번역하지 않고 일부를 발췌하여 번역하였다. 이를 위해 한국 근대사의 전체 흐름을 잡을 수 있도록 주로 국내정치에 커다란 영향을 미친 사건을 중심으로 우리 말로 옮기고 해설하였다.

끝으로 『한국통사』와 유사한 이본(異本)을 소개하고자 한다. 이는 현재 『한국통사』와 그 이본의 관계가 잘못 알려져 있거나, 이본을 좀 더 활용할 필요가 있기 때문이다.

우선 한국학중앙연구원 장서각에 소장되어 있는 『약기편람(略記便覽)』의 경우, 현재 작자 미상으로 알려져 있지만 수록 내용의 대부분이 『한국통사』와 동일하다. 그런 만큼 원저자는 박은식이 분명하다. 다만 본문 말고는 모든 항목이 누락되어 있는 데다가 본문마저 '임오군변지란(壬午軍變之亂)', '갑신혁당지란(甲申革黨之亂)', '동학지란(東學之亂)',

'을미팔월폐후급복위(乙未八月廢后及復位)', '지방지의병(地方之義兵)', '이필아관살대신김홍집(移蹕俄館殺大臣金弘集)' 등 중요한 정치적 사건의 내용만 수록되어 있다. 그 밖에 '민영환등순국(閔泳煥等殉國)'과 '중국지사반종례도해이사(中國志士潘宗禮蹈海而死)'가 끝부분에 실려 있다. 그런데 '임오군변지란'의 경우에는 같은 일자의 기사가 끝부분에 붙어 있거나, 갑신정변의 경우처럼 저자의 견해를 밝히는 안설(按說)에서는 친구로부터 들은 이야기가 아예 누락되어 있다. 따라서 『약기편람』은 『한국통사』의 초고라고 할 수 없지만 적어도 『한국통사』 초고의 일부 내용을 필사한 책으로는 추정할 수 있다.

반면에 규장각한국학연구원에 소장되어 있는 『한말비록(韓末秘錄)』(한국은행 기탁 도서)은 이와는 상반되는 대표적인 사례로 상해본(上海本)과 달리 문집 형태로 되어 있으며, 본문 앞의 범례·목록·서·서언·삽화 및 본문 뒤의 후서·발 등이 없는 채 본문과 결론만 있다. 그 밖에 누락된 구절을 지면 상단 여백에 첨가하여 기입하고 본문에는 누락 표시를 남기고 있다. 따라서 몇몇 연구자들의 추정과 달리 『한말비록』은 『한국통사』의 초고가 아니라 1915년 이후 『한국통사』를 필사한 책으로 보인다.

이 책을 집필하면서 견지한 원칙과 일러두기는 다음과 같다.

첫째, 『한국통사』의 주요 내용을 해설하는 데 중점을 두었다. ✿로 시작하는 단락은 해설로 내용의 이해를 돕기 위한 것이다. 이는 한국 근대사를 제대로 이해하기가 만만치 않을 뿐더러 고전 읽기의 어려움이 크기 때문이다. 아울러 본문 자체에 충실하고자 하여 해설은 되도록이면 박은식이 살았던 당대의 시점(時點)에 맞추었다. 그리고 당대의 정황을 풍부하게 들여다보기 위해 대표적인 야사(野史)라 할 수 있는 정교의 『대한계년사(大韓季年史)』, 황현의 『매천야록(梅泉野錄)』 등과 대조하기도 하였다. 다만 저자가 사실을 잘못 알고 있거나 해석이 전혀 다른 경우에는 최근의 연구 성과를 참조하여 해설하였다.

둘째, 『한국통사』의 전문을 번역하지 않고 역사의 흐름을 잘 보여주는 정치적 주요 사건을 위주로 번역하였다. 이는 역해서의 분량을 고려한 가운데 해설에 중점을 두었기 때문이다. 따라서 여기에는 국제조약이라든가 경제 침탈 등을 보여주는 내용들은 과감히 생략하였다. 아울러 번역한 원문은 각 장의 뒤에 실었고 이어서 전체 원문의 차례를 부록에 실어 번역에서 생략된 부분을 확인할 수 있도록 하였다. 이에 독자들께서는 이 역해서를 읽고 고전 읽기의 필요성을 느꼈다면, 이전에 나왔던 『한국통사』 완역본을 읽어 속맛을 느끼기를 권유하고 싶다. 이장희 교수가 번역한 박영사본과 김도형 교수가 발췌 번역한 계명대학교 출판부본이 가장 대표적이다. 또한 이 책에서는 원문의 편제를 따르지 않고 발췌 내용을 중심으로 3부로 갈랐다.

셋째, 이전 번역본의 충실한 번역을 바탕으로 하되 간혹 드러나는 오류나 오역은 바로잡으려고 노력하였다. 이는 기존의 번역본이 출간된 이래 많은 연구 성과와 정보가 축적되었기 때문에 가능한 일이었다.

넷째, 내용의 분량은 매우 적지만, 독자들의 이해를 돕기 위해 각 부 첫 부분에 해당 소시기의 역사를 개관하는 글을 붙였다. 이는 일부 원문 내용의 생략에 따른 공백을 메워 주리라 본다.

끝으로, 중국 지명은 당시의 어감을 살리기 위해 되도록이면 우리말 한자 발음으로 표기하였다. 또 고사성어라든가 긴 설명이 필요한 경우는 각주를 따로 두어 설명하되 그 외는 본문에 역해자의 주를 달아 간단하게 처리하였다.

대륙의 원기는 동쪽으로는 바다로 뻗어 백두산에 닿았고, 북으로는 요동 평야를 열었으며, 남으로는 한반도를 이루었다. 한국은 당요(唐堯) 시대에[1] 나라를 세워 인문이 일찍이 열렸고, 그 백성은 윤리가 두터워 천하가 군자의 나라로 칭했으며 역사는 4천 3백 년이나 이어졌다. 아! 우리의 옛 문화가 동쪽 끝에 세 섬으로 이루어져 있는 일본에 파급되어 저들 일본인의 음식, 의복, 궁실이 우리로부터 나왔고, 종교와 학술도 우리로부터 나온 까닭에 저들은 일찍이 우리를 스승으로 삼아 왔는데 이제는 우리를 노예로 삼았구나.

나는 재앙이 닥쳐왔을 때 태어나서 나라 망한 것을 애통해 했는데 차마 죽지 못하고 마침내 도망쳐 나왔다. 경술년 모월 모일 아침에 서울

---

1 중국(中國)의 요(堯)가 도당씨(陶唐氏)이기 때문에 이르는 말이다. 우리 역사의 시원이 중국의 시원과 비슷함을 언급할 때, 이 시기를 자주 거론하였다.

을 떠나 저녁에 압록강을 건너 다시 북쪽 강기슭을 거슬러 올라가 고구려의 옛 수도인 위례성을 바라보며 머물렀다. 고금을 살펴보니 허전한 느낌이 들어 고개를 숙인 채 천천히 거닐며 워낙 그리워하여 오랫동안 떠날 수가 없었다. 이역 땅에 도망하여 있으니 다른 사람을 대하기가 점점 부끄러워지고 길에서 노는 아이들과 저자의 심부름꾼조차 모두 나를 망국노(亡國奴)라고 욕하는 것만 같았다. 비록 세상이 넓다고 하나 이러한 욕을 짊어지고 어디로 돌아가겠는가. 그때 혼하(渾河)[2]의 가을은 저물어 쑥은 꺾어지고 풀은 마르고 원숭이는 슬퍼하고 부엉이는 울어 댄다. 내가 고향을 떠나올 때 슬퍼하며 흘린 눈물이 아직 마르지도 않았는데, 이러한 정경을 보니 더욱 서글퍼져 어찌 견딜 수가 있겠는가. 고국을 바라보니 구름과 연기가 서린 듯 아득하기만 하구나.

아름다운 산천에서 우리 조상들은 살았고, 울창한 삼림들은 우리 조상들이 심었으며, 기름지고 넓은 옥토는 우리 조상들이 경작했고, 금, 은, 동, 철도 우리 조상들이 채취했고, 가축, 물고기도 우리 조상이 길러 왔다. 궁실로 비바람을 피하였으며, 의관으로 금수와 구별하였고 그릇으로 생활을 도왔으며, 예악(禮樂)과 형정(刑政)으로 문명을 창조하였으니 이것이 모두 우리 조상들의 손때가 묻어서 그러한 것이다. 무릇 우리 조상은 그 무한한 두뇌와 피땀을 다하여 우리 자손들에게 생산과 교육의 기구를 물려주어 갖추게 하였다. 이로써 대대로 전수하여 우리의 생활을 푸짐하게 하였고, 우리의 도덕을 바르게 잡아 용모와 기상을

---

2 중국 요녕(遼寧, 랴오닝) 성의 강으로 요하(遼下, 랴오허)의 지류 중 하나. 즉 혼하는 예전에는 심수(瀋水, 선수이)로 불리기도 했다.

길이 멀리 전하였다. 그런데 어찌하여 하루아침에 다른 종족에게 강탈당하여 사방으로 흩어져 살면서 그 고통을 견디지 못하고 있으니 장차 멸절(滅絶)의 환란으로 빠지려는가.

무릇 세상의 강하고 사나운 자는 날로 약한 나라를 침략하여 삼키고 나약한 종족을 도태시키는 것을 능사로 삼으니 그 참혹한 해독을 받은 자가 많지만, 우리 한민족과는 비교할 수 없는 것 같다. 고금의 망국으로써 비교하여 예를 든다면 스웨덴[瑞典]이 노르웨이[那威]를, 오스트리아[奧太利]가 헝가리를 모두 합방했다고 하지만 그 민족의 대우는 차별이 없었는데 한국인도 그렇단 말인가. 터키[土耳其]가 이집트[埃及]를 합병하였으나 아직도 그 왕을 존속시켜 조상에 제사 지내는 일을 변함없이 하게 하였으나 한국의 황제는 오랑캐[일본]가 왕이라는 작위를 내려주었다. 영국이 캐나다 등지에서 헌법을 갖는 것을 허락하여 보장해 주며 의회를 세워 그것을 유지토록 하고 타국과 체결한 조약을 모두 하나하나 보존토록 하는데, 한국인은 이것을 획득할 수 있었는가. 저들 일본이 한국에 대한 시정은 대만에서 시행하는 것과 똑같이 하여 다르지 않게 했는데 대만은 나라도 아닌데 동등하게 하고 있으니, 이것은 망국으로 더욱 낮은 대우를 받는 것이다. 또한 무릇 사람은 옷을 걸치고 음식을 먹으니, 흙을 집어 먹고 샘물을 마시는 벌레와는 같지 아니한즉 삶을 돕게 하는 것은 오직 산업이다. 저 영국이 인도와 이집트에서, 프랑스가 베트남[安南]에서, 미국이 필리핀[呂宋]에서, 비록 강한 힘으로 그 국권을 점유하였으나 백성의 재산은 진실로 스스로 보존토록 맡겼다. 반면에 일본은 가난한 나라로서 궁핍한 백성이 많아 재정이 날로 쪼들리게 되고 부채가 날로 늘어나므로 무겁고 지나친 세금을 한국민에게 가함에 그 조목이 번거롭다. 그리고 가난한 일본 국민들이 맨손으로 한국에 건너오기를 벌떼같이 몰려오는데 우리 국민의 재산을 빼앗지 않고는 생계를 타개할 수 없다. 일본 정부는 자기 국민을 이주토록 하여 번성[殖民]하는 데 급급하나 그들에게 줄 재물이 없으니 비록 한국인에게 관대한 정치를 베풀어 생명선을 보존케 하려 한다 해도 형세가 할 수 없게 되어 있다. 이로써 보건대 고금 망국의 처참함이 한민족보다 더 심한 것이 어디에서 찾아볼 수 있겠는가. 하늘과 땅은 망망하고 쇠잔한 숨길은 깜빡깜빡 희미[耿耿]하여 아픔을 울부짖고 원통함을 호소하는 것을 스스로 그칠 수가 없구나.

　옛사람이 이르기를 나라는 멸할 수가 있으나 역사는 멸할 수가 없다고 하였으니, 그것은 나라는 형체이고 역사는 정신이기 때문이다. 이제 한국의 형체는 허물어졌으나 정신은 홀로 존재할 수 없는 것인가. 이것이 통사(痛史)를 짓는 까닭이다. 정신이 보존되어 멸하지 아니하면 형체는 부활할 때가 있을 것이다. 그러나 이 책은 갑자년(1864) 이후 50년사에 불과할 뿐이니 어찌 족히 우리 4천 년 역사 전부의 정신을 전할 수가 있으리오. 그것은 우리 민족이 우리 조상을 생각하며 잊지 않는 데 있을 것이다. 무릇 예루살렘[耶路撒令]이 망하여 유태인들이 다른 나라를 유리하였으나 다른 민족에게 동화되지 아니하고 이제 2천 년에 이르기까지 유태족의 칭호를 잃지 않았던 것은 그들 조상의 가르침을 보존할 수 있었기 때문이다. 인도가 망하였으나 바라문(婆羅門)이 능히 그 조상의 가르침을 굳게 지키고 부흥을 기다리고 있다. 멕시코[墨西哥]가 스페인[西班牙]에 망하자 교화와 문자가 모두 멸하여 이제 인종은 존재하나 외우는 바가 모두 스페인의 글이고 행하는 바가 스페인의 교화이며 흠모하는 바가 모두 스페인 사람들의 호걸이고 보면, 멕시코 인종의 형체는 존재하나 정신은 이미 전멸하였다. 오늘날 우리 민족 모두가 우리 조상의 피로써 골육을 삼고 우리 조상의 혼으로 영각(靈覺)을 삼고 있으며, 우리 조상은 신성한 교화가 있고 신성한 정법(政法)이 있고, 신성한 문사(文事)와 무공(武功)이 있으니, 우리 민족이 다른 것에서 구함이 옳겠는가. 무릇 우리 형제는 서로 생각하고 늘 잊지 말며 형체와 정신을 전멸시키지 말 것을 구구히 바란다. 이러한 점은 본 책자 이외 우리 민족이 융성하던 시대의 역사에서 구하는 것이 옳을 것이다.

❀

## 『한국통사(韓國痛史)』를 쓴 이유

이 서언은 저자 박은식이 가장 심혈을 기울인 부분으로 『한국통사』를 쓰게 된 동기를 집약적으로 표현하고 있다. 또한 그는 자신의 역사관과 국제정세 인식을 피력하면서 한국 독립의 당위성과 필연성을 설파하고 있다.

이 글은 크게 다음과 같이 구성되어 있다. 첫째, 역사서술의 공간인 우리 국토의 위치와 특징을 언급하고 있다. 둘째, 우리 역사의 유구함과 고유한 문명을 짧은 몇 마디로도 서술하고 있다. 셋째, 나라를 잃은 망국민의 고통과 슬픔을 절절하게 표현하고 있다. 넷째, 일제의 한국인 탄압과 차별을 여타 나라와 비교하는 한편 일본의 경제력에 비추어 한국 독립의 필연성을 끌어내고 있다. 끝으로 이 책의 집필 동기를 밝히며 자신의 국혼론(國魂論)을 설파하고 있다.

우선 저자는 한반도의 지리상 위치를 소개하면서 역사의 전개 공간인 국토를 설명한다. 거기에는 한반도에 국한되지 않고 만주를 포함하는 영토를 아우른다. 그래서 서언 첫 단락에서 북으로는 넓은 평야를, 남으로는 한반도를 언급하고 있다. 이는 조선 후기 한반도에 국한시켰던 국토 인식에서 벗어나 조선 후기 역사학자 이종휘(李鍾徽) 이래 끊어질 듯 끊어지지 않고 내려오던 역사인식에 바탕을 두고 고조선, 부여, 고구려의 주 무대였던 만주를 중시한 셈이다.

저자의 이러한 국토관은 우리나라 역사의 기원에서도 그대로 드러난다. 그는 1915년 『한국통사』 발간 당시로부터 4천 3백 년을 거슬러 올라가 고조선의 건국을 언급하고 있는 바와 같이 기원전 2333년을 우리 역사의 기점으로 잡고 있다. 그래서 『삼국유사(三國遺事)』의 편년에 따라 고조선 건국 기원을 요임금 시대와 같다고 서술한 것이다. 아울러 이처럼 우리 역사의 유구성을 언급하는 가운데 문화적 자부심을 강하게 피력하고 있다. 즉 그는 『산해경(山海經)』에서 언급한 바와 같이 백성의 윤리 의식이 돈독하여 군자의 나라라 불렸다는 사실을 강조한다. 이러한 도덕적 자부심은 『한서지리지(漢書地理志)』에서 묘사된 우리나라 고대의 사회상을 떠올리게 한다. 여기서는 "사람들이 도적질하는 일이 없고, 부인들의 마음가짐이 곧으며, 예의가 바르고, 음식에 절차와 질서가 있다"라고 기록하고 있다. 그뿐더러 "동이(東夷)는 천성이 유순해서 그 밖의 세 지방(남쪽, 북쪽, 서쪽) 사람들과 다르다. 때문에 공자가 올바른 도가 행해지지 못하는 것을 슬퍼하여 바다를 건너 구이(九夷)에 살고자 한 것이 까닭이 있다"라고 서술하고 있다. 그리고 이승휴의『제왕운기(帝王韻紀)』도 저자의 이러한 인식에 영향을 미쳤을 것이다. 이승휴는 "사방 수천 리 가운데 바로 조선인데 강산의 수려한 모습이 중국에 알려졌다. 밭을 갈고 우물을 파는 예의의 나라이니 중국 사람이 소중화(小中華)라 이름 지었다"라 하여 중화의 핵심을 강조하고 있는데, 저자도 이 글을 참고하였으리라 본다. 이처럼 저자는 중국의 역사서를 참고하고 우리 내부에서 오랫동안 전해져 내려오던 '군자의 나라'를 부각시켜 서술하고 있는 것이다.

한편, 저자는 이러한 '군자의 나라'에 살았던 우리 조상이 일본에 의(衣), 식(食), 주(住)와 함께 학문과 예술을 전수했음에도 일본이 오히려 우리 민족을 노예로 삼았음을 비판하고 있다. 기본적으로 도덕사관에 입각하여 한일 관계의 역사를 보는 그의 인식을 볼 수 있다. 이는 그가 역사학자이면서도 양명학자라는 점에서 당연한 귀결이다.

이어서 저자는 국망에 즈음하여 유학자로서 나아가야 할 길을 제시하면서 망명의 길을 선택했음을 밝히고 있다. 물론 그 역시 유학자였기 때문에 매천 황현처럼 1910년 8월 국망과 함께 자결해야 함에도 부득이하게 망명하게 되었음을 부끄러이 여김을 토로하고 있다. 그리하여 그는 죽지 못하고 망명 계획을 수립하였다. 그가 서언에서 밝힌 대로 경술년인 1910년에 압록강을 건너 만주로 들어갔다. 그러나 이러한 서술은 그의 명백한 착오에서 나왔다. 그는 1910년에 압록강을 건너지 못하고 병든 아내 이씨를 지켜보아야 했다. 그리고 얼마 뒤인 1911년 3월 아내가 병사하자 상례를 지낸 후 바로 4월에 표연히 망명을 결행하였다. 그는 드디어 압록강을 건너 국경을 탈출한 뒤 만주의 환인현(桓仁縣) 흥도천(興道川)에 있는 동지 윤세복(尹世復, 1881~1960)의 집을 찾아 갔다. 윤세복은 애국지사이며 독실한 대종교 신도로서 후에 제3대 교주를 지낸 인물이었다. 여기서 윤세복 형제가 세운 동창학교(東昌學校)의 교사로 근무하면서 학생들에게 민족의식을 고취하고자 하였다.

저자는 이처럼 만주의 서간도 환인현 흥도천을 첫 망명지로 택했다. 이어서 민족종교인 대종교의 영향을 받아 대종교 신도가 되었다. 1914년에는 단재 신채호가 윤세복의 초청을 받아 이곳에 머무르기도 하였다. 단재는 이곳에 머물며 집안(集安) 등의 고구려 유적지와 그 밖의 발해 유적지를 돌아보았다고 한다. 이처럼 윤세복의 집은 근대 역사가의 산실이었다.

그 점에서 저자가 북안을 거슬러 올라가 위례성을 바라보았다는 사실은 중요한 시사점을 준다. 즉 위례성은 기존의 지적과 달리 서울 위례성이 아니라 환인현 소재 고구려 오녀산성으로 비정할 수 있다. 왜냐하면 백제의 위례성은 흥도천에서 보일 만한 거리에 있지 아니하며 오히려 정방형으로 우뚝 솟은 오녀산성(五女山城)이 환인현 어디에서도 보일 수 있는 위치에 있었기 때문이다. 또한 오녀산성은 중국 발음으로 우루성이며 이는 왕성(王城)의 우리말인 어라성과 발음이 통하기 때문이다. 따라서 그는 졸본성이라 불리는 오녀산성을 바라보며 독립운동의 길과 함께 역사 연구의 전도를 고민하지 않았을까 한다. 즉 그는 국가와 민족의 시원을 찾으면서 한국사의 계통을 밝히려고 했던 것이다.

## 나라 잃은 망명객의 슬픔과 아픔

박은식은 조선시대의 사대부와 마찬가지로 사상가이자 역사가이면서 문인이기도 하여 감성이 무뎌질 수는 없었다. 그는 혼하(渾河)[3]의 강가에서 오녀산성을 바라보며 나라 잃은 망명객의 고독과 슬픔을 절감하면서 "원숭이는 슬퍼하고 부엉이는 울어 댄다"라는 구절에서 느낄 수 있다시피 가을날 고향을 떠나 타향에서 고국을 바라보며 애처로운 심정을 그대로 드러내었다. 그 내용은 우선 두보(杜甫, 712~770)의 「등고(登高)」라는 한시를 떠올리게 한다. 두보의 시 중 그의 가슴을 파들어 갔던 시 구절은 이런 게 아니었을까.

風急天高猿嘯哀
바람은 빠르고 하늘은 높아 원숭이 휘파람 소리 애달파
渚淸沙白鳥飛廻
물가는 맑고 모래는 깨끗한데 새는 날아도네.
......

---

3 혼강(渾江)을 혼하(渾河)로 오기한 것으로 보인다. 혼강은 환인현을 지나가는 압록강 지류로 백두산에서 발원하여 압록강으로 흘러들어간다.

艱難苦恨繁霜鬢

어려움과 고통에 귀밑머리 다 희어지고

潦倒新停濁酒杯

늙고 쇠약한 몸이라 새로이 탁주마저 끊어야 한다네.


두보는 잘 알다시피 당나라의 대표적인 시인으로 이백(李白)과 쌍벽을 이루었다. 그러나 시적 재능과 달리 그의 처지는 매우 딱하였으니 현종 말엽에 일어난 안녹산의 난(755)을 시발로 난이 이어지자 이곳저곳 정처 없이 타향을 떠돌아다녀야 했다. 그러던 차에 그는 높은 산에 올라갔는데 이때가 음력 구월 구일 중양절이었다. 늙고 병든 몸으로 가족과 떨어져 객지에서 살고 있는 그의 애처로운 심정은 말로 이루 다 할 수 없었을 것이다. 백암도 자신의 심정을 조선시대에 많은 선비들로부터 충성심을 높이 산 두보의 한시에 빗대어 토로한 것이리라. 더욱이 감정이입의 대상이 두보의 한시 「북정(北征)」에서 언급하였던 올빼미 치(鴟)와 통하는 부엉이 휴(鵂)로 바뀌어 나오니 그 심정이 오죽했으랴.

저자는 이처럼 두보의 처참한 심정을 빌려 자기의 통절함을 표현하였다. 심지어 두보는 고향을 떠난 신세에 머물렀지만 저자는 자신을 나라를 잃은 망국노(亡國奴)라고 부르며 호되게 자책하였다. 그 신세의 고달픔과 애절함을 나라 잃지 않은 사람으로서 어찌 알겠는가.

그러나 저자는 자신의 고국산천을 자랑스럽게 여겼다. 우선 산천이 매우 아름답다고 하였다. 아울러 조상들이 삼림들을 심었으며 넓은 옥토를 가꾸어 낸 업적을 자랑스럽게 생각하였다. 이는 허세가 아니었다.

자연조건이 풍부한 가운데 문명을 일으켰음을 하나하나 들고 있음에서 그의 자부심을 느낄 수 있다. 특히 예악(禮樂)과 형정(刑政)으로 문명을 창조한 것이 우리 조상들의 손으로 이루어졌음을 강조하고 있다. 아울러 그는 우리 조상들이 온갖 재주와 피땀으로 후손들에게 생산 기반과 문화 전통을 물려주었음을 부각시키고 있다. 그가 늘 강조했던 생산과 교육의 의미를 되새길 수 있는 대목이다. 나아가 물질적인 풍요와 함께 화락하고 단아한 기상을 강조하기에 이르렀다. 그러나 조상들이 이렇게 만든 나라가 하루아침에 타 민족에게 호탈(豪奪)당하여 사방으로 흩어져 빌어먹고 살게 되었으니 그로서는 비통함을 참을 수 없었을 것이다.

## 제국주의 국가의 통치체제를 비교하다

여기서 저자는 우리 민족에게 고통을 가져다준 일본 제국주의의 침략을 타 제국주의의 침략과 비교하며 통치상에서 드러나는 극심한 차별을 논하고 있다. 여기서 일컫는 차별은 정치적 차별을 비롯하여 경제적, 사회적, 문화적 차별을 포함한 개념이다. 그리하여 스웨덴과 오스트리아가 각각 노르웨이와 헝가리를 통치했음에도 차별이 없었다는 점을 역설하고 있다. 물론 제국주의가 여타 피지배 민족을 통치하면서 차별이 없었겠는가. 다만 차별의 정도가 우리와 달랐다는 점을 강조하는 것이다. 또한 터키가 이집트를 멸망시켜도 왕을 존속시켜 조상에게 제사 지내는 것을 허락하였던 데 반해 한국의 황제는 모든 지위를 잃고 일본 화족(華族) 체제에 편입되고 말았던 것이다. 또한 캐나다를 예로 들면서 영국이 캐나다와 다른 나라 사이에 맺은 조약을 보존토록 한데 반해 한국인은 그런 기회를 가질 수 없었던 것이다. 심지어는 대한제국을 국가로도 발전하지 못한 대만과 유사하게 대우하는 것에 비판하였다.

그의 이런 지적은 제국주의 국가의 식민지 또는 자치령 국가에 대한 정책을 면밀하게 검토한 결과의 소산이다. 우선 영국의 자치령 같은 백인 이주 식민지에서는 본국과 같은 참정권이 부여되었고 이들은 독자적인 의회와 법률 체계를 가진 준독립국과 마찬가지의 지위를 누렸다. 또한 프랑스의 식민지 알제리는 꽤 이른 시기부터 본국 의회에 참가할 수 있었고 네덜란드의 식민지 인도네시아도 식민지 의회가 생겨났다. 물론 이러한 기능이 본국 의회의 기능과 같을 수는 없다. 그럼에도 일본은 오히려 무단통치를 통해 조선인의 민의를 압살하고 독립운동을 탄압하였다는 점과 비교할 때, 영국과 프랑스의 지배가 덜 가혹했던 셈이다. 나아가 저자는 영국, 프랑스, 미국이 식민지 민중의 재산권을 훼손하지 않는 데 반해 일본은 한국인의 재산권을 침탈하였음을 강조하고 있다. 예컨대 토지조사사업, 동양척식주식회사의 일본인 이민 사업 등 일제의 척식사업이 그것이다. 그리고 그 이유를 후발자본주의 국가로서의 경제적 취약성에서 찾고 있다. 따라서 저자는 일제가 경제력의 취약으로 말미암아 조선인들을 관대하게 대하려고 해도 조선인의 재산권을 계속 침탈할 수밖에 없으리라고 확신하고 있다. 이는 그가 국제정세를 인식하는 가운데 제국주의 국가의 식민정책을 규정하는 정치체제, 경제력 등을 충분히 감안하면서 민족운동을 내다보았기 때문이다.

## 역사를 잃지 않으면 언젠가 나라를 다시 찾으리

박은식은 이처럼 민족운동의 정치적, 경제적, 사회적, 문화적 기반을 분석하는 한편 주관적 조건의 형성에 관심을 기울였다. 이른바 그의 국혼론(國魂論)이다. 즉 나라는 객관적으로 멸하였다고 하나 정신이 홀로 남는다면 부활할 수 있다는 것이다. 이와 같은 국혼론적 역사인식은 확실히 대한제국 멸망 이후 독립운동의 정신적 동력을 제공하였다.

여기서 '나라는 멸할 수가 있으나 역사는 멸할 수가 없다'는 옛 사람의 말에 귀를 기울일 필요가 있다. 이 구절은 사관들이 자주 언급했던 것으로 가까이는 조선 세종 대에 편찬한 『고려사(高麗史)』 전문(箋文)에 나온다. 원래 이 뜻은 현재의 국가가 이전의 국가를 멸망시킬 수는 있어도 역사마저 없앨 수는 없다는 것으로 현재의 국가가 이전 시대의 역사를 편찬해야 한다는 뜻이다. 그러나 저자는 멸망시킨 국가의 처지에서 논하는 것이 아니라 망국민의 처지에서 자신의 국가가 망했어도 민족의 역사 즉 집단 기억을 보존한다면 언젠가 나라를 다시 찾을 수 있다고 역설한다. 그리고 이것이 아픈 한국 근대사를 서술하는 이유라고 밝히는 것이다. 그리하여 역사를 보존하여 언젠가 나라를 찾을 민족으로 유태인, 인도인을 들고 있다. 반면에 비록 나라를 세웠다고는 하나 이미 역사를 잊어버려 동화되었기 때문에 정신을 잃어버린 사례로 스페인에 동화된 멕시코를 들고 있다.

그러나 우리 민족은 오랜 시기에 걸쳐 혈연공동체 의식, 문화공동체 의식을 지녀 왔기 때문에 언젠가 나라를 찾을 수 있다고 자신하고 있다. 그것은 저자가 말한 대로 "오늘날 우리 민족 모두가 우리 조상의 피로써 골육을 삼고 우리 조상의 혼으로 영각(靈覺)을 삼고 있으며, 우리 조상은 신성한 교화가 있고 신성한 정법(政法)이 있고, 신성한 문사(文事)와 무공(武功)이 있다"라는 혈연적·역사적·문화적 기반의 자부심에서 비롯한 것이다.

# 緒言

大陸之元氣, 東走於海, 而極於白頭山, 北開遼野, 南爲韓半島, 韓建國於唐堯之世, 人文夙開, 其民篤於倫理, 天下以君子之國稱之, 而歷史縣縣乎四千三百餘年矣, 嗚呼, 昔日之文化, 波及於極東三島, 彼之飮食衣服宮室, 出於我矣, 敎宗與學術, 出於我矣, 故彼嘗師之矣, 而今乃奴之耶, 余生丁陽九, 慟纏黍離, 旣不能死, 遂逃之, 以庚戌歲某月日, 朝辭漢京, 夕濟鴨水, 更溯北岸而上, 望慰禮城而止焉, 俛仰今古, 曠感異常, 低回依戀, 久不能去, 而異域逬蹤, 對人增慚, 街童市卒, 擧若詈余以亡國奴者, 天地雖大, 負此安歸, 時渾河秋暮, 蓬斷草枯, 猿哀鵑啼, 以余之哭辭松楸桑梓, 淚尙未乾, 而有此觸目添悲, 尤何以堪, 瞻望故國, 雲烟縹緲, 佳哉山川, 吾祖宅之, 蔚乎森林, 吾祖植之, 臁原沃壤, 吾祖耕之, 金銀銅鐵, 吾祖採之, 家畜川魚, 吾祖養之, 官室以避燥濕, 衣冠以別禽獸, 器皿以資利用, 禮樂刑政以造文明, 皆吾祖之手澤也, 夫吾祖竭其無限之腦之血之汗, 而貽我子孫生産敎育之具者備焉, 用克世世傳守, 以厚吾生, 以正吾德, 流愷悌於長遠, 奈何一朝, 被他族之豪奪, 而糊口四方, 顚沛流離, 不堪其苦, 亦將蹈滅絶之患耶, 且夫世之强暴者, 日以侵呑弱國, 淘汰孱種爲事, 受其慘毒者比比, 而莫吾韓若矣, 以古今亡國而比例之, 瑞典之與那威, 奧太利之與匈牙利, 均謂之合邦, 而其民族之待遇, 無等級之懸也, 韓人有是乎, 土耳其雖倂埃及, 而猶存其王, 使之奉祀罔替, 而吾韓皇, 夷爲王爵矣, 英吉利之於坎拿大諸地, 許其有憲法, 以保障之, 立議會, 以維持之, 其與他國所訂之約, 俾皆一一保存之, 韓人能獲此乎, 彼其施政於韓者, 一以施諸臺灣者施之, 而無差殊, 臺非國也而等焉, 是亡國而尤下者也, 且夫人者, 絲身穀腹, 非如食壤飲泉之虫, 則所以資生者, 惟産業耳, 彼英之於印埃, 法之於安南, 美之於呂宋, 雖以强力佔其國權, 而民産固任其自保矣, 日本貧國也, 多窮民財政日絀, 債臺日高, 故苛稅暴斂, 加之韓民者, 式繁其條, 而窮民之赤手渡韓者, 蜂擁而至, 非奪我民之産者, 無以爲活, 自其政府急於殖民, 而亦無資以給之, 雖欲施寬政於韓人, 存其生脈, 而勢有不能, 以此觀之, 古今亡國之慘, 孰有甚於韓者乎, 穹壤茫茫, 殘喘耿耿, 叫痛呼寃, 自不能已, 而古人云, 國可滅, 史不可滅, 蓋國形也, 史神也, 今韓之形毁矣, 而神不可以獨存乎, 此痛史之所以作也, 神存而不滅, 形有時而復活矣, 然是編也, 不過甲子以後五十年史耳, 烏足以傳我四千年歷史全部之神乎, 是在吾族念吾祖, 而勿忘焉耳, 夫耶路撒冷雖亡, 而猶太人流離異國, 不同化於他族, 至今二千年, 能不失猶太族之稱號者, 以能保其祖之敎也, 印度雖亡, 而婆羅門能堅守其祖敎, 以待復興焉, 若墨西哥之亡於西班牙也, 敎化文字盡滅, 今人種雖存, 而所誦皆班文, 所行皆班化, 所慕皆班人之豪傑, 則墨人種形雖存焉, 而神已全滅矣, 今吾族俱以吾祖之血爲骨肉, 以吾祖之魂爲靈覺, 而吾祖有神聖之敎化, 有神聖之政法, 有神聖之文事武功, 吾族其可他求耶, 凡我兄弟念念不忘, 勿爲形神全滅, 區區之望也, 是則求諸是編之外吾族隆盛時代之歷史可也.

제1부

# 조선 사회의 동요와 대원군의 개혁, 그리고 서구 열강의 통상 요구

　안정되었던 조선 사회는 임진왜란과 병자호란의 양란을 거쳐 17·18세기에 들어오면서 점차 동요되기 시작하였다. 농업 생산력의 발전과 그에 따른 교환경제의 발달은 신분제와 결합된 중세 사회체제를 무너뜨려 나갔기 때문이다. 특히 19세기 세도 정권의 정치적 부패와 수취체제의 모순은 삼정(三政)의 문란으로 이어져 사회 모순을 더욱 깊게 하였다.

　농민들의 불만은 날로 커져 점차 조선왕조의 존립 자체를 위협하기에 이르렀다. 이들은 삼정에 대한 문제점을 제대로 인식하면서 소장(疏狀)을 작성하여 관아에 삼정의 폐단을 시정해 달라고 요구하는가 하면 꽹과리와 징을 두들기며 자신들의 목소리를 높이기도 하고 때로는 횃불 시위도 벌였다. 그러나 이러한 방법으로 자신들의 요구 사항을 관철시킬 수 없다고 판단하자, 그들은 집단적인 무력 봉기를 일으켰다. 1862년의 임술민란이 대표적인 경우로 민란이 70여 고을에서 일어날 만큼 이전에는 볼 수 없었던 농민들의 무력 시위였다.

　이에 세도 정권은 삼정이정청을 설치하여 농민들의 요구 사항을 소극적이나마 검토하는 한편 농민들의 열기를 누르기 위해 무력 진압을 시도하였다. 비록 정부의 무력 진압에 눌려 수포로 돌아갔지만, 농민들은 이러한 민란을 통해 반봉건 의식을 키울 수 있었고 훗날 전국적인 규모의 동학란을 일으킬 수 있는 기반을 점차 쌓아 나갔다.

이러한 가운데 조선인들의 대외적 위기감도 크게 고조되고 있었다. 19세기 중·후반 식민지 쟁탈을 벌이던 서구 열강이 통상 수호를 내세워 조선에도 침략의 손길을 뻗쳐 왔기 때문이다. 이에 대원군을 중심으로 안으로는 삼정의 문란을 바로잡고 서원을 철폐하는 등 각종 사회개혁을 단행하였으며, 밖으로는 서구 열강의 침투를 막기 위해 군비를 강화하고 천주교의 전파를 엄격하게 금지하였다. 그리하여 대원군의 통상 수호 거부 정책은 제국주의 열강의 팽창정책과 정면으로 부딪혀 두 차례의 양요로 표출되었다.

# 01

# 지리의 큰 줄기

한국은 아시아 동남쪽에 돌출한 반도국으로, 그 경계가 동쪽으로는 창해(滄海, 동해의 다른 이름—역해자)와 접하여 일본해와 떨어져 있고,[1] 서쪽으로는 황해에 임하여 중국의 산동, 강소의 두 성을 마주하고 있으며, 북쪽으로는 압록강·두만강 일대로 만주 3성 및 러시아령 블라디보스토크(海蔘威) 및 시베리아와 연결되었고, 남쪽으로는 조선해협으로 일본의 구주[규슈]와 마주한다. 동남으로는 대마도[쓰시마]와 마주하며, 수로로 1백여 리밖에 떨어져 있지 않아 하늘이 맑고 깨끗한 날씨에는 육안으로 서로 볼 수 있다. 또 우리나라의 위치는 동경 125도 5분에서 135도 5분에 이르고, 북위 33도 46분에서 43도 2분에 이르며 전 면

---

1  모든 번역본에서는 창해를 푸른 바다로 번역하였으나 창해는 동해의 다른 이름이다. 바로 다음에도 창해라는 용어가 나오는데 "백두산이 …… 동으로 창해를 연하고"라는 구절로 보아 창해는 동해를 가리킨다.

적은 약 8만 평방 마일로서 인구는 대략 2천 만이 된다.

백두산(『산해경(山海經)』에는 불함산, 『당서(唐書)』에는 태백산 — 저자주)은 북쪽 국경 지대에 있으며, 높이가 1만 척이 되고 산 위에 천지라는 큰 못이 있으니 둘레가 80리나 된다. 물줄기가 세 갈래로 갈라져서 흑룡(저자의 오류, 송화 — 역해자), 두만, 압록의 세 강을 이루었다. 백두산은 전국 모든 산의 조종(祖宗)이 된다. 동으로는 창해를 연하고 산맥이 뻗어 남쪽을 향하여 달려 함경 강원도 땅에 이르러 철령(鐵嶺)이 되고, 금강산이 되고 대관령이 되었으며, 경상도 태백산에 이르러 등성이가 두 갈래로 나뉘어 왼쪽 갈래는 동쪽을 향해 바다로 들어가고 오른쪽 갈래는 소백이 되었으며, 조령, 속리, 덕유 등의 산을 형성하였고 지리산(일명 두류산)에 이르러 끝났으니 이것은 가장 큰 줄기이다. 덕유산의 한 지맥은 동남으로 달려 해남현에 이르러 바다를 건너 제주의 한라산이 되었으니, 세칭 삼신산(三神山)이라 불리는 것은 바로 금강산, 지리산, 한라산을 말하는 것이다.

평안, 황해, 경기, 충청 여러 도의 산 또한 모두 백두산 지맥에서 곁가지로 나온 것으로, 그 모양이 마치 이탈리아의 알프스 산맥이 대륙을 막아 있고, 아펜니노 산맥이 중앙을 가로지른 것과 같으므로, 지세로 논하는 사람은 우리나라를 동아시아의 이탈리아라 부르기도 한다. 열국 세력의 충돌점으로 말하면 유럽의 발칸[巴爾幹] 반도와 너무 비슷하므로 지정학과 관련하여 아시아의 발칸이라 부르기도 한다.

해안의 동쪽과 서쪽은 지형에 따라 높고 낮음의 차가 심하니, 동해안은 충진 바위로 이루어지고 깎아 세운 듯한 낭떠러지가 많고 출입의 굴곡이 적어서 해만(海灣)에 좋은 항구가 없을 뿐만 아니라 섬이 매우 적다. (서해안의) 밀물과 썰물의 차가 매우 심하여 10척 내지 35척에 이르며 경기도 인천이 더욱 심하다. 남해안 또한 출입의 굴곡이 많고 물이 깊어서 정박하기에 딱 맞다.

동해안에는 동조선만이 있으니 그 물굽이의 머리가 들어가 영흥만이 되고 서북으로 침입하여 송전만이 되고 그 남쪽에 덕원만이 있으며 물굽이 안에 원산항이 있으니 즉 동해 유일의 좋은 항구로, 항내의 물이 깊어서 큰 선박을 수용할 수 있다. 그 북쪽에는 북청, 단천, 성진포가 있으며, 러시아와 접경한 지역에 경흥만이 있다. 동조선만 남쪽 해안에 영일만이 있고, 그 남쪽에 울산만이 있다. 그 물이 깨끗하고 많으므로 벽해라 부른다.

서해안의 황해에는 반도 모양이 있다. 북쪽의 큰 물굽이는 서조선만이 되고, 근해에는 섬이 많다. 황해와 반도 사이에 대동 하구의 물굽이에는 들어간 곳이 있으나 얕은 곳이 많아서 선박이 통과하기 어렵다. 대동강 또한 대동만이라 부르는데 큰 선박을 수용할 수 있다. 강화만은 황해 남쪽에 있으며 물굽이 안에 인천항과 제물포가 있고, 부근에는 큰 선박을 정박시킬 수가 있다. 한강 하구 또한 선박이 내왕할 수 있으며, 강화만 남쪽에 남양반도가 갑자기 쑥 나왔고, 그 남쪽 물굽이를 남양만이라 칭하고 태안반도가 꼬불꼬불하게 나왔다. 그 남쪽으로 가로지른 섬이 안면도이고, 반도 남쪽 해안에 군산포가 있다. 전라도 해안에는 섬들이 흩어져 있을 뿐 아니라 물굽이의 들어간 곳이 또한 많아서 정박지가 된다.

남해안은 곶과 해만의 출입이 많으며 1백여 개의 섬이 그 전면을 가로지르고 있어 동양의 좋은 항만이다. 그 서쪽 구석으로 갑자기 쑥 나온 우수영에서 진도까지를 벽파정(碧波亭)이라 한다. 동쪽은 길고 곧은 길로 거제도 가까이에 이름난 진해, 마산 양만이 있다. 진해만은 광대하여 가히 세계 열국의 함대 전체를 수용할 수 있어 동양 해전의 제일의 요지가 된다. 또한 동쪽 구석으로 절영도 근처에 하나의 만이 있으니 부산포가 그것이다.

큰 강으로 두만강, 압록강, 대동강, 청천강, 한강, 금강, 낙동강이 있으며, 물줄기가 5백 리 또는 7백 리, 1천 리로 바다에 들어간다.

압록강은 백두산 서쪽 산기슭에서 발원하여 두만강과 등을 지고 흐르며 처음에는 남쪽으로 흐르다가 다시 서쪽으로 흘러 다수의 작은 시내와 합치며 혼하(渾河)의 큰 물줄기 또한 모여 수량이 갑자기 불어, 창성 이하부터는 배가 다닐 수 있다. 옥강진 이하는 왕왕 모래밭이 있으며 구련성(九連城)에 이르러 애하(靉河)의 물줄기를 받아들인다. 구리도, 어적도, 중강도, 금정도가 있으며 나뉘어 세 강이 되었다가 안동현에 이르러 하나의 강으로 합치니 기선과 작은 군함이 드나들 수 있다. 하류로 신의주, 용암포 등이 있으므로 매우 긴 무역의 강이 된다.

청천강은 평안도의 중앙부에서 서쪽으로 흘러 황해 입구로 흐르며 강의 남쪽을 청남, 북쪽을 청북이라 이르되 고구려의 명장 을지문덕 장군이 여기에서 수나라 대군을 수장한 곳이다. 칠불사, 골적도 등의 고적이 있다.

대동강은 그 원류가 하나는 평안남도 영원에서 나오고, 또 하나는 황해도 곡산에서 나와 합쳐서 남쪽으로 내려오다가 평양 들판에 이르러 천천히 흐르니 장삿배가 대단히 많이 모여든다. 만경대에 이르러서는 기선의 정박지가 되고 진남포를 거쳐 어은동에 이르면 강폭이 넓어져 10리나 되고 깊이는 20심(1심은 8척)이나 되어 황해로 흘러 들어간다.

한강은 남북 두 강이 있는데 남강(오늘날 남한강)이 가장 길다. 근원은 강원도 오대산에서 시작해서 꾸불꾸불 남으로 흐르다가 영춘에서 충청도로 들어온다. 다시 서쪽으로 흘러 충주를 거치면서 조금 북쪽으로 꺾여 경기로 들어와 비로소 북강(오늘날 북한강)과 합쳐 수량이 증가한다. 다시 경기도 남쪽을 거쳐 북으로 꺾이어 임진강과 합치어 그 흐름이 더욱 커지며 예성강 물과 합하여 황해로 들어간다.

금강은 그 근원이 한 줄기는 덕유산에서 시작되고, 한 줄기는 속리산에서 발원하며 충청 전체의 관개 역할을 감당하여 농산(農産)에 유용된다. 강경은 하류에 있어 전라도와 접경을 이루며 상업의 요지가 된다.

낙동강은 남한에서 큰 강이다. 경상도 전체가 관개의 혜택을 받아 농산물의 풍부함이 전국에서 으뜸이다. 대구 서쪽과 성주 동쪽을 둘러싸고, 구불구불 돌아 밀양을 거쳐 남쪽으로 흐른다. 삼랑진에서 남쪽으로 꺾여 김해로 흘러간다. 다대포에 이르러 해협으로 들어가니, 강 어구에는 섬이 많으며 가덕도가 그 부근에 있다. 강의 전체 길이가 7백 리여서 배가 6백 리까지 통행하며 하류는 큰 배와 1백 톤의 기선이 왕래한다. 겨울철에도 물이 얼지 않는다. 강에 접해 있는 평야는 남쪽을 향하여 열려 있다. 바닷바람은 따스하게 불고 기후도 온화하다. 또한 선적 화물도 중류에서부터 강을 이용하며 남으로 내려와 바로 마산포와 진해만으로 나올 수 있다.

두만강은 백두산에서 발원해서 압록강과 등을 지고 흐른다. 무수한 시내를 합쳐 경원과 훈춘 사이로 흐르며 만(滿)과 한(韓)의 통로를 가로질러 경흥과 러시아령을 지나 경계를 획정하고 있다. 조산만 및 러시아령 피득 대제[표트르 대제] 만(灣)의 사이를 거쳐 동해로 들어간다. 녹도 또한 대륙에 연결되고 반도 모양을 이루고 있다. 강의 길이는 9백 리이며 강 입구는 1백 톤짜리 기선이 통행할 수 있으며 경흥 강안까지 이를 수 있다.

〈후략〉

✿

저자와 쌍벽을 이루는 신채호는 역사를 다음과 같이 정의하였다.

역사란 무엇인가. 인류 사회의 아와 비아의 투쟁이 시간적으로 발전하고 공간적으로 확대되는 심적 활동의 상태에 관한 기록이다.

때문에 그는 때[時], 땅[地], 사람[人] 세 가지는 역사를 구성하는 3대 요소라 보았다. 즉 아(我)가 활동하는 공간은 국사(國史)의 공간이요, 비아(非我)가 활동하는 공간은 만국사(萬國史)의 공간이다. 그래서 단재는 조선사를 시술하려는바, 조선 민족을 아의 단위로 잡고, 아의 태어나고 자라고 발달해 온 상태를 서술의 제1요건으로 하고, 그리하여

(1) 최초 문명은 어디에서 기원하였으며 (2) 역대 강역은 어떻게 늘어나고 줄어들었으며 (3)……

순으로 기술해야 한다고 주장하였다.

저자도 역시 역사의 무대라 할 공간 즉 강역(疆域)을 중시하였다. 일찍이 정약용이 『아방강역고(我邦疆域考)』를 쓴 이유도 여기에 있다. 그는 주체적인 처지에서 국토 연구의 필요성을 다음과 같이 주장하였다.

신이 생각하건대 천하에서 다 연구할 수 없는 것은 지리인 반면에 천하에서 구명하지 않을 수 없는 것도 지리보다 더한 것은 없다고 봅니다.

이 점에서 역사에 부차적 구실만 해왔던 기존의 지지(地誌)와 그 성격을 달리했다. 이러한 지리관은 근대 개혁기로 이어지면서 독자성을 점점 띠게 되었다. 왜냐하면 근대 민족 형성의 객관적 조건으로서 지역(영토)의 공동은 혈연의 공동과 함께 그 의미하는 바가 매우 크기 때문이다. 『대한신지지(大韓新地誌)』를 집필한 장지연은 서문에서 다음과 같이 지리학 연구의 필요성을 역설하였다.

오늘에 있어 우리들이 무엇보다도 시급히 연구할 것은 우리나라의 지리가 아니겠는가. 저 서양학자의 말에 "지리의 학문이 일어나지 아니하면 애국심이 나지 아니한다"라고 하였다. 그러므로 불란서가 독일에 패전하여 알사스 로오렌의 두 개 도시를 빼앗기고서, 자기 나라의 지도에 딴 색깔을 그어서 전국 학자들에게 널리 인식을 새롭게 하였는바, 분연히 궐기하여 수치를 씻고자 보복할 계획을 세우니, 임금과 신하들이 바라보고서 깜짝 놀랐다는 것은 이것을 증명한 것이니라.

이처럼 계몽운동가들은 지리학을 민족의식과 함께 국토의식을 고양하는 방도로 여겼다. 따라서 이 시기의 역사학자들은 역사와 함께 강역에 관심을 두었다.

저자의 경우, 그의 흥학설(興學說)에서 서양의 학문을 소개하면서 지리학을 빼놓지 않았다. 그리고 본인 자신이 한성사범학교 교사로 재직하면서 지리학에 관심을 기울였다. 당시 한성사범학교에서는 지리가 필수 과목으로서 저자로서도 익히 그 의미를 인식하였을 것이다.

그런데 저자는 장지연이 활자본으로 출판한 『아방강역고』를 염두에 두면서도 그 체제를 그대로 따르지 않았다. 여기에 지지적 성격과 함께 자연지리적 성격을 가미하였다. 그런 점에서 그의 서술 체제와 내용은 장지연의 『대한신지지』를 따르고 있는 셈이다. 전통적인 지지보다는 서양의 근대 지리학의 성과를 고스란히 반영하려는 의도에서였다. 나아가 그는 1911년에 지은 『몽배금태조』에서 밝힌 대로 "역사를 제대로 알기 위해 지리를 연구하기에 이르렀다." 게다가 땅의 형세가 인물 형성에 미치는 영향이 크다고 보고 청년들에게 지리 연구를 통하여 뜻과 기개를 키우고 마음의 바탕을 닦아 나아가야 한다고 역설하였다.

우선 장지연이 집필한 『대한신지지』에서 한반도의 위치에 관한 설명이다.

아국의 위치는 아세아 주의 동부에 있으니 지나 대륙의 동북부로부터 발해와 황해와 일본해의 사이에 돌출하여 길쭉하게 생긴[楕長] 반도국이다.

이와 비교할 때 저자는 장지연과 달리 한반도가 동쪽으로는 창해 즉 동해에 접해 있음을 강조하고 있다. 이는 역으로 장지연이 동해를 일본해로 이해한 것이 아닌가 짐작되게 한다.

저자의 강역 서술은 다음 순으로 전개되었다.

우선 한국이 아세아 동남에 돌출한 반도국임을 명시하면서 사방의 경계를 동해, 황해, 압록강, 두만강, 조선해협으로 한정하고 있다. 이는 서문과 달리 역사 주권을 강조하기보다는 대한제국의 영토 주권을 고스란히 이어받았다고 하겠다. 아울러 영토 위치를 표시하기 위해 근대적 자오선을 받아들여 동경과 북위 도수를 밝혔다.

이어서 저자는 산천을 서술하였다. 이것은 신경준의 『산경표(山經表)』와 정약용의 『대동수경(大東水經)』의 방식대로 산천을 서술하였다. 이역시 장지연의 『대한신지지』 내용과 유사하다. 그러나 『대한신지지』는 백두산을 앞머리에 서술하였어도 여타 산도 병렬시켜 서술하고 있다. 반면에 『한국통사』는 여타 산을 백두산과 대등하게 병렬시키지 않고 백두산의 줄기에서 갈라져 나온 산으로 묘사하고 있다. 이는 신경준의 『산경표』에 준한 것으로 보인다. 그것은 백두산을 백두대간의 중심이라고 여겼기 때문이다. 아울러 여기서 주목할 점은 저자는 『대한신지지』와 달리 지정학적 조건에 관심을 기울이고 있다. 즉 그는 지세로는 이탈리아와 비슷하다는 점에 유념하면서 지정학적으로는 유럽의 발칸 반도라고 부르고 있다. 이는 그가 제1차 세계대전을 보면서 한반도 역시 세계 열강의 충돌점이라 보았던 것이다. 특히 청일전쟁, 러일전쟁을 목도한 그로서는 한반도의 이러한 지정학적 조건을 그냥 간과할 수 없었다. 나아가 서구 열강과의 수호 통상을 언급하는 다른 대목에서는 한반도를 둘러싼 세력 균형이 이루어지면 우리나라도 가히 유럽의 모든 약소국과 같이 독립하겠지만, 어느 한 나라가 우승을 독점하여 잠식을 시도하게 되면 위험하게 될 것이라고 지적하였다. 이 점에서 장지연의 자연지리적 인식에서 벗어나 국제 정세와 연계하여 지리적 위치를 이해하였던 것이다.

# 第一編

## 第一章 地理之大綱

韓國在亞細亞東南之突出半島國也, 其境界, 東濱滄海, 隔日本海, 西臨黃海, 對中國之山東江蘇二省, 北鴨綠豆滿江一帶, 接滿洲三省及俄領海蔘威西伯利亞, 南朝鮮海峽, 對日本之九洲, 東南對對馬島, 水道僅百餘里, 天晴日朗, 擡眼相望, 其位置, 自東經百二十五度五分至百三十度五十分, 起北緯三十三度四十六分盡四十三度二分, 面積約八萬方哩, 人口約二千萬.

白頭山(山海經曰不咸山, 唐書曰太白山)在國北境, 高一萬尺, 上有天池, 周八十里, 其流分三條, 爲黑龍豆滿鴨綠三江, 山爲全國諸山之祖, 東沿滄海, 蜿蜒連亘, 向南走至咸鏡江原二道之地, 爲鐵嶺爲金剛爲大關嶺, 至慶尙道太白山嶺脊, 分兩支, 左支向東走入海, 右支爲小白山, 爲鳥嶺俗離德裕諸山, 至智異山(一名頭流山)而盡, 是爲最長之脈, 德裕一支, 東南走, 至海南縣, 渡海爲濟州漢拏山, 世所稱三神山者, 即金剛智異漢拏也, 平安黃海京畿忠清諸道之山, 亦皆白頭支脉之旁出者, 其狀恰如伊太利亞爾布之限大陸, 亞倍那之縱貫中央, 故論地勢者, 稱爲東亞之伊太利, 以列國勢力衝突點言之, 酷似歐洲之巴爾幹, 故關於政治, 稱爲亞洲之巴爾幹.

海岸東西, 隨地形, 而高下差甚, 東海岸多層嚴斷崖, 出入少屈曲, 海灣無良港, 島嶼甚少, 而潮汐漲縮之差亦少, 縱有之, 而於釜山六尺餘, 至元山僅一尺, 西海岸於低平地, 出入多屈曲, 島嶼多嚴石性, 港灣亦夥, 潮汐漲縮之差頗多, 達於十尺乃至三十五尺, 京畿之仁川尤甚, 南海岸出入, 亦多屈曲, 水深宜碇泊.

東海岸有東朝鮮灣, 其灣頭入而爲永興灣, 西北侵入爲松田灣, 其南有德源灣, 灣內爲元山港, 卽東海惟一之良港, 港內水深, 容巨船, 其北有北青端川城津浦, 與俄領接境, 有慶興灣, 自東朝鮮灣之南岸, 有迎日灣, 又其南有蔚山灣, 其水澄淸, 故稱碧海.

西南岸之黃海, 有半島狀, 北之大灣, 爲西朝鮮灣, 近海多島嶼, 黃海半島間, 有大東河口之灣入, 而淺渚甚夥, 船不可通, 大同江亦稱大同灣, 容巨船, 江華灣在黃海之南, 內有仁川港及濟物浦, 附近可泊大船, 漢江河口, 亦容船舶, 江華灣之南, 有南陽半島突出, 其南灣稱南陽灣, 有泰安半島曲出, 橫於其南者安眠島, 其南岸有群山浦, 全羅之海岸, 島嶼散布, 灣入亦多, 爲碇泊地.

南海岸最多岬角海灣之出入, 而百餘島嶼, 橫其前面, 東洋之良港灣也, 其在西角而突出石水營及珍島間者, 爲碧波亭, 東有長直路, 在巨濟島之近, 有著名之鎭海馬山兩灣, 鎭海灣者, 其廣大可容世界列國之全部艦隊, 爲東洋海戰之第一要地, 又於東角絶影島之近, 有一灣曰釜山浦.

江河之大者曰, 頭滿鴨綠大同淸川漢江錦江洛東, 而其流或五百里, 或七百里, 或千里而入海, 鴨綠江發源於白頭山之西麓, 與頭滿江背流, 始南下, 更西流, 合多數細流, 而渾河之大流, 亦會而增其量, 其流自昌城以河可通航, 玉江鎭以下往往有沙洲, 至九連城, 容靉河之流, 有九里島於赤島中江島黔定島, 而分爲三江, 至安東縣, 合爲一江, 容汽船及淺汽水之軍艦, 下有義州龍巖浦等, 故爲千里長流之貿易河也.

淸川江, 自平安道之中央西流, 而注於黃海口, 江之南曰淸南, 北曰淸北,高句麗名將乙支文德, 淬殺隋兵於此, 有七佛寺骨積島等古蹟.

大同江, 其源一出於平安南道之寧遠, 一出於黃海道之谷山, 合衆流南下, 至平壤之野而成緩流, 商船輻湊, 至萬景臺, 爲汽船碇泊地, 經鎭南浦至漁隱洞, 幅闊十里, 深二十尋, 入黃海.

漢江, 有南北二江(南曰濕, 北曰汕), 南江最長, 源出於江原道之五臺山, 屈曲南流, 自永春入忠淸道, 又西流經忠州, 稍折北而入京畿, 始會北江, 其流增大, 又經京畿之南, 折北合臨津江, 其流益大, 復合禮成江水, 入黃海.

錦江, 其源一出於德裕山, 一出於俗離山, 爲忠淸全道之灌漑, 宜農産, 江景在下流, 與全羅接境, 爲商業要地.

洛東江, 南韓之大江也, 慶尙全道被其灌漑, 農産之富, 冠於全國, 繞大邱西星州東, 屈曲經密陽, 南流之三浪津, 折南入金海, 至多大浦注海峽, 江口多島嶼, 加德島在其接近, 江長七百里, 航運通六百里, 下流通大船與百噸之汽船, 冬期無冰, 沿江平野, 向南開通, 海風送暖, 氣候溫和, 又船積貨物, 自中流之營江南進, 直出馬山浦及鎭海灣.

豆滿江, 發源於白頭山, 與鴨綠江背流集, 無數之川, 流於慶源琿春間, 而橫截滿韓之通路, 過慶興與俄領劃境, 乃由造山灣及俄領彼得大帝灣之間, 而注東海, 鹿島亦連大陸, 而成半島形, 江長九百里, 江口通百噸汽船, 航至慶興岸

(후략)

# 02

# 대원군의 섭정

계해(癸亥, 1863) 겨울 12월 철종이 승하하고 뒤를 이을 자손이 없자 익종의 왕비 조씨가 명을 내려 흥선군(興宣君) 이하응(李昰應)의 둘째 아들로 왕위를 잇게 하였다. 대신 정원용 등이 의장(儀仗)과 시위(侍衛)를 갖추어 운현궁 사저로 가서 대궐로 모셔들였다. 조씨의 명을 받들어 익종의 승통을 받아 익성군에 봉하고 이어 왕으로 책립하였다. 그때 나이 12세였다. 조씨를 높여 대왕대비로 하고, 헌종 왕비 홍씨를 왕대비로 하였으며, 흥선군을 대원군으로 삼았다.

대왕대비는 나랏일이 많고 어려우며 새로운 왕은 어리니 대원군에 명하여 정사를 대신하도록 하였다. 조두순을 영의정, 김병학을 우의정, 이경하를 훈련대장 겸 포도대장으로 각각 삼았다.

살펴건대[按] 대원군은 나라를 다스릴 만한 능력은 가지고 있었으나 애석하게도 그 배운 바가 없어 나라를 잘 다스리지 못하였다. 무릇 나라를 다스리는 데 뜻을 둔 자는 인자함으로써 임금에게 극진히 하고 백성을 윤택하게 한다든지, 재주로써 큰일을 떠맡아 어려운 것을 잘 처리할 수 있다든지, 용기로써 원성을 견디고 어려움을 잘 처리할 수 있다 하더라도 그 자리를 얻지 못하면 잘할 수 없다. 이제 대원군은 그 자리가 임금과 같아 권한이 자기 한 몸에 집중되어 있었고, 모든 관리가 그의 지휘를 좇으며 모든 백성이 그의 명성을 우러러보았다. 따뜻함이 봄날의 따스한 햇빛과 같고, 사나움이 번개 및 세찬 바람과 같았다. 주위에 간섭이 없고 밑에서 거슬림이 없었으니 명령하면 바로 행하고 금지하면 바로 그쳤다. 이에 후세의 이·주(伊·周)라 할 만하니[1] 가능하지 않은 것이 없었다. 비록 그 자리가 있더라도 재주가 미치지 못한다면 또한 능히 그 일을 할 수 없는 것이다.

대원군은 용맹하고 과감하며 풍치가 번개처럼 빠르고 변통에 능하여 옛 관례에 구애받지 아니하고, 일을 바로 단행하여 다른 사람의 말을 돌아보지 않았다. 권세 있는 인척을 배제한다든가 문벌을 깨뜨린다거나 군포제를 고친다거나 서원을 철폐하는 따위의 일들은 모두 뛰어나고 굳센 힘에서 나온 것이었다. 대대로 내려오던 동주철벽(銅柱鐵壁)과 같은 굳은 습관에 손을 대어 부수었으니 참으로 정치상 대혁명가라고 할 수 있다.

---

1 이는 은나라의 이윤(伊尹), 주는 주나라의 주공(周公)을 가리킨다. 이윤은 탕의 재상이 되어 걸을 치고 탕으로 하여금 천하의 왕이 되게 하였다. 주공은 문왕의 아들이며 무왕의 아우였는데, 무왕을 도와 은(殷)나라 주왕(紂王)을 치고 왕실을 세우며 어린 조카 성왕을 대신하여 나라를 다스렸다.

또한 그 당시로 말한다면 전 지구상의 시국이 일변하여 구미(歐美) 풍조가 동아시아에 스며들어 중국은 영국 및 프랑스와 전쟁을 치뤘고, 일본은 혁신의 소리를 외쳤으며, 한반도도 따라서 동요하였으니, 이 시기는 정계의 영걸들이 옛것을 없애고 새것을 반포하며 나라의 기틀을 다시 세워 하늘로부터의 큰 명을 맞이하여 이어가야 할 때였다. 하물며 외척이 나라를 병들게 한 나머지 백성들이 바야흐로 초췌하게 되어 잘 다스려지기를 바라는 가운데 목이 타고 굶주려 음식을 가리지 않는 상황에서랴.[2]

무릇 그 자리는 할 만했고, 재주도 할 만했으며, 시운 또한 할 만했는데, 꼭 필요한 것은 배움이었다. 옛날과 지금을 두루 통하고 안과 밖을 관찰할 만한 학식으로 그 힘센 팔을 걷어붙이고 새로운 조선을 건설하여 문명 열강과 같이 바다와 육지로 함께 달리며 여유로워야 했었다. 그러나 애석하게도 배움이 없어 국내를 다스리는 데는 사사로운 지혜를 임의로 사용하여 움직임이 많고 거동이 지나쳤으며, 국외를 대하는 데는 배척을 주장으로 삼아 문을 닫고 스스로 소경이 되었다. 마침내 변란이 매우 가까운 데서 발생하여 화가 나라에 미쳤으니 반도 중흥의 기운도 기어코 회복되지 못하였다. 아! 애석하도다. 아픈 역사가 여기에서 비롯되었다.

대원군은 먼저 정권을 통일하여 큰 기강을 세웠다. 이전에는 정당이 갈라져서 사색(四色)이 기치를 내거니 우리나라 정당에는 노론, 소론,

---

2 '이위음식(易爲飮食)'은 『서경(書經)』에 나오는 구절이다.

남인, 북인이 있으니 이를 일러 사색이라 불렀다. 이들 정당은 각각 성벽과 성루를 차지하고 서로 다투니 이쪽이 강하면 저쪽이 쇠약하고, 동쪽에서 일어나면 서쪽에서 분발하여 보복이 끊이지 않았다. 생생한 피가 길게 흘러 3백 년간 비록 어질고 지혜 있는 선비나 충성스럽고 착한 신하일지라도 모두 이 당쟁의 소용돌이에 빠져들어 감히 나랏일을 자기 임무로 삼는 자가 없었고, 외척들이 권세를 마음대로 부림에 미쳐서는 각기 나뉘어 권력 다툼을 하였으며, 벼슬을 위해 아첨하고 뇌물을 서로 다투었으니, 그 길이 하나가 아니었다. 대원군은 외척을 배제하고 당쟁을 가라앉히고, 사람을 쓰되 오직 그 사람의 재주만을 보고 가문에 구애되지 않았으며, 정사를 행하되 오직 한길로 나갔다. 달리 곁길이 없어 권력이 하나로 통일될 수 있었다.

『한국통사』의 본격적인 서술은 고종의 즉위 과정에서 시작된다. 왕조국가에서 왕의 즉위는 이전 시대와 다른 새로운 시대의 시작을 의미할 뿐더러 이 시대가 대원군의 여러 정책과 외세의 침략에서 볼 수 있듯이 세도 정권 시대와 구별되는 시대라고 판단했기 때문이다.

그러나 오늘날 새로운 시대의 중심이라 할 대원군을 둘러싼 논란은 어느 주제에 못지않게 크면서도 대체로 부정적인 방향으로 흐르고 있다. 그것은 무엇보다 대원군이 쇄국정책을 취한 까닭에 한국 근현대사가 비극의 역사로 점철되었다는 것이다. 그러면 후대의 평가가 이렇다고 한다면 대원군 시기와 가장 가까웠던 시기에 살았던 저자는 어떻게 인식하고 서술했을까. 물론 망국의 현장을 눈으로 똑똑히 보았고 몸으로 겪었기 때문에 저자 역시 대원군 정권에 대한 평가는 냉정하다. 저자가 내용 서술보다도 많은 지면을 「안(按)」 설(說)에 할애함에서 잘 드러난다. 그럼에도 이러한 이분법적 평가를 넘어서서 대원군 시대를 바라보는 그의 시각을 알기 위해서는 저자가 대원군의 섭정을 왜 『한국통사』의 시작으로 삼았는지를 파악할 필요가 있다.

물론 전통적인 역사 편찬은 왕대별로 나누어 서술하는 방식을 취한다. 이 점은 고종 시대의 역사를 편년체로 서술한 정교(鄭喬)의 『대한계년사(大韓季年史)』에서 잘 드러난다. 그는 편년체에 입각하여 고종 즉위부터 연대순으로 서술하는 방식을 취하고 있다. 따라서 내용상으로는 여러 사건들의 중요성과 의미에 대한 평가를 통해 그의 역사관과 사건에 대한 인식이 드러나고 있을지 몰라도 사건의 인과관계, 시대 구분 및 역사 인식 등을 파악할 수 없다. 반면에 『통사』는 『대한계년사』와 달리 연대순보다는 사건 중심으로 서술하고 있을 뿐더러 사건 상호 간의 인과관계를 중시하고 있기 때문에 서술 대상의 선정과 편제 방식, 차례 등을 통해 역사를 체계적으로 정리하고자 하는 편찬 자세를 확인할 수 있다.

그렇다면 대원군의 섭정을 『한국통사』의 서두로 장식한 이유는 기존의 편찬 방식과 다른 데서 찾을 필요가 있다. 그것은 본문에서 언급하고 있듯이 대원군이 '고금을 회통하고 중외(中外)를 관찰할 만한 학식'을 갖추지 못해 국내외의 환경 변화를 따라가지 못하는 잘못을 저지름으로써 국망을 초래했다는 점이다. 저자는 이를 대원군의 하야에서 다음과 같이 부연 설명하고 있다.

만사를 독단하여 권세를 휘두르며 현자를 얻으려 하지 않고 정권을 잡자 토목공사(경복궁 중건 등)를 서둘러 횡렴을 일삼았으며 형륙(刑戮)을 남용하였으며 쇄국을 스스로 장하다 하여 대세의 흐름을 부질없이 반대하였으니 이것은 그의 단점이요 실정인 것이다.

따라서 저자의 말대로 이러한 실정(失政)을 먼저 언급하기 위해 『통사』의 서두를 여기에 잡은 것이다.

하지만 이 장을 자세히 분석하면 대원군에 대한 평가가 부정 일변도로 흐르지 않고 있음을 확인할 수 있다. 즉 저자도 인정하고 있듯이 대원군은 정치상 혁명가로서 세도 정치를 종식시켜 권척을 배제하고 문벌을 깨뜨리고, 호포제를 실시하였으며, 서원을 철폐했다는 점을 부각시키고 있다.

반면에 1910년 일제가 대한제국을 강점하자 자결을 선택했던 황현은 대원군 정권 10년에 대해 매우 가혹하게 평가하고 있다. 그의 말을 직접 들어보자.

운현이라는 사람은 장동 김씨의 부귀를 부러워하다가 하루아침에 뜻을 얻자 사치와 교만에 빠져 제멋대로 방자하게 굴었던 것이 장동 김씨에 비교해서 오히려 더한 편이었다. 그리하여 원기를 훼손하고 백성들에게 원망을

샀으며, 한갓 토목공사에 매달리고 색목(色目)에 편들기로 10년 사업을 삼

았으니, 오호라 이는 시운이었던가? 천년 후에 또한 반드시 이 일에 탄식하

고 통탄할 자가 있을 것이다.


이처럼 황현은 박은식과 달리 대원군의 개혁정책을 전혀 언급하지

않은 채 토목공사를 신랄하게 비난하고 있다. 특히 '색목 편들기'라고

주장하여 대원군의 탕평 인사를 다르게 보았다.

그러나 저자는 한마디로 대원군이 권력을 하나로 통일할 수 있는 기

반을 만들었다고 주장하였다. 또한 임오군란을 평가하는 과정에서 대

원군 집권 시기에 재정이 풍족하고 관리들이 청렴하여 민란이나 군변이

일어나지 않았음을 강조하였다. 따라서 이후의 서술 내용은 저자의 이

러한 인식 속에서 사안별로 자세하게 서술하고 이어서 그 의미를 구체

적으로 부여하고 있다.

# 第二編

## 第一章 大院君攝政

癸亥冬十二月, 哲宗殂無嗣, 翼宗王妃趙氏, 命以興宣君昰應之第二子嗣位, 大臣鄭元容等, 具儀衛, 奉迎於雲峴私邸入宮, 以趙氏命, 承翼宗統, 封爲翼成君, 尋冊立爲王, 時年十二歲, 尊趙氏爲大王大妃, 憲宗王妃洪氏爲王大妃, 興宣君爲大院君, 大王大妃以國事多難, 新君幼沖, 命大院君攝行政事, 以趙斗淳爲領議政, 金炳學爲右議政, 李景夏爲訓鍊大將兼捕盜大將.

按大院君, 幾乎能國矣, 而惜無其學不國矣, 夫志乎爲國者, 雖仁足以致君澤民, 才足以扁鉅治劇, 勇足以任怨排難, 而不得其位, 則不能有爲, 今大院君, 其位如君, 大權總于一己, 百僚從其指揮, 萬姓仰其聲光, 昫之爲陽春和煦, 屬之爲迅雷烈風, 旁無掣肘, 下無逆鱗, 令之斯行, 禁之斯止, 則其爲後世之伊周, 固無不可也, 雖有其位, 而才不逮者, 亦無能爲役, 大院君剛猛果敢, 風馳電掣, 制合變通, 則舊例不足存, 事屬斷行, 則人言不足恤, 如排除權戚, 劈破門閥, 革軍布, 撤書院之類, 皆出於卓絕之毅力, 累世習慣之銅桂鐵壁, 觸手而碎, 真政治上大革命家也, 且以其時而言之, 全球之時局一變, 歐米風潮浸及東亞, 中國經英·法之爭, 日本倡革新之聲, 韓半島亦隨以動搖, 則是政界之傑, 除舊布新, 重修邦基, 迓續景命之會也, 況外戚病國之餘, 民方憔悴, 喁喁望治, 飢渴易爲食飲者乎, 夫其位可以有爲也, 才可以有爲也, 時又可以有爲也, 而所須者學耳, 使其有會通古今觀察中外之學識者, 以其鐵腕, 建設新朝鮮, 與文明列邦, 併驅海陸, 可卓如也, 惜無其學, 治內則私智自用, 動多過擧, 對外則排斥爲主, 閉鎖自瞎, 卒乃變生肘腋, 禍烈於國, 半島中興之運, 遂不復焉, 嗚呼惜哉, 痛史始此.

大院君首先統一政權, 而大綱擧矣, 先是政黨分派, 四色旗幟, 吾國政黨有老論·少論·南人·北人, 名之曰四色, 各占壁壘, 互相角勝, 此強彼衰, 東蹶西奮, 報復無已, 鮮血長流, 以故三百年間, 雖賢智之士·忠諒之臣, 率溺此黨爭之旋渦, 而無敢以國事爲己任者, 及夫外戚用事, 亦各分門爭權, 宦途之鑽營·苞苴之媒介, 各走蹊逕而不一塗焉, 大院君排除外戚, 消弭黨爭, 用人惟才, 不拘門地, 行政惟專, 無他旁岐, 而權統於一矣.

# 경복궁의 중건

경복궁은 개국 초에 창건되어 임진왜란 때 전쟁으로 인한 재앙으로 불타 없어졌다. 주춧돌은 나뒹굴고 인적이 끊어지며 잡초만 우거진 지 2백 년이 되었다. 헌종 때에 일찍이 중건하자는 논의가 있었으나 재정이 궁핍하여 그만두었다. 고종 즉위 때에 이르러 대원군이 앞장서서 조정에 건의하기를, "이는 선왕이 남기신 뜻이어서 감히 어길 수가 없다"라고 하였다. 반대하는 자가 있었으나 그것을 물리치고 이렇게 공사를 일으켰다. 대장군 이경하(李景夏)에게 명령을 내려 감독하게 하였다. 조세를 많이 거두고 인두세(人頭稅)를 부과하였다. 또한 경기도 내의 백성을 동원하여 돌아가면서 일을 시켰으니 하루에 모이는 인원이 수만에 이르렀다. 춤꾼과 노래에 능한 기생을 모집해서 한 무리를 짓고 공연케 하여 일꾼들을 격려했다.

관동 지방의 큰 나무를 벌채하여 강물에 띄워 멀리 수송하였으며, 목재를 쌓아 둔 모양이 산더미 같았다. 그런데 어느 날 저녁에 불이 나서 목재가 타 버리자 많은 사람들이 크게 놀라며 공사를 그만두자 하였으나 대원군은 조금도 흔들리지 않고 더 널리 목재와 돌을 채집하여 하루 빨리 완성하라고 독촉하였다. 또한 대대로 세력이 있는 집안[大家]의 무덤가에 심은 나무까지 벌채하여 손에 넣으라고 명령하면서 이르길 "이 일은 국가의 장한 일로서 그대 집안의 조상에게 영혼이 있다면 필시 즐거하며 도와줄 것이다"라 하였다.

다시 백성에게서 의연금을 거두면서 원납전(願納錢)이라 하였으니, 중산층 이상은 모두 면할 수 없었다. 그래도 모자라서 다시 당백전(當百錢)을 주조하여 충당하였다. 을축년(1865)에 시공해서 정묘년(1867)에 낙성하니 공사 비용이 8천 만 량이었다.

이어서 대궐 밖 좌우편에 육부[六曹] 청사를 다시 지어 나란히 자리 잡게 하였다. 이에 왕은 창덕궁에서 거처하는 곳으로 옮겨 과장(科場: 과거 시험)을 베풀고 낙성식을 가졌다.

무릇 경회루(慶會樓)의 장엄함과 화려함은 사방에서 우러러보는 사람들을 기쁘게 하거나 놀라게 하였다. 이 일은 대원군의 과감한 결정이 아니었으면 이루어질 수 없었다고 할 수 있다. 그러므로 이것을 보건대 그의 성격을 상상해 볼 수 있다.

그러나 이런 토목공사야말로 정치가 안정되고 제도가 정해지며 국가 재정이 풍족하게 된 연후에 했어야 하였는데, 선왕의 궁궐을 수축하니 누구든지 옳지 못하다고 하였다. 그때로 말하면 온갖 법이 해이되고 국력이 피폐하였으니 그 피폐하고 추락된 것을 들어 고치는 것이 무엇보다도 급했다. 그런데 이와 같이 급한 시기에 할 것은 아니하고 안할 것을 하였으니 이것을 말함이 아닌가. 하물며 당백전을 주조하여 화폐정책을 더욱 어지럽히고 원납전을 징수하여 민력(民力)을 쇠약하게 하였으니 완급(緩急)을 정하는 데 실패한 것이 크다.

❀

경복궁 중건은 저자가 대원군 정권의 가장 크나큰 실책으로 꼽는 주제여서 무엇보다 연대순에 구애되지 않고 가장 먼저 서술하였다. 이는 다분히 대원군 정권의 실정을 부각시키면서 반성의 대상으로 삼기 위함으로 보인다. 그리고 그의 인식은 오늘날에도 영향을 미쳐 대원군 정권의 내정 중에서 가장 큰 실정을 꼽으라고 한다면 당연히 경복궁의 중건 사업이다. 저자는 이러한 중건 사업은 국가가 잘살고 풍족하게 된 연후에 했어야 할 사항으로 분명히 옳지 못했다고 비판하고 있다. 특히 중건 과정에서 화재로 소실된 뒤 다시 짓는 과정에서 거두어들인 원납전이나 주조한 당백전의 폐해를 신랄하게 비판하고 있다. 그의 이러한 평가는 당시 일반 민인들의 목소리였다. 황현은 이러한 목소리를 다음과 같이 전하고 있다.

바야흐로 역사(役事)를 시작할 때 재정이 텅 비어 일을 진행할 수 없어 팔도의 부호들을 뽑아서 돈을 할당하여 거두어들이니 파산한 집이 속출하였다. 관리들이 상관으로부터 지시를 받거나 회의를 하는 자리에서는 원납전

(願納錢)이라 칭하는데, 백성들은 입을 삐죽 대면서 '원납(願納)'이 아니라 '원납(怨納)'이라고 하였다.

이처럼 경복궁 중건 과정에서 일어난 부작용은 만만치 않다. 그러나 대원군 정권에 늘 국망의 책임을 묻는 상황에서 이러한 지적은 전체 상황을 놓칠 수 있다. 당시 이러한 수탈과 국망이 경복궁 중건에서만 비롯된 것인가에 대해서 냉정하게 되돌아볼 필요가 있다.

우선 경복궁 중건 사업은 대원군 정권 초기 개혁 정치의 성과에 힘입어 이를 발판으로 왕권을 강화하고 국가적 위엄을 되살리는 데 역점을 두었다. 그리고 이는 역대 국왕의 오랜 염원이었다. 이 중 개혁 정치를 추구하다가 병사한 익종(순조의 아들)의 염원을 담았다는 점에서 경복궁 중건은 순조 말년에 개혁을 시도하였다가 좌절된 정치의 연장선에 있다고 볼 수 있다. 물론 일각에서는 충분한 재정이 확보되지 않은 상태에서 추진했음을 비판할 수 있다. 그러나 비록 원납전의 형태이기는 하지만 정부의 포상과 관직 수여 방침에 고무되어 많은 이들이 거금을 바쳤다. 또한 왕실 스스로가 솔선수범을 보이기 위해 내탕금 10만 량을 하사할 정도로 적극적으로 참여하였다. 그 결과 원납전은 496만 4백 50량 5전에 이르러 일을 순조롭게 진행시킬 수 있었다. 특히 정부는 부역하는 백성들에게 일종의 수고료로 1인당 1전씩을 지급하였고 서울 근교 주민들이 매일 공사장까지 왕복하는 노고를 덜어주기 위해 그들에게 옥방을 제공하여 숙박시키도록 하였다.

그러나 화재로 건축 중이었던 건물이 소실되었기도 하거니와 경복궁 중건 과정에서 프랑스 함대가 강화도를 유린하는 병인양요(1866)가 일어나면서 새로운 사태를 맞게 되었다. 비록 병인양요가 프랑스군의 철수로 한 달도 안 되어 종식되었지만 정부로서는 서양 세력의 침략에 맞서서 군비 확충에 힘을 기울여야 했다. 이는 당연히 재정 부족 사태를 야기하였다.

이 점에서 박은식을 비롯한 많은 식자층들은 원납전 등으로 고통받는 민중의 목소리에만 귀를 기울인 나머지 국가가 외세의 침략으로 많은 재정을 국방비에 투입해야 하는 현실까지는 보지 못하였다고 할 수 있겠다. 국가 전체 운영을 들여다보지 못하고 국망의 원인을 찾다 보니 경복궁의 중건만이 눈에 들어온 것은 아니었을까? 만일 병인양요가 일어나지 않았더라면 경복궁 중건 문제가 이렇게 크게 부각되었을까? 요컨대 결과론에 빠지지 말고 당대 시점에서 위정자의 눈으로 역사 전체를 볼 필요도 있다.

## 第二章 景福宮重建

景福宮創建於開國初, 燬於壬辰兵火, 斷礎累累乎荒烟蔓艸間者二百年, 憲宗時嘗議重建, 以財絀而止, 至是大院君, 倡議于廷曰, 此先王遺志, 敢不紹述, 有諫者輒斥之, 乃興工, 令大將軍李景夏督之, 大徵貢賦, 課人頭稅, 發坼內民丁, 輪日集役, 日數萬人, 募舞童歌妓, 編隊演技, 鼓舞役夫, 採關東巨木, 浮江輸至, 積材如山, 一夕火發而燼, 衆愕欲輟工, 大院君毫不爲動, 益廣採木石, 而董其成, 又命伐取各大家丘木曰, 此國家盛事也, 君家祖先有靈, 必樂助之, 更徵民捐, 名曰願納金, 中產以上, 均不得免, 猶不敷也, 更鑄當百錢以濟之, 乙丑經始, 丁卯告成, 工費以八千萬兩計, 更建六部政廳於闕外左右, 位置齊整, 於是王自昌德宮移御, 設科以落之, 夫慶會樓之宏偉壯麗, 聳四方之觀瞻者, 不可謂非大院君之果決所就也, 故觀乎此, 有以想像其性格者存, 然是役也, 在治成制定國家殷富之後者, 修先王宮闕, 疇曰不可, 而時則百度縱弛, 國力疲弊, 修舉廢墜, 多有急於此者, 而惟是之急, 時絀舉贏, 非此之謂乎, 況以當百之鑄而幣政淆焉, 願納之徵而民力瘁焉, 其失於緩急者大矣.

# 04

# 서원 철폐

우리나라의 서원은 중종 때 유학자 주세붕(周世鵬)에서 시작된다. 무릇 산수 좋고 고요하며 옛 유학자가 머물렀던 곳을 골라 들어앉아 수양하며 옛 어진 유학자를 본받고 인재를 기르는 장소로 삼았으니 본디 뜻은 매우 아름다웠다. 그러므로 조정에서 편액을 내리고 서적을 하사하며 장려하였다. 이로 말미암아 사림들은 다투어 일어나 각처에 서원을 설립하니 그 안에 변두(籩頭)[1]가 즐비하였고 거문고 소리와 책 읽는 소리가 가득하였다.

그러나 폐단에 미쳐서는 앵무새처럼 줏대 없이 말을 따라하고, 원숭이가 모자를 쓴 것처럼 흉내만 내면서 겸손한 태도로 가장하며 다툼을 일삼았고, 청렴결백한 자에 기대어 헛된 명성과 이익만 추구하였으며

---

1 제사를 지낼 때 쓰는 그릇으로 변은 대오리를 결어서 만든 과실을 담는 제기(祭器)를 가리키며, 두는 목기(木器)로 김치와 젓갈을 담는 제기를 가리킨다.

조상의 음덕을 빙자하여 횡포를 저질렀다. 이로 말미암아 서원은 당쟁이 연출되는 장소로 변했으며 사사로운 문중이 서로 지지 않으려고 다투는 발판이 되었고, 하는 일 없이 놀고먹는 소굴이 되었다. 특히 화양동(華陽洞)의 우암 송시열 서원 같은 것은 더욱 절대적인 세력을 차지하여 원장으로 피선되는 것은 그 영광됨이 입각(入閣)하는 것과 같을 정도였다. 인민을 호령함이 목사나 방백보다 더 엄했으므로 화양동 묵패자(墨牌子: 먹으로 쓴 패찰)는 나라 안 백성들이 두렵고 무서운 이름이 되었다.

대원군은 여염집에 태어나 자란 까닭에 그 폐단을 잘 알고 있었다. 그는 붕당과 토호를 제거하려면 그 소굴을 철거하지 아니하면 안 되겠다고 마음먹고 각 도에 서원을 철폐하라고 명령하였다. 특수한 서원 약간만을 남겨 놓고 모두 헐어 버렸으며 서원에 있던 유생은 모두 집으로 돌아가서 학업을 연마하되, 어기는 자는 반드시 죽여 용서하지 않겠다 하였다.

그러나 서원에 모시는 분은 모두 명문 집안의 조상이며, 그 땅과 재산은 모두 유림들의 은거지였다. 이에 반대하는 풍조가 사방에서 빗발치듯 하였고, 각 도 유생들은 통문을 내어 사람을 모으니 검은 두건[緇巾]과 가죽 허리띠[革帶]를 한 사람들로 서울에 모여든 자가 1만여 명이었다. 이들은 글을 올리며 진정하되 소청을 들어주지 아니하면 맹세코 물러가지 않겠다고 하였다. 조정은 변란이라도 일어날 것을 두려워하고 대원군에게 입을 모아 간언하기를 "서원은 옛 어진 유학자[先賢]를 제사 지내고 선비들을 기르는 곳인데 어찌 철폐하여 양반들의 반발을 들끓게 합니까. 원컨대 그대로 보존토록 하소서" 하였다. 대원군이 노하여 말하되 "진실로 백성에게 해가 된다면 비록 공자로부터 나온 제도라 하더라도 나로서는 용서할 수 없을 텐데 하물며 서원은 옛 유학자를 제사 지낸다 하면서 도둑의 소굴로 바뀌어 공자에게 무겁게 죄를 저지른 것인데 어찌 그대로 둘 수 있겠는가"라 하였다. 형조 및 사법 관련 관청[捕營]의 군졸에 명령하여 모두 유생들을 몰아 한강 밖으로 쫓아 버렸으며 지방 관리들 중에 우물쭈물하며 서원을 바로 철거하지 아니하는 자가 있으면 지체 없이 관직을 빼앗고 죄를 물었다. 여러 도에서는 이러한 소리를 듣고 벌벌 떨며 일시에 헐어 버리고 그 땅에서 생산되는 양곡은 거두어 군량으로 삼았다. 이에 사족들은 그 근거지를 상실하여 마음속으로 앙앙대고 대원군을 헐뜯으며 동방의 진시황이라 욕하였지만, 백성들은 한결같이 그의 현명한 결단을 칭송하였다.

❀

박은식은 대원군 정권을 평가할 때 경복궁 중건에 대해서는 신랄하게 비판하면서도 서원 철폐는 대단히 높이 평가하였다. 그것은 서원의 폐단이 크기도 하거니와 저자 자신이 유교의 폐단을 깊이 인식하고 유교의 혁신을 꾀하려 했던 양명학자였다는 점에서 더욱 그러하였다.

우선 노론의 영수인 송시열을 기리기 위해 세운 화양동 서원의 횡포는 극심했다. 특히 화양동 서원 옆에 있는 만동묘(萬東廟)는 송시열의 유지에 따라 명나라 신종과 의종을 장사 지내는 등 존명사대(尊明事大)

의 상징적 존재가 되어 그 위세가 당당했다. 이후 이는 점점 발전해서 역대 왕들이 반드시 인사 드릴 정도로 권위 있는 성지(聖地)로 거듭났다. 권력을 잡기 전 언젠가 대원군은 만동묘에 참배하러 갔다가 묘지기에게 맞고 쫓겨난 적이 있었다. 이를 두고 당시 유행가는 '임금 위에 만동묘지기가 있다'고 풍자할 정도였다.

대원군은 1865년 만동묘의 철폐를 단행한 뒤, 1868년 서원에도 납세의 의무를 지우고 1871년 679개의 서원 중 47개소만 남겨 놓고 철폐시켰다. 대원군의 이러한 서원 철폐는 유교의 나라에서 대단히 과격한 개혁이었다. 본시 그 철폐는 서원이 점유하고 있는 토지와 노비를 몰수하고 피역인들을 돌려보내는 한편 지방 양반과 유생들의 횡포를 막아 보려는 데 목적이 있었다.

그리하여 저자는 대원군의 "진실로 백성에게 해가 된다면 비록 공자에서 나온 제도라 하더라도 나로서는 용서할 수 없다"라는 말을 인용하며 서원 철폐의 배경과 그의 굳은 의지를 설명하고 있다. 아울러 유생들은 대원군을 동방의 진시황이라 하였지만 백성들은 한결같이 그의 영단을 칭송하였다는 점을 강조하고 있다. 훗날 대원군 정권을 평가할 때 실용주의적 보수 정권이었다는 평가는 그렇게 꼭 잘못된 평가라고 볼 수는 없다.

그러나 저자는 언급하지 않았지만 서원을 철폐했다고 해서 지방 양반이나 유생들의 위세와 영향력까지 완전히 소멸된 것은 아니었다. 오히려 지방 양반과 유생들은 대원군의 서원 철폐 조치에 대해 큰 불만을 품고 반격할 기회를 엿보고 있었다. 훗날 최익현은 대원군의 하야를 요구하는 상소를 올려 대원군 정권의 종말을 초래하기에 이르렀다. 대원군의 하야가 위정척사 노선을 같이 걸었던 서원 철폐에 따른 유생들의 극심한 반발에서 비롯되었음은 역사의 아이러니가 아닐까.

## 第三章 書院撤廢

我國之有書院, 自中宗朝儒臣周世鵬始, 蓋其就山水靜僻之區·先儒杖屨之鄉, 而藏焉修焉, 以爲象賢育才之所, 意甚美也, 故自朝家宣扁額賜書籍以獎之, 由是士林爭自興起, 所在設立, 籩頭秩秩, 弦誦洋洋, 及其弊也, 鸚鵡之舌·猿狙之冠, 假揖讓而爲奔競, 托清流而沽名利, 藉先蔭而逞豪猾, 由是書院爲黨論演出之場, 爲私門角立之壘, 爲遊徒謀食之窩, 如華陽洞宋氏書院, 尤占絶大勢力, 士有被選院長者, 人之榮慕, 等於入閣, 號令人民, 嚴於牧伯, 故華洞墨牌子, 爲國民恐怖之名詞矣, 大院君生長閭閻, 稔悉其弊, 謂欲除朋黨及士豪, 非撤其巢穴不可, 乃令各道撤院, 只存其特殊者若干, 餘皆毁之, 在院儒生, 皆回籍修業, 違連者必戮無赦, 而腏享於院者, 皆名族巨室之祖也, 其地其產, 皆儒林之菟裘也, 於是反對風潮, 捲地而來, 各道儒生發文招彙, 緇巾革帶, 坌集都下者萬餘人, 投章叫閽, 誓不得請不退, 朝廷恐其生變, 合辭以諫曰, 書院爲崇祀先賢, 培養士林之地, 奈何撤之, 以咈衆情乎, 願且存之, 大院君怒曰, 苟有害於斯民者, 雖出於孔子, 我不能恕, 而況書院爲祀先儒, 而變爲盜藪, 重得罪於孔子者, 何可置之, 令刑曹及捕營軍卒, 盡驅儒生, 逐之江外, 地方官吏, 有逡巡不卽施者, 輒削職加刑, 諸道聞之戰慄, 一時毁空, 收其地產爲兵餉, 於是士族失其根據, 擧懷怏怏, 群詆大院君, 爲東方之秦始皇, 而百姓皆稱其英斷焉.

# 05

# 조세제도 개혁

 

조선시대 세법으로서 이른바 군포제(軍布制)라는 것이 있었다. 세상에서 황당하고 잘못된 법 중에서 군포제보다 더 심한 것은 없다. 그런데 이러한 군포제는 4백 년 동안 버리지 못하고 그대로 시행되다가 대원군에 이르러 비로소 혁신되었다.

무릇 납세라는 것은 국민들이 한결같이 골고루 부담해야 할 의무로서, 세금을 많이 내는 자가 의정(議政)에 뽑힐 권리를 가지며, 세금을 내지 아니하는 자는 국민의 자격을 잃는 것이 각국의 예이다. 그런데 우리나라는 이와 반대로 세금을 내는 자는 천하고 자격이 없으며, 세금을 내지 아니하는 자가 귀하고 권리가 있었다.

국초에는 호포(戶布)는 있었고 군포가 없었다. 이때 포(布)란 것은 화폐였다. 중종 때에 이르러 양연(梁淵)이 군포로써 호포를 대신할 것을 청하여 군역의 번(番)을 담당하지 않는 군졸로 하여금 신역(身役)을 대신하여 포(군포)를 내게 하였다. 무릇 뜻은 잘못되었으나 군졸들이 서울에 올라와서 역을 지는 것을 면하는 대신에 집에서 생업에 종사할 수 있음을 말하니 포로써 신역을 대신함은 그리 잘못되었다고 할 수 없다. 그러나 오랜 기간에 걸쳐 시행하자 군포의 액수가 날로 늘어나 관청에서 계상한 것보다 더 많았다. 무릇 왕실의 경비나 관료의 녹봉, 서리의 급료는 모두 여기에서 취하였다. 그런데 군적(軍籍)에서 사망자가 이미 많아졌으니 군적에 실려 있는 것은 모두 이미 죽은 사람의 명부[鬼錄]였다. 이에 이름만 보고 군포를 징수함에 어미 뱃속에서 갓 떨어진 어린 아이[離胞之黃口]나 죽어서 이미 땅 속에 들어가 백골이 된 자들[入地之白骨]까지 모두 강제로 징수당했다. 또한 징수할 만한 대상이 없으면 그 친척에게서 징수하거나 그 마을 사람에게까지 물렸다. 군적이란 것은 우리 백성이 오래도록 벗어날 수 없었던 죄인 명부였다.

한편, 귀족 집안이나 충훈가(忠勳家), 효자·열녀가·과거 급제자나 서사자(筮仕者: 처음으로 벼슬길에 오른 사람)나 관리가 된 자는 모두 면세되어 국민의 의무를 부담하지 않았을 뿐 아니라 도리어 월등한 권리를 누렸다. 그 인원이 날로 증가하여 없어지지 아니하니 세금이 어디에서 나올 것인가? 관청에서는 단지 죽은 사람의 명부[鬼錄]만을 보고 군포를 책정하여 일체를 처리하니 법의 잘못됨이 한결같이 여기에 이르는가.

무릇 군인이라 함은 국가를 방비하여 인민을 보호함을 직분으로 삼는다. 그러므로 먹고사는 것을 잘 접대함이 떳떳한 법인데, 그들 군인을 천히 여기기를 저같이 하고 학대하기를 저같이 할 수 있는가? 조정에서도 그 폐단을 들어 여러 번 개혁하자는 논의가 있었으나 발언이 조정을 떠들썩하게 하였을 뿐 끝내는 결정을 보지는 못하였다. 이에 이르러 대원군이 의연히 단행하여 군포를 혁파하고 호포를 징수하되 귀천을 구분하지 않고 국세(國稅)를 골고루 부담케 하였다. 이에 오래도록 쌓이고 무겁게 잠겨 있던 폐막이 일거에 깨끗해졌다.

우리나라 조적(糶糴: 환곡)의 제도는 고구려 고국천왕 때에 만들어졌는데 원래는 진대(賑貸)를 위해 법을 제정하였다. 봄에 관곡을 내어 빈민을 구제하고 그 농작을 도우며, 가을 추수를 한 다음 관에 바치는 것를 해마다 상례로 삼았으니 환자[還上]라 불렀다. 백성이 그 혜택을 입음이 진실로 좋은 법이었다. 그 이후 계속되어 조선조에 이르러서는 갑자기 바뀌어 나쁜 법으로 떨어져 백성을 여위게 하는 데 반해 관을 살찌게 하니 이보다 더 심한 게 없었다. 나누어주는[分俵] 뜻이 진대가 아니라 그 이자를 백성들에게 더 부담시키는 것이 되었다. 그래서 환자를 거두어들일 때 더 징수하는 것을 모미(耗米)라 하였다. 그러한 명목도 매우 많았다.

관사 서리들은 그 이자를 받아 봉급으로 삼았고 이로 말미암아 간악한 수단을 부려 문서에 손을 대서 농간을 부렸다. 이에 이자액이 번번이 증가하여 하나가 불어 열이 되고 열이 불어 백이 되니 백성의 부담이 날로 증가하였다. 또한 교활한 향리와 토호들은 벌레가 먹어 생긴 부족분도 백성으로부터 거두어 채우니 백성들은 더욱 감당할 수 없었다. 이 지경에 대원군은 주자(朱子)의 사창법(社倉法)으로 바꾸어 그 폐단을 고쳤다.

마침내 대원군은 재정 통일책을 시행하였는데 각종 세금을 징수하여 중앙에 보내도록 하여 각 도에서 대동법 등에 의거하여 거두어들이는 쌀이나 포나 돈은 체납하지 못하도록 하였다. 이에 선혜청·만리창·상평창·군자감·광흥창 등이 모두 가득 차고, 은괴(銀塊)·화폐를 부민(富民)에게 맡겨 이자를 늘리고, 다시 종친부 안에 창고를 지어 은화를 저장하였다. 이때 부력(富力)이야말로 족히 10년의 경비를 지출할 수 있었고, 그 성적은 실로 근래에 볼 수 없었던 것이다.

그러나 국가의 부는 백성의 부에 기초한 것인데 백성들의 생업을 장려하여 부의 원천을 개척하는 데까지는 미치지 못하였다. 그것은 대원군의 학식이 짧은 까닭이 아니겠는가?

❀

저자가 대원군 정권을 긍정적으로 평가하는 또 하나의 부분은 조세개혁이다. 그래서 서원 철폐와 함께 조세개혁을 자세히 서술하고 있다.

당시 저자가 대원군의 조세개혁을 무엇보다 높이 평가한 이유는 무엇일까? 그것은 무엇보다 '삼정의 문란'이라고 부를 정도로 조세 문제가 매우 심각했기 때문이다. 따라서 이 문제를 해결하는 데 온 힘을 기울인 대원군 정권의 노력을 높이 살 수 있었다. 이러한 서술 태도는 정교의 『대한계년사』나 황현의 『매천야록』에서 보이지 않는다. 그만큼 박은식은 양반의 처지보다는 세금을 주로 부담하는 일반 서민의 사회적, 경제적 처지에서 이 문제를 심각하게 인식하고 있었다.

저자가 직접적으로 언급하지는 않지만 사실 대원군이 정권을 잡기 직전인 1862년에 민란이 70여 고을에서 일어났는데 그 직접적인 원인은 조세 문제였다. 이러한 조세 문제는 많은 식자층들의 우려를 낳았다. 특히 19세기 전반에 다산 정약용은 이미 이런 문제의 심각성을 일찍이 알고 있었다. 그가 강진에서 직접 체험한 광경을 다음과 같이 「애절양가(哀絕陽歌)」라는 시로 통탄하고 있을 정도였다.

(전략)

시아버지 죽어서 이미 상복 입었고.

갓난아이 배냇물도 안 말랐는데

3대의 이름이 군적에 실리다니

달려가서 억울함을 호소하려 하여도

범 같은 문지기 버티어 있고

이정(里正)이 호통하여 단벌 소만 끌려갔네

남편 문득 칼을 갈아 방안으로 뛰어들자

붉은 피 자리에 낭자하구나

스스로 한탄하네 "아이 낳은 죄로구나"

(후략)

이 시는 다산이 군정이 문란해지면서 생겨난 황구첨정(黃口簽丁: 어린아이에게 군포를 물리는 것)이나 백골징포(白骨徵布: 죽은 노인에게 군포를 물리는 것)의 실상을 그린 작품으로 군정의 문란을 심히 통탄하고 있다.

그리하여 민인들이 난을 일으켜 체제를 전복하지 않을까 우려하였다. 그의 말대로 백성들은 난을 생각하고 있었던 것이다. 그리고 1862년에 다산이 우려한 대로 민란이 70여 고을에서 일어났다. 이에 정부는 민란의 원인인 삼정의 문란을 바로잡겠다는 정책을 제시함으로써 수습하고자 하였다. 그러나 이러한 방책은 근본적인 해결책이 되지 못하였다.

이에 대원군이 정권을 장악하자마자 심혈을 기울인 부분이 조세개혁이었다. 특히 「애절양가」에서 통탄한 대로 군포제 문제가 주요 개혁 대상이었다. 그래서 1871년 군포제를 호포제로 바꾸었다. 즉 이제까지 일반 서민만이 부담하였던 군포를 이제는 양반 상민 가릴 것 없이 집집마다 부담하게 하였다. 이는 양반들이 오랫동안 유지해 왔던 반상(班常)의 제도를 무너뜨린다고 여길 정도로 가히 혁명적인 조치라고 하겠다.

그런데 박은식이 대원군의 세정개혁을 평가하는 데 주요 원칙은 모든 국민은 조세를 골고루 부담해야 하며, 그 부담은 국민의 부담 능력에 따라 공평하게 배분되어야 한다는 조세 평등에 있었다. 이 점에서 저자의 조세론은 양반과 상민을 가려서 조세를 부과해서는 안 된다는 다산의 조세 개혁론과 매우 유사하다. 나아가 저자는 조세 부담과 피선거권을 연계하여 "세금을 많이 내는 자가 의정에 뽑힐 권리가 있는 것이오"라 하였으며 심지어는 "세금을 내지 아니하는 자는 국민의 자격을 잃는 자"라 단정할 정도였다. 그의 이러한 조세론에서 "대표 없이 과세 없다"라는 조세 일반의 원칙을 떠올리게 할 정도로 근대 대의민주주의에 대한 인식을 확인할 수 있다. 이 점에서 그의 주장은 내적으로는 다산으로 대표되는 조선 후기 실학자들의 개혁론을 이어받는 한편 서양의 정치이론과 조세 평등주의를 적극적으로 수용한 결과로 보인다. 다만 대원군이 실시한 호포제가 조선 초기에 있었다는 저자의 견해는 명백히 오류이다. 국초의 호포제는 공물을 특산물이 아닌 면포(綿布)로도 납부할 수 있도록 한 제도로 군역제와 무관하다.

한편, 저자는 삼정의 문란 중에서 가장 심각한 환곡의 문란을 지적하면서 대원군이 이를 사창제로 바꾼 것에 대해서도 높이 평가하고 있다. 저자도 지적한 바와 같이 고구려 진대법에 연원을 두고 있는 환곡제는 봄에 관곡을 내어 빈민을 구제하고 그 농작을 돕는 한편 가을 추수를 한 다음 빌려 간 농민으로부터 원곡과 이자곡을 받는 진휼제도였다. 그러나 이 제도는 조선 후기에 들어와 백성들로부터 이자곡을 꼬박꼬박 받기 위해 흉년과 관계없이 원곡을 빌려 주는 제도로 변질하더니만 결국 환곡을 빌려 주지 않고도 이자곡을 받아 내는 조세제도가 되고 말았다. 이에 대원군은 이를 원래의 정신대로 진휼제도인 사창제로 바꾸었다. 이제 농민들은 세금처럼 이자를 꼬박꼬박 납부하던 관행에서 벗어날 수 있게 되었다.

저자는 이러한 개혁의 결과 국가 재정이 풍족해졌음을 지적하고 있다. 이제 국가 재정은 족히 10년의 경비를 지출할 수 있을 정도로 풍족해졌고, 그 성적은 근래에 볼 수 없었던 것이다.

그러나 저자는 따끔한 평가를 잊지 않는다. 대원군이 조세제도 개혁을 통해 민생을 안정시키고 국가 재정을 튼튼하게 하였지만 국가 스스로 백성을 부유하게 하고 국가의 부를 증진시킬 만한 적극적인 상공업

정책을 펴지 못하고 있음을 신랄하게 꼬집고 있다. 저자의 말대로 대원군은 과감한 결정으로 기존의 문란한 통치체제를 정비하였지만 새로운 근대국가를 건설하기에는 학식이 부족하였던 것이다.

## 第四章 稅政釐革

本朝稅率, 有所謂軍布者, 天下之荒謬, 未有甚於此, 而因循行之四百年, 至大院君而始革之矣, 蓋納稅爲國民之均一義務, 而納稅多者, 有被選議政之權利, 不納稅者, 失國民之資格, 各國之例也, 而吾國反是, 納稅者賤而無資格, 不納稅者, 貴而有權利矣, 國初有戶布而無軍布, 布者幣也, 至中宗時梁淵, 請以軍布代戶布, 使休番軍卒, 輸布以代身役, 蓋其意謬謂軍卒免入京番直, 而得以在家作業, 以布代身, 不爲病也, 及行之旣久, 軍布之額, 日加於有司之籌, 凡王室之經用·官僚之祿俸·吏胥之餼料, 皆於是乎取之, 而軍卒之物故已多, 軍籍所載, 皆鬼錄也, 乃按名徵布, 離胞之黃口·入地之白骨, 均被誅求, 又徵於其族, 及於其里, 則軍籍者, 吾民永世不贖之罪案也, 至若貴族家·忠勳家·孝烈家·登科者·筮仕者·爲吏者, 皆免稅而不負國民之義務, 反享優等之權利, 其數日增, 生生不盡, 則賦何從出, 公家只是按鬼錄而責軍布, 以爲一切調度, 法之不善, 壹至於此乎, 夫軍人以捍衛國家, 保護人民, 爲職者, 故餼養之優待之常典也, 而乃賤之如彼, 虐之如彼, 何哉, 列朝嘗軫其弊, 屢議釐革, 而發言盈廷, 竟無決焉, 至是大院君, 毅然斷行, 革軍布而徵戶布, 無分貴賤, 均擔國稅, 於是積久沉重之瘼, 一擧而廓清矣.

吾國糶糴之制, 創於高句麗故國川王, 而原爲賑貸立法, 春出官穀, 以賑貧民, 助其農作, 秋成還輸之官, 歲以爲常, 名曰還上, 民蒙其惠, 誠良法也, 歷代相沿, 以至本朝, 轉爲弊法, 瘠民肥官, 莫此之甚, 其分俵也, 意非賑貸而爲取其息, 加擔於民者也, 故其收也, 有加徵者曰耗米, 其名目甚夥, 官司胥吏, 取爲常俸, 緣以爲奸, 刀筆一弄, 耗額輒增, 一可十之, 十可百之,而民之負擔, 日加一日, 又猾吏豪鄉, 有蠹而致逋者, 亦取於民而填之, 則民益不堪, 至是易以朱子社倉之制, 而矯其弊, 乃行財政統一之策, 徵各稅輸之中央, 各道大同等稅之穀布錢貨, 罔有滯納, 於是宣惠廳·萬里倉·常平倉·軍資監·廣興倉皆滿, 仍以銀塊錢貨, 委富民殖之, 更於宗親府內, 築庫舍以儲銀貨, 此時富力, 足支十年之用, 則其成績, 實爲近代所未有, 然國富基於民富, 而於獎勵民産, 開拓富源, 則末之及也, 非其短於學識故歟.

# 06

# 프랑스군을 크게 이김

프랑스[佛蘭西] 함대가 이미 퇴각하자 대원군은 그들이 다시 올 것을 헤아려서 인재를 널리 채용하고 여러 사람의 대책을 받아들여 군사력을 강화하였다. 이때 한성근(韓聖根)·윤웅렬(尹雄烈) 등은 무재(武才)가 뛰어나 등용되었다. 김기두(金基斗)·강국(姜國) 등은 기교(機巧)의 재질이 뛰어나서 등용되었다. 또 초야에 묻혀 있는 자 중에서도 대책을 올리는 이가 있었다. 삼군영(三軍營)을 설치하고 2군 2대와 총후군(總後軍)·별초군(別哨軍)·왜쟁대(倭鎗臺)·호미창대(虎尾鎗隊) 등을 편성하고, 사람을 일본에 파견하여 총검을 구입하였다. 또한 포병대를 편성하고 기관포를 수리하여 해안의 수비를 공고히 했다. 이경하를 순무사(巡撫使)로 삼고, 이원희(李元熙)를 순무중군(巡撫中軍)으로 삼아 정예 5천 명을 선발하여 양화진에 주둔시켰다. 조정 대신들 중에 화의를 말하는 자를 배척하니, 이에 사기가 올라 모두 일전(一戰)을 겨루어 보았으면

하고 바랄 정도였다. 이때 대원군은 실로 천하를 삼킬 만한 기개가 있었다.

같은 해 10월, 프랑스 해군제독[水師] 로즈[路斯, Pierre Gustave Roze]가 군함 7척과 전투 요원 5천 8백 명을 인솔하고 지부(芝罘)를 출발, 물유도(勿溜島) 부근에 이르렀다. 대원군은 싸워 막으라고 명령하였다. 이경하는 각 군을 총지휘하여 8천 명의 병력으로 한성을 수비하였고, 이원희는 선봉대 3천 명을 거느리고 통진에 주둔했으며, 정지현(鄭志鉉)은 인천에 진을 치고, 김선필(金善弼)은 부평에 진을 쳤다. 또 강화방비군 3대를 편성하여 한성근은 문수산성을 지키고, 양헌수(梁憲洙)는 정족산성을 지키고, 이기조(李基祖)는 광성진을 지키니 3대의 전체 인원이 6천 명이었다.

10월 14일 프랑스 함대 1척이 한강을 거슬러 바로 상륙하여 15일 초지진과 광성진을 함락하고, 16일 강화부성을 함락하였다. 유수 이인기(李寅夔)와 통진부사 이공렴(李公濂)이 성을 포기하고 도망하였으며, 전판서 이시원(李是遠)은 독약을 마시고 자살했다.

이에 한성의 분위기가 크게 흔들리어 일부는 화의를 주창하거나 어가(御駕)를 받들어 북한산성으로 모시자고 하였다. 그러나 대원군은 의연히 그것을 배척하며 말하되 "나라는 망하지 않는 나라가 없고 사람은 죽지 아니하는 사람이 없는 법인데 죽든지 망하든지 할 따름이지 어찌 가히 오랑캐에게 화의를 하자고 애걸할 것이며 또한 어찌 경보를 들었다고 바로 달아나 숨겠는가?" 하였다.

프랑스군은 2대로 나누어 상륙하였으니 1대는 통진을 침범했으며 나머지 1대는 문수산성을 침범했다. 우리 군사는 험한 지역에 자리 잡고 지키면서 10여 일이나 서로 버티었는데, 대원군이 다시 평안도의 정예 포군(砲軍)을 보내 싸움을 돕게 하자 군의 기세가 크게 떨쳐 일어났다.

27일 프랑스 해군부령 올리비에[烏利飛, Ollivier]가 육전대(陸戰隊)로써 문수성문을 습격하자 양헌수가 정예병을 보내어 공격하니 프랑스군의 기세가 크게 꺾였다. 제독 로즈는 기세가 이처럼 꺾이자 마침내 강화성을 불사르고 도망쳤다.

이경하 등이 개선하자 대원군은 드디어 서양인을 경시하여 생각하기를, "저들은 비록 튼튼한 함대와 좋은 무기는 가지고 있으나 그 군대는 보잘것없어 그렇게 두려울 바가 없다"라고 하였다. 그러고는 "서양 오랑캐가 침범함에 싸우지 아니하면 화의가 되는 것이오, 화의를 주장함은 매국이 되는 것이다(洋夷侵犯 非戰則和 主和賣國)"라는 열 두 자의 큰 글자 및 "자손만대에 경계한다(戒我萬年子孫)"라는 여섯 자를 비석[斥和碑]에 새겨서 한성에서부터 중요 도회지 거리에 이르기까지 일제히 세우게 하였다. 다시 묵공(墨工: 먹 만드는 사람)에 명하여 먹을 만들 때는 반드시 이 열 두 자를 집어넣어 만들어 팔게 하였다. 이에 전국에서 오랑캐를 물리치자는 여론이 하나로 일치하였다. 그런데 프랑스 사람들은 보불전쟁[1]으로 인하여 그 후 다시 우리나라를 침범하지 못하였다.

---

1 보불전쟁(普佛戰爭)은 1870년에서 71년 사이에 프로이센과 프랑스 간에 있었던 전쟁이다. 1870년 프랑스 나폴레옹 3세의 정치적 돌파구로 시작된 이 전쟁은 비스마르크의 정략과 몰트케의 전략에 의해 프로이센의 승리로 돌아가고 나폴레옹 3세의 제정은 쓰러졌다. 이 전쟁의 기회를 이용하여 마침내 프로이센은 1871년에 독일제국을 형성하였다.

## 第七章 大破佛軍

佛艦既退, 大院君料其重來, 遂延攬人才, 諮訪羣策, 以為之備, 於時韓聖根·尹雄烈等, 以材武進, 金箕斗·姜國等, 以機巧用, 至岩穴之士, 亦有獻策者, 設三軍營, 編二軍二隊及總後軍·別哨軍·倭鎗隊·虎尾鎗隊, 派人日本, 購鎗刀, 又編砲兵隊, 修機關砲, 以備海岸, 以李景夏為巡撫使, 李元熙為巡撫中軍, 選精銳五千, 戍楊花鎮, 斥廷臣之言和者, 於是士氣振起, 皆願一戰, 此時大院君, 實有氣吞海宇之想矣.

同年十月, 佛水師提督路斯, 率軍艦七隻戰員二千五百, 發芝罘, 至勿溜島附近, 大院君下令防戰, 李景夏總督各軍, 以兵八千守京城, 李元熙率先鋒隊三千, 屯通津, 鄭志鉉屯仁川, 金善弼屯富平, 編江華防備軍三隊, 韓聖根守文殊山城, 梁憲洙守鼎足山城, 李基祖守廣城鎮, 三隊合六千人, 同月十四日, 佛艦一隻, 溯漢江即上陸, 十五日陷草芝廣城, 十六日陷江華, 留守李寅虁·通津府使李公濂, 棄城走, 前判書李是遠, 飮藥死, 於是京城大震, 或倡和議, 或欲奉御駕遷北漢, 大院君毅然斥之曰, 國無不亡之國, 人無不死之人, 死耳亡耳, 寧可向夷虜乞和, 亦何可聞警即竄乎, 佛軍分二隊上陸, 一犯通津, 一犯文殊, 我軍據險固守, 相持十餘日, 大院君更派平安道精砲, 以助之, 軍勢大振, 二十七日, 佛海軍副領烏利飛, 以陸戰隊襲文殊砦門, 梁憲洙出精銳擊之, 佛軍大刱, 路斯氣沮, 遂焚江華城而遁, 李景夏等凱旋, 大院君遂輕洋人, 以為彼雖擁堅艦利器, 而其兵孱弱, 不足畏也, 仍刻洋夷侵犯非戰則和主和賣國十二大字, 及戒我萬年子孫六字於石碑, 自京城以至各市邑通街, 一律竪之, 又命墨工造墨, 必印此十二字, 以售之，於是全國攘夷之論，翕然一致，而佛人以普佛戰爭，而不克再逞焉．

# 07

# 미국 함대를 물리침

1866년 6월 미국 상선 1척이 황해도 해안에서 조난되어 파손되었다. 대원군은 심문을 한 뒤 잘 대우하여 송환하라고 명하였다. 이듬해 7월 또한 미국 상선 1척이 지부를 출발하여 대동강을 따라 올라오다가 평양에 이르렀다. 탐사하러 온 것인지 유람하러 온 것인지 고분의 보물을 취하러 온 것이었는지는 알 수 없었다. 배에 탄 사람은 미국인 3명, 영국인 2명, 말레이시아인 및 중국인 19명이었다. 이에 평양 인민들은 눈으로 외국인을 본 적이 없으므로 이들을 프랑스 사람이나 해적으로 잘못 알고 마침내 불 질러 없애 버렸다.

무릇 미국인이 프랑스인과 다르다는 것과, 상선이 군함과 다르다는 사실을 알지 못한 데서 이런 일이 일어났다. 이것이 진실로 구미인이 우리를 야만인이라고 비웃게 된 까닭이었다.

그러나 이때 구미인 중에 우리에게 만행을 저지르는 자가 있었다. 같은 해 4월 미국인 젱킨스[張景斯, Frederick Jenkins] 등이 상해에서 독일 연방 상인 오페르트[奧別土, Ernst Jacob Oppert], 프랑스인 페롱[佛厓論, Stanislas Feron] 등 오랫동안 조선에서 포교 활동을 했던 사람들과 함께 모의한 뒤, 기선 2척에다 구미인 8명, 말레이시아인 20명, 중국인 1백 명을 싣고 독일 국기를 달고 상해를 출발하여 일본 나가사키[長崎]로 향하다가 뱃길을 돌려 충청도에 들어왔다. 5월 8일 아산만에 정박하였으며, 다음 날 작은 기선에 약간 명을 태우고 해안 입구 40해리 떨어진 곳에 밤이 되기를 기다려 상륙했다. 오페르트는 그 무리를 지휘하여 몰래 덕산에 들어와 대원군의 부친 남연군의 묘를 파헤쳤다. 그러나 관을 열려다가 실패하고 날이 밝아오자 퇴각했다. 그곳 사람들이 급하게 추격하자 총을 쏘며 도망하여 마침내 배로 돌아갔다. 이들 일행은 아산에서 출발하여 강화만에 이르자 또한 우리 군사의 추격을 받아 급히 도주했다.

저들의 계책이 남연군의 유해를 가지고 상금을 요구하려던 것인지 아니면 그 속에 황금과 보물을 넣었으리라 믿고 그것을 취하려던 것인지는 알 수 없었다. 이로 말미암아 대원군은 서양인을 원수로 생각하며 더욱 한스럽게 생각했고, 국민 또한 모두 배척하여 굴총도(掘塚盜: 묘를 파헤치는 도둑)라 하면서, "저들이 그러한 만행을 저지르고 스스로 문명인이라 자랑하는 것은 모두 우리를 속이며 위협할 것이다"라고 말했다. 외국을 배척하는 사상이 더욱 굳어져서 이를 뿌리째 없앨 수 없었다.

미국 상선이 피해를 받은 이후 미국 군함이 다시 대동강 어구에 들어와서 그 피해의 전말을 조사하였다. 신미년(1871)에 미국 정부는 북경

공사관 서기 및 상해 총영사의 보고를 받고 일찍이 일본을 개항시켰던 것과 같이 조선을 개항시키고자 이 기회를 이용하였다. 즉시 주북경공사 로[厚禮德力 耶布 路烏, Frederick Low] 및 태평양함대 사령관 해군소장 로저스[佐恩 路都加斯, J. Rodgers]에게 명하여 해원조난구호조약(海員遭難救護條約)의 체결에 주력하고 또 가능하다면 통상 수교도 하되, 병력으로써 일삼지 말도록 하였다.

5월 16일 미국 군함 5척이 일본 나가사키를 출발하여, 25일 월미도 부근에 정박하였다가, 30일 닻을 물유도와 율도 사이로 옮겨 정박하였다. 6월 2일 포함 2척, 작은 기선 4척으로 한강을 거슬러 올라오면서 강화해협 손돌목을 지날 때 우리 군대가 포를 쏘며 사격을 가하자 미국 함대는 피해를 입고 물러갔다.

이에 미국 군인들이 상륙하여 강화부 유수(留守)를 만나 미국과 통교할 것을 우리 정부에 타진한 즉, 우리 정부가 대답하기를 "우리나라는 4천 년 동안 내려온 문화로도 족하거늘 어찌 다른 것을 또 구하려 하겠는가"라고 하였다.

6월 10일 미국 해군대좌 블레이크[胡梅兒 西夷 布禮格, Homer C. Blake]가 포함 2척과 작은 기선 4척과 보트[端艇] 20척에 병사 759명과 대포 7문을 싣고 출발하여 그날 오후에 광성진의 제1포대를 함락하고 이어 육전대를 상륙시켰다. 다음 날 연이어 제2, 제3포대를 함락하였다. 중군(中軍) 어재연(魚在淵)과 그 아우 어재순(魚在淳)이 힘써 싸우다 함께 전사했고, 우리의 정예 포군이 힘을 다해 막아 내었다. 미국 공사는 이 일로 전투하는 것은 본국 정부의 뜻이 아니며, 서울로 진입하려면 정부의 재차 훈령이 있지 않으면 안 된다고 하였다. 이에 사령관과 논의하고 독립기념일 전날에 닻을 빼고 돌아가서 다시 오지 않았다. 이 일로 우리나라 사람들은 더욱 서양인을 경시하였다.

　살펴건대[按] 대원군이 병인양요와 신미양요를 치르면서 의기가 더욱 높아져서 일찍이 시(詩)로써 그 의지를 읊기를 "서양 배의 포연(砲煙)으로 천하가 어두워도 동방의 일월은 만년을 밝히리라(西舶烟塵 天下晦 東方日月 萬年明)"라고 하였다. 이 시는 대원군의 시로 훗날 대원군의 가객들이 즐겨 불렀다. 이런 구절이 잠시 꿈꾸는 이야기가 되기는 하였지만 또한 장하지 아니한가.

　무릇 프랑스인이 온 것은 포교를 하기 위함인데 그들을 죽인 것은 잔혹하였고, 미국인이 온 것은 우리와 통상을 하기 위함인데 반대하여 싸운 것은 완고한 것이었다. 그때의 사정에서 마땅한 조치를 말한다면 반드시 다른 나라들과 수교를 잘하고, 정법(政法)과 기예(技藝) 및 학술(學術)에서 널리 좋은 인재를 뽑고 교육과 식산(殖産)에 힘써 진보를 도모하면서 우리 백성들의 지혜를 깨우치고 우리의 실력을 키웠으면 나라는 자립할 수 있었다.

　저들은 우의(友誼)로써 대했으나 우리는 적의(敵意)로써 대했고, 저들은 말로써 하였으나 우리는 무력으로써 답하였다. 또한 문물이 이미 족하다 떠들었으며, 우리의 무력도 이미 강해졌다 하고는 완고하고 오만하게 고집만 부려 이러한 기회를 역행하여 도리어 그 재앙을 입었다. 누구라도 대원군이 시무(時務)를 알지 못하고 망령되이 대세를 거역했다고 탓하지 않겠는가? 그러나 곰곰이 생각하건대 그 뒤에 오는 자의 죄가 다른 무엇보다도 심했다.

무릇 대원군의 쇄국정책(鎖國政策)은 그 시기로 볼 때 이해할 수 있다. 바야흐로 그때 우리나라 사람은 족적이 국내를 떠나지 못하고, 보는 힘도 해외에 미치지 못해, 좁은 소견으로 시세에 밝지 못한 자는 대원군 한 사람뿐이 아니요 온 나라 사람이 다 그러했다. 대원군이 시세를 관찰했다면 어찌 분발하지 않았으리요? 그 후의 위정자들로 말하자면, 각국과 통교하고 문호를 개방하여 사신들의 왕래가 끊어지지 않고 황인종과 백인종 간에 입을 맞추며 서구와 아시아가 악수하는 시기에 우리 중에는 시무를 알고 시기를 살필 줄 안다고 자랑하는 사람이 많았다. 그런데 어찌하여 낡은 관습을 버리지 못하여 답답하며, 신나게 놀고 마음껏 즐기며, 나태하고 오만하여 털끝만치도 자강사업에 힘쓰지 아니하여 나라의 사직을 멸망시켰으니, 이에 그 죄가 더 심하지 않겠는가?

병인양요와 신미양요는 우리나라 근대사에서 처음으로 서양 세력과 무력으로 싸운 대표적인 작은 전쟁이다. 따라서 저자 역시 이 사건을 대단히 비중 있게 다루었다. 사건의 전개 과정은 물론 저자의 사찬(私贊)도 덧붙였다. 그만큼 저자 역시 이 사건의 역사적 의미를 다각적으로 검토하고자 하였다.

19세기는 주지하다시피 제국주의의 시대였다. 서구 열강은 식민지를 확보하기 위해 여러 나라를 침략하였다. 1840년 영국이 아편전쟁을 일으켜 청나라를 굴복시켰고, 곧이어 서구 열강은 통상 수교를 내세워 조선에도 침략의 손길을 뻗쳤다. 그들은 이양선을 보내 조선의 연해를 침범하였고, 심지어는 군대를 강화도에 상륙시켜 조선의 주권을 유린하려고 하였다. 1866년 병인양요와 1871년의 신미양요는 그러한 침략의 사례들이다. 특히 병인양요 때 프랑스군은 철군하면서 강화도 외규장각에 보관되어 있던 의궤를 비롯한 귀중한 서적과 은괴를 약탈하였다.

그러나 저자는 사찬에서 이러한 서구의 침략보다는 조선 정부의 대응 방식에 문제를 삼고 있다. 우선 병인양요는 대원군의 병인사옥에서 빚어졌다고 보면서 천주교도를 극살한 사실을 난폭한 일이라고 평가하고 있으며 미국의 통상 요구에 적극 수용하고 나갔어야 한다고 주장하고 있다. 나아가 이러한 통상 수교를 계기로 하여 식산흥업에 힘썼어야 했음을 아쉬워하고 있다. 심지어는 서구가 우의로써 대했는데 우리가 적의로써 대적했다고 비판하고 있다.

저자의 이러한 냉혹한 평가는 당시 민족적 위기 상황을 고려하지 않은 채 국망의 책임에 얽매여 문호개방 여부에 중점을 둔 데서 비롯된 것으로 보인다. 하지만 저자도 다른 절에서 언급하고 있듯이 대원군 자신이 러시아의 남하정책에 맞서서 천주교 프랑스인 신부와 신자들을 매개로 프랑스 정부와 연결하려고 시도했다는 점을 보면 대원군 자신이 애초부터 서양과의 문호개방을 전혀 고려하지 않았다는 점은 당시 사실과 어긋난다. 또한 대원군이 이러한 시도를 포기하고 천주교 금압으로 전환한 이유가 수일간 머물렀던 러시아의 함대가 돌아갔을 뿐더러 청나라 정부가 외국인들을 살육하겠다는 소식이 전해 오는 가운데, 서원 철폐 등으로 대원군 반대 세력으로 돌아선 유림들의 천주교 금압 요구를 수용하지 않을 수 없었기 때문이다. 다른 한편, 저자는 조선 정부가 이후 1876년 일본과 국교를 맺는 과정을 서술하면서 스스로 지킬 만한 실력도 없으면서 개항하게 되면 속까지 드러나게 되어 패망으로 돌아갈 수 있음을 지적하였다. 요컨대 자수(自修), 자강(自强)의 실력이 있고서야 문호를 개방해야 한다는 것이다.

이 점에서 저자 역시 이른바 쇄국정책의 책임을 온전히 대원군에게 묻지 않고 있다. 그것은 대원군 자신의 한계가 아니라 당시 여건상 어쩔 수 없음도 인정하는 반면에 오히려 개항 이후 위정자들이 여전히 옛날 방식에 매여 자강사업에 힘쓰지 않았음에 책임의 무게를 두고 있다. 나아가 병인양요와 신미양요에서의 승리를 "잠시 꿈꾸는 이야기가 되기는 하였지만 또한 장하지 아니한가"라고 해서 승리 자체를 완전히 폄하하지는 않는다. 근대화와 대외 전투의 승리 사이에서 고민하는 저자의 태도를 엿볼 수 있다.

또한 저자는 병인양요에서 이시원이 독약을 마시고 자살했음을 간단하게나마 언급하고 있다. 이는 초기 전투에서 패배한 것에 대한 책임을 지려는 참된 충신상을 청사(靑史)에 남기고 싶은 그의 의도가 아니었나 싶다. 특히 이시원이 누구인가를 유의할 필요가 있다. 그는 조선 양명학의 시조 정제두에게서 양명학을 배운 이광명 이래의 내려온 가학(家學)을 계승해 온 강화학파의 대표적인 인물로서 이건창, 이건방 등의 후손에게 전해 주었다고 평가받고 있다. 그리하여 이들 양명학 연구집단을 강화학파라고 한다. 이 중 이건방이 훗날 정인보에게 양명학을 전수하였고 정인보는 조선의 국학을 정립하고자 하였다. 이 점에서 국학은 외세와의 긴장 속에서 자기 전통을 고민해 온 결과가 아닐까? 또한 박은식은 양명학자로서 조선의 양명학이 어떠한 자세에서 사회와 국가에 대처하려 했는지를 역사에 남기고 싶었을 것이다.

끝으로 저자는 척화비를 세우게 된 계기와 경위를 설명하고 있다. 척화비 문구는 병인년에 만들어졌지만 척화비 자체는 신미양요를 겪은 1871년 4월 이후 서울을 비롯한 전국 각지에 세워졌다. 이 점에서 척화비 건립 연도는 저자의 착각인 듯하다. 이후 척화비는 1882년(고종 19) 임오군란(壬午軍亂)으로 대원군이 청나라로 납치되어가고, 개국을 하게 되자 철거되거나 매장되었다.

## 第八章 擊退米艦

同年六月, 米國商船一隻, 在黃海道海岸, 遭難而破, 大院君命行審問後, 厚遇而護送之, 翌年七月, 又米國商船一隻, 發芝罘, 溯大同江至平壤, 探查乎, 遊覽乎, 欲取古墓之寶物乎, 乘員有米人三·英人二·馬來人及中國人十九, 於時平壤人民, 目未經外人者, 故認此為佛人或海賊, 遂焚而殲之, 蓋不知米人之非佛人, 商船之非兵艦而出此, 此固歐米人, 嗤我以野昧者也, 然此時歐米人亦有對我而逞其蠻行者, 同年四月, 有米國人張景斯, 在上海, 與獨逸聯邦商人奧別士·佛國人佛厓論, 多年在朝鮮布教者, 謀裝汽船二隻, 載歐人八·馬來人二十·中國人一百, 懸獨逸國旗, 發上海向日本長崎, 旋改針路, 入忠清道, 五月八日, 泊牙山灣, 翌日以小汽船, 載若干人, 離灣口四十海里, 候夜上陸, 奧別士指揮其徒, 潛入德山, 掘大院君父南延君之墓, 欲開棺不能, 及曉乃退, 居人追之急, 發鎗聲得逸去, 遂回船, 由牙山至江華灣, 又被我兵追擊急遁, 彼等計欲以先君遺骸, 要償金乎, 抑認其有黃金寶藏而欲取之乎, 由此大院君仇恨西人愈甚, 國民亦皆斥之爲掘塚盜, 謂彼以此等蠻行, 自誇文明者, 皆誆嚇也, 排外思想益堅, 不可拔矣.

自米商船被害以後, 米艦再入大同江口, 審查其顚末, 至八年辛未, 米國政府, 得北京公使館書記及上海總領事之報告, 即欲因此爲開發朝鮮之機, 如曾開發日本之爲者, 命駐北京公使厚禮德力·耶布路烏及太平洋艦隊司令官海軍少將佐恩路都加斯, 以海員遭難救護條約爲主, 如可能也, 可及於通商修交, 而勿以兵力從事, 五月十六日, 米艦五隻, 發日本長崎, 二十五日, 投錨月尾島附近, 三十日, 轉錨勿溜島·栗島之間, 六月二日, 砲艦二隻·小汽船四隻, 溯入漢江, 過江華海峽孫石項, 我軍開砲射擊, 米艦受傷而却, 於時米兵上陸, 見江華留守, 使通米國意向於政府, 則答曰, 我邦四千年來文化旣足, 豈復求他云, 六月十日, 米海軍大佐胡梅兒·西夷布禮格, 率砲艦二隻·小汽船四隻·端艇二十隻·士卒七百五十九人·大砲七門發出, 當日午後, 陷廣城第一砲臺, 繼以陸戰隊上陸, 翌日連陷第二·第三砲臺, 中軍魚在淵與其弟在淳, 力戰而死, 我之精砲, 盡力拒守, 米公使, 以爲因此交戰, 非政府訓意, 而欲進逼京城, 不有政府再訓不可, 乃與司令長官議, 以獨立祭前日, 拔錨而去, 亦不復來, 自是國人, 益輕西人矣.

按大院君經佛米之役, 意氣愈豪, 嘗有詩以志之曰, 西舶烟塵天下晦, 東方日月萬年明, 一時夢語, 不亦壯乎, 蓋佛人之來, 以布教也, 而誅殺虐也, 美人之來, 欲開通我也, 而拒戰頑也, 以時宜言之, 必善修邦交, 政法藝術, 博采人善, 教育殖產, 力圖進步, 啟我民智, 養我實力, 國可以自立焉, 乃彼以友誼, 我以敵意, 彼以詞命, 我以干戈, 謂我文物已足, 謂我武力已強, 頑傲驕悍, 執拗膠固, 逆此時機, 反受其殃, 孰有不恨於大院君之不識時務妄拒大勢者乎, 然竊謂後來者, 其罪更甚何也, 夫大院君之銷國政策, 猶可以時期爲解, 方其時, 吾人足跡不離域中, 目力未及海外, 一隅管見, 不瞭時勢者, 微督大院君一人, 而舉國皆然, 使大院君而有時勢之觀察者, 安知其無奮發作爲者乎, 以後來者言之, 與各國交通, 門戶洞開, 冠蓋相望, 黃白接吻, 歐亞握手, 我人之自詡以識時務察時機者多矣, 而奈何因循泄沓, 般樂怠敖, 毫不着力於自強事業, 以屋吾社也, 是其罪不更甚乎.

제2부

# 근대 개혁을 둘러싼
# 갈등과 일본 침략의 노골화

　대원군은 내적으로는 사회개혁을, 외적으로는 문호개방 거부 정책을 통해 세도 정권의 기반을 무너뜨리고 외세의 침략을 일시적으로 막아낼 수 있었다. 그러나 이러한 정책으로는 조선을 부유하고 강한 나라로 키울 수 없었다. 이에 고종이 친정하면서 대외 통상과 서구 문물에 관심을 기울이기 시작하였다. 비록 일본의 위협과 강요로 1876년 병자수호조약이 체결되었지만, 조선은 이를 계기로 기존의 중국 중심의 동아시아 질서에서 벗어나 근대 세계 질서에 참여하기에 이르렀다. 물론 이 과정에서 일본을 비롯한 서구 열강과 불평등조약을 체결하면서 값비싼 대가를 치렀다. 그중 병자수호조약을 비롯한 각종 조약 속에 무관세 조항이라든가 치외법권의 인정 등은 조선이 자주적인 근대국가로 성장하는 데 독소 조항이 되었다. 아울러 정부의 이러한 통상 수호 정책에 반발하여 위정척사 유생들이 반개화운동을 벌여 나갔다.

　나라 안팎의 이러한 위기에 대응하는 개혁의 움직임은 대체로 두 갈래로 나타났다. 하나는 위로부터의 개혁이었고, 또 하나는 아래로부터의 개혁이었다.

전자는 문호개방과 신문물 수용에 관심을 기울이는 가운데 지주층을 중심으로 재정개혁과 통상교역에 힘을 쓰며 근대국가 체제를 수립하려고 하였다. 이는 갑신정변으로 표출되었으며 이어서 갑오개혁으로 발전하였다. 비록 외세의 간섭으로 자주적인 성격이 많이 퇴색되었지만, 조선 사회가 근대사회로 나아가는 데 밑거름이 되었다.

후자는 19세기 사회체제의 모순을 몸으로 부대끼면서 이러한 모순을 적극적으로 해소하기 위해 농민층을 중심으로 그들이 짊어져야 했던 조세제도를 개혁할 뿐더러 신분제를 타파하고자 하였다. 특히 일부는 토지 소유의 불균 문제로 눈을 돌려 이를 해결하고자 하였다. 이는 대원군 정권 이전 1862년 민란을 거쳐 1894년 동학란으로 폭발하였다.

그리하여 1894년 무렵 조선 사회는 하나의 큰 전환점을 맞았다. 이제 조선 사회 내부 개혁도 문제이지만, 무엇보다 외세의 침략이 노골화되면서 민족의 운명이 풍전등화의 위기에 놓이게 되었던 것이다.

# 01

# 임오군란

　임오년(1882) 정월에 흰 빛깔의 기운[白氣]이 하늘을 지나갔다. 이때 궁중에서 기도회를 크게 베풀자, 무당과 소경 악사가 그득하였다. 이러한 기도회는 국내 모든 명산(名山)과 대천(大川), 신사(神祠), 불당에 두루 미치지 않음이 없었는데, 금강산 1만 2천 봉 각 봉우리마다 골고루 쌀 한 섬과 베 1필, 돈 1천 량씩 시주한 것이 한두 번에 그치지 않았다. 독사(瀆祀: 제사를 지내서는 안 되는 신에게 제사를 지내는 행위)가 성행함은 이전에는 없었던 일이었다. 또한 연희와 유흥에는 절도가 없었으니 광대와 기녀가 밤낮으로 음악을 연주하고 음식과 상으로 쓴 비용이 거만금(巨萬金)에 이르렀다. 이로 말미암아 대원군이 수년 동안 축적하여 넘치고 풍부했던 각 창고가 텅 비게 되었다. 조세 수입으로는 일상적인 비용을 감당하기에 부족하였고, 공물을 상납하는 구실아치들은 모두 파산하여 도주해 버렸다. 백관들에게 녹봉을 지급하지 못한 것이 5, 6

년에 이르렀고, 3군은 군량을 받지 못한 지가 13개월이 넘었다. 그런데 선혜청 당상 김보현(金輔鉉), 어영대장 민겸호(閔謙鎬), 호조판서 민치상(閔致庠) 등은 오로지 국고를 좀먹으며 자기 배만 살찌우면서 군민을 염두에 두지 않았다. 이로 말미암아 백성들의 원성이 시류배(時流輩: 때를 만나서 기를 펴는 사람)에게 쏠렸으며 모두 대원군을 생각하게 되었다.

이해 봄에 새로 2영을 설치하여 이경하를 무위대장으로, 신정희(申正熙)를 어영대장으로 삼았으며, 일본인 호리모토 레이조(掘本禮造)를 고빙하여 하도감(下都監)[1]에서 신식(서양식 — 역해자)으로써 훈련시키고 별기군(別技軍)이란 이름을 붙였다. 진신(搢臣: 양반) 자제로서 나이가 어리고 총명한 자 1백여 명을 뽑아 사관생도란 이름을 붙이고 군사 기술을 학습시켰다. 반면에 구식 군대는 장차 걸러 내고자 하였으니, 이 또한 군인들의 마음속에 불평을 갖게 하였다.

6월 초9일 광흥창의 쌀을 내어 군인들에게 한 달치 군량을 지급하라 명하였다. 그러나 창고 관리는 민겸호의 사인(私人)으로 농간을 부려 이익을 탐내어 케케묵은 쌀을 지급했는데 그것도 한 섬이 열 되도 되지 않았다. 많은 군인과 그 가족들이 민겸호에게 호소하였으나 그는 도리어 꾸짖으며 물리쳤다. 이에 이들의 분노가 크게 격하게 되면서 훈련도감(訓鍊都監)의 군졸이 앞장서서 창고 관리를 죽여 버렸다. 군사들이 함께 모여서 말하길 "일이 이미 이 지경에 이르렀으니 반드시 살육을 면치 못하리라. 차라리 죽음을 결심하고 거사하여 국가를 위해 희생하자"

---

1 조선시대 훈련도감의 분영(分營)으로서 군사훈련과 치안을 담당하였다. 흥인지문(동대문)의 근처에 소재하였다.

하였고, 군중들도 즉시 좋다고 응하였다. 동별영(東別營)[2] 장교와 기병 및 각 군영이 일치 투합해서 무기고를 파괴하여 군기(軍器)를 끄집어 내니 함성이 하늘을 진동시켰다.

이때 궁중에서는 바야흐로 연회와 유흥이 베풀어지고 있었는데 갑작스레 이 변란의 소식을 듣고 크게 놀라 왕은 가까이 있던 신하에게 급히 명하여 선유(宣諭: 왕의 뜻을 백성들에게 알리는 것)하도록 하였으나 군중들이 듣지 아니하였다. 이에 대원군에게 궁궐에 들어올 것을 청하여 민심을 안정시킬 계책을 물었다. 대원군은 이경하가 평소 군인의 환심을 얻고 있으니 동별영에 나아가 효유(曉諭)하게 하였다. 그러나 군중이 도리어 이경하를 협박하니 그는 두려워 바로 빠져나와 돌아왔다.

이때 난군의 한 부대가 민겸호, 김보현 및 여러 민씨 집으로 달려가 때려 부수고 유린하자 남녀노소가 일시에 도망쳐 숨어 버렸다. 민창식(閔昌植)은 옷을 바꿔 도망가다가 길가에서 살해당했다. 또 한 부대는 감옥을 부수고 모든 죄수를 풀어 주었다. 그때 바야흐로 오랜 가뭄이 들었는데 마침 이날 큰 비가 내리자 군중들은 이 비가 억울함을 씻어 낸다고 생각하였다. 또한 성 밖에 있는 각 절로 달려가서 불 지르고 헐어 버리니 이는 음사(陰祀)로 재물을 없앤 것에 대한 한(恨) 때문이었다. 한 부대는 하도감으로 달려가 일본인 훈련교사 호리모토를 죽였으며, 또 한 부대는 천연정(天然亭)에 돌입하여 일본 공사관을 공격하고 일본인 7명을 살해하자 하나부사 요시모토(花房義質)는 스스로 그 관사에

---

2 훈련도감의 본영(本營)으로서 지금의 서울 인의동(仁義洞)에 있었다.

불을 지르고 칼을 휘두르며 양화진을 거쳐 제물포로 탈주하였다.

　다음 날 10일 동이 틀 무렵[平明]에 난군이 일제히 운현궁에 들어가서 호소하였다. 대원군이 말하기를 "내가 비록 그대들의 괴로운 상황을 알고 있으나 구제할 방법이 없으니 너희들은 물러가서 당국의 조치를 기다리는 것이 옳다"라고 하였다. 군중들은 당국을 더욱 원망하면서 바로 나가서 영의정 이최응(李最應)을 쇠몽둥이로 쳐서 죽였다. 이최응은 대원군의 맏형이다. 마침내 군중들은 돈화문을 통해 궁궐로 들어가 민겸호, 김보현 등을 죽이고 왕후의 어소(御所)를 범하였다. 무예별감 홍재희(洪在羲)가 몰래 왕후를 받들고 화개동 윤태준(尹泰駿)의 집으로 모셨다가 다시 충주 장호원 민응식(閔應植)의 집으로 피난[播遷]하였다. 이때 대궐 뜰에는 선혈이 낭자했으며 예리한 칼날과 창끝이 빽빽이 번득였다. 궁중 호위병졸들은 모두 도주했고 네댓 명의 대신들은 사색이 되었다. 고종은 대원군에게 위촉하여 속히 민심을 안정시키도록 하였다. 대원군은 누차 난군에게 물러갈 것을 명했으나, 군중들은 말하길 "왕비가 살아 있으면 반드시 우리 모두를 죽일 것입니다. 차라리 큰일을 행하고 죽으면 죽었지 결단코 물러갈 수 없습니다"라고 하였다. 대원군은 강제로 물리칠 수 없음을 알고 임기응변으로 말하길 "왕비께서는 창졸간에 이미 승하하셨으니 누가 그대들을 해할 것인가. 그대들은 물러가라" 하였다. 군중들이 그것을 믿지 아니하자, 이에 승정원에 명하여 국상령(國喪令)을 반포하였다. 승지 조병호(趙秉鎬)·김학진(金鶴鎭) 등이 불가하다고 하여 고집하거늘 타인을 대신케 하였다. 마침내 국상령이 내려지자 백관들과 사족, 일반인 등은 슬퍼하며 상복을 입었다. 또한 옥체(왕비의 시신)는 혼란한 가운데 없어졌으니 의관장(衣冠葬)[3]을 행하자는 논의가 있었다. 무릇 이러한 조치는 사람으로서 마땅히 지켜야 할 도리[常經]에 크게 어그러지는 일이며 임시적인 편의와 임기응변[權宜制變]에 빠진 것으로 식자층들은 위험스러운 일이라 하였다. 이때에 이재면(李載冕)을 훈련대장 겸 선혜청 당상 및 호조판서로 임명하였다.

12일 밤 등짐 장사꾼 수만 명이 입성하여 변란을 일으킬 것이라는 소문이 바람 소리처럼 한꺼번에 퍼지자 한성의 분위기가 들끓 듯하였고, 남녀노소가 부축을 받으며 미친 듯이 급히 피하는 것이 파도치는 소리 같이 요란하였다. 다투어 성문을 빠져나가려 하였으나 성문이 이미 닫혔으므로 남북의 산마루에 올라가 통곡하니 그 소리가 끊어지지 않았으며 그 광경이 참담하였다. 대원군은 걸어서 돈화문 밖에 나와 군중을 불러 타이르며 무기고에서 병기를 가져다가 각 지역을 지키라 명하였는데, 군중들이 다투어 달려가서 질서가 다시 문란해졌다. 하늘은 어둡고 길이 캄캄하여 등짐 장사꾼같이 보이는 자는 문득 지나가다가 맞아 죽으니 횡사한 시체가 깔렸다. 그런데 등짐 장사꾼들이 입성한다는 말은 전혀 헛소문이었으니 더욱 괴이한 일이었다.

대원군은 이 변란으로 인하여 다시 정권을 잡았으며, 크고 중요한 벼슬자리가 많이 바뀌었다. 예컨대 이회정(李會正)·임응준(任應準)·조병창(趙秉昌)·정현덕(鄭顯德)·조채하(趙采夏)·이원진(李源進)·조우희(趙

---

3 장사(葬事)를 지낼 때 시체 대신 의관(衣冠)만을 묻기도 하는데, 이를 의관장이라 한다.

宇熙)·이재만(李載晩) 등이 모두 등용되었으며, 대세를 좇는 무리들은 다시 운현궁으로 돌아오니 수레와 말이 구름 같았다. 민씨 일가는 모두 숨어서 나타나지 못했다. 또한 전국 신민은 모두 왕후의 장례를 인정하여 흰 상복을 입은 것이 달포가 넘었다. 왕후는 충주에 있으면서 몰래 사람을 보내어 고종에게 소식을 보냈으며, 또한 민태호에게 밀사를 보내어 청국 정부에 급박함을 알리도록 명하였다. 이처럼 물밑에서 나타난 변화의 실마리는 의외의 결과를 야기하였으니, 중국과 일본 간의 중대 교섭도 이로 인해서 이루어졌다.

전 판서 신응조(申應朝)는 광주(廣州) 고향집에 은퇴하였다가 이에 이르러 좌의정에 발탁되었으나 끝내 사양하고 올라오지 않았으며 또한 상복을 입지도 아니하였다. 평안도 순찰사 김병덕(金炳德)은 국상령을 발표하지 않았다. 이 두 사람은 학식과 덕행이 출중한 군자라고 당세에 칭찬이 대단했다.

✿

임오군란은 고종 19년(1882) 6월, 서울에서 하급 군인이 중심이 되어 일으킨 도시 하층민의 대규모 저항 운동이다. 그런데 이 사건이 병자수호조약과 조미수호통상조약이 체결되어 조선 정부가 본격적으로 문호개방정책을 펴고 있는 시점에서 일어났다는 점에서 후일 많은 역사가들의 관심을 끌었다.

그렇다면 1882년에 상경하여 임오군란을 직접 목격하였던 저자는 이를 어떻게 인식하였는가. 저자의 경우, 오늘날과 달리 이 사건의 원인을 민씨 척족의 부정부패에서 찾고 있다. 이러한 인식은 단지 저자만이 아니라 당대 황현이나 정교의 경우도 사정은 마찬가지였다. 당시 황현 역시 명성왕후가 원자 탄생 이후 기복을 위해 국고를 탕진한 것과 민씨 척족들의 부정부패를 신랄하게 비난하면서 그 결과 대원군이 모았던 재정이 탕진된 것을 꼬집었다.

그런데 이러한 군란이 급격하게 확대된 원인은 무엇인가. 이에 대해서 저자는 난 자체에서 원인을 찾았을 뿐 대원군과의 관계는 언급하지 않았다. 오히려 대원군이 이를 무마하기 위해 이경하를 보냈으나 그가 쫓겨났으며, 난군들이 대원군에게 찾아와 자기들의 억울함을 호소했다고 서술하고 있다. 또 대원군은 고종의 명을 받아 진무에 힘을 썼으며 난군들은 대원군과 별개로 독자적으로 움직였음을 강조하고 있다. 즉 대원군은 고종의 명을 따라 난군을 무마하려 했으나 실패하고 오히려 난군을 따라가는 분위기였다고 서술하고 있다.

반면에 정교는 대원군이 이 사건을 이용하여 정권을 잡으려 했음을 서술하고 있다. 즉 대원군이 군병을 보내 난군들을 사주하고 민씨 척족들을 공격하도록 이끌었다는 것이다. 이른바 밀계설(密計說)이다.

현재 학계에서는 밀계설에 비중을 두고 대원군이 임오군란을 처음부터 주도하지는 않았지만 전개 과정에 깊이 개입하여 확산되도록 조장한 것으로 추정하고 있다.

이 점에서 박은식의 주장은 밀계설을 따르지 않고 난군의 독자성에 비중을 두었다고 하겠다. 주목해야 할 대목이다. 특히 저자는 수습 과정에서 대원군이 신뢰하여 이끌어 주었던 많은 인물들이 임오군란 이후 모두 피살되었음을 주목하는 가운데, 사대부로서 국가 및 민족과 크게 관계하여 피를 흘린 사람들이 적은 반면에 정국의 급격한 변경으로 인하여 피를 흘린 사건이 마냥 있었음을 통탄하고 있다.

그러면 여기에 참가한 하급 군인들은 누구인가? 이 시기 서울의 하급 군인들은 도시 하층민에서 충원된 자들로서, 군인으로 근무하는 동시에 영세 소상인이나 영세 수공업자로 가족들과 함께 생계를 꾸려 나가던 사람들이었다. 또한 이들은 왕십리·이태원 같은 도시 근교에서 미나리·배추 같은 채소를 길러 시장에 팔거나 한강 연안에서 상품과 세곡을 싣고 내리는 하역 작업과 각종 토목공사에 임시로 고용되어 노동자로 일했다. 하급 군인들은 생계를 유지하고자 군인 복무 말고도 이같이 각종 부업에 종사하였으나 대체로 어렵게 살아나갔다. 그런데 민씨 척족 정권이 급료 지급을 연체한 데다가 이 역시 돌이 섞인 곡식을 지급했으니 그 분노는 상상을 초월했을 것이다.

그런데 여기에서 의문이 드는 점은 군인들과 도시 빈민들이 왜 일본인을 공격했을까이다. 그것은 무엇보다 신식 군대인 별기군의 창설에서 볼 수 있듯이 신문물의 유입이 조선 군인들과 민중들에게 미친 충격이 컸기 때문일 것이다. 당시 임오군란이 일어나기 직전 반일 감정이 극도에 이른 상태였다. 1882년 3월경에는 일본인들이 "조선 부인을 보면 그 피를 빨아 먹는다"라는 유언비어가 나돌 정도였다.

그러나 이러한 유언비어의 밑바닥을 보면, 개항 이후 신식 문물이 들어오고 미곡 등이 유출되면서 물가가 앙등하자 이에 따른 일반 민인들의 반개항, 반일 정서가 깔려 있었다. 따라서 이들이 일으킨 임오군란은 단지 봉급 연체에 대한 불만에 그치지 않고 반외세, 반개화라고 하는 일반 민인들의 정서가 깔려 있다. 따라서 이들의 목표는 자연스럽게 민씨 척족 정권과 함께 일본인이었던 것이다. 그러나 이러한 군란은 일본과 청이라는 외세의 간섭으로 수포로 돌아갔다.

나아가 임오군란으로 공사관이 불타는 등 치명타를 입은 일본은 사후 조치로 조선에 조약 체결과 배상을 요구하면서 전국 고을에 건립된 척사의 상징물인 척화비를 철거하라고 요구했다. 이것은 일본이 조선의 척사운동의 기세를 완전히 꺾어 버리겠다는 의도에서 비롯되었다. 한편, 조선 정부도 개화정책의 추진의 필요성을 절감하고, 1882년 8월 5일 전국 고을에 세웠던 척화비를 모두 철거하도록 조칙을 내림으로써 척사운동은 그 막을 내렸다. 그러나 저자는 임오군란이 진행되는 가운데 흉포 잔인한 무리들이 시의에 편승하여 난을 일으켰다고 보면서도 초기에 민씨 척족의 수탈이 난의 원인임을 명시하였다.

## 第十四章 壬午軍卒之亂

壬午正月, 白氣經天, 是時宮中, 大張祈禱, 巫瞽充斥, 凡國內名山大川神祠佛宇, 無不遍及, 而金剛山一萬二千峰也, 於其各峰, 均以米一石·布一匹·錢一千兩施之者, 非止一再, 黷祀之盛, 自古未有, 且宴遊無度, 倡優妓女, 日夜張樂, 飲食賞賜, 費至鉅萬, 由是大院君之多年蓄積充溢豊富之各庫, 一掃而空, 歲入乏於常供, 貢吏皆破産而逃, 百官缺俸, 至五六年, 三軍失餉, 逾十三月, 而宣惠堂上金輔鉉·御營大將閔謙鎬·戶曹判書閔致庠等, 專事蠹公肥己, 而不以軍民爲念, 由是衆怨, 叢於時輩, 而咸思大院君矣, 是年春, 新置兩營, 以李景夏爲武衛大將, 申正熙爲壯禦大將, 招僱日本人掘本禮造, 在下都監, 練以新式, 名曰別技軍, 選揭紳子弟年少聰俊者百餘人, 名曰士官生徒, 學習技藝, 而舊式兵士, 將行除汰, 此又軍情之不平者也.

六月初九日, 命撥廣興倉米, 頒一月軍餉而倉吏, 閔謙鎬私人也, 弄奸牟利, 以陳腐給之, 而石不滿十斗, 衆訴於謙鎬, 反被叱退, 於是衆怒大激, 而訓練都監之卒, 首倡殺倉吏, 諸軍俱會曰, 事旣至此, 必不免戮, 寧決死擧事, 爲國家犧牲, 衆卽應曰諾, 東別營將校騎兵及各營, 一致投合, 破武庫, 出軍器, 喊聲震天.

此時宮中宴遊方張, 猝聞此變大警, 急命近臣宣諭, 而衆不聽, 乃請大院君參內, 詢以鎭撫之策, 大院君以李景夏素得軍心, 令赴東別營曉諭, 而衆反欲刼之, 景夏懼卽脫歸.

於時亂軍一隊, 走閔謙鎬·金輔鉉及諸閔家, 破碎蹂躪, 男婦老幼, 一時竄匿, 閔昌植變服欲逃, 被殺於塗, 一隊破禁獄, 放出諸囚, 時方久旱, 適以是日大雨, 衆以爲洗寃, 又馳往城外各寺燒毀之, 恨其淫祀糜財也, 一隊赴下都監, 殺日本敎師掘本, 又一隊突入天然亭, 擊日公館, 殺日人七名, 花房義質, 自焚其舍, 冒刃突出, 從楊花鎭, 投往濟物浦.

翌十日平明, 亂軍齊入雲峴宮訴之, 大院君曰, 予雖知汝等之苦況, 而無法以制之, 汝等且退, 望當局之措置可也, 衆愈恨於當局者, 卽出而鎚擊領相李最應殺之, 最應大院君之伯兄也, 遂從敦化門入闕, 殺謙鎬·輔鉉等, 至犯王后御所, 武藝別監洪在羲, 潛奉王后, 出御花開洞尹太駿家, 因以播遷于忠州長湖院閔應植家, 此時殿庭, 鮮血淋漓, 刀尖戟枝, 森列閃鑠, 衛卒盡逃, 四五宰臣, 面無人色, 上囑大院君, 亟行鎭撫, 大院君屢命亂軍撤退, 衆曰坤殿在, 必盡戮我等死, 寧行大事而死, 決不敢退, 大院君度不可强之, 權且謂之曰, 坤殿於倉猝, 已昇遐, 誰害汝等者, 汝等退, 衆不之信, 乃命政院, 頒國喪令, 承旨趙秉鎬·金鶴鎭等, 執不可, 以他人代之, 而令遂下, 百官士庶, 擧哀服衰, 且謂玉體失於亂中, 議用衣冠之葬, 蓋此措置, 大悖常經, 而亦失於權宜制變, 識者窃已危之, 于時李載冕爲訓練大將兼宣惠堂上戶曹判書.

十二日夜, 謠傳負商數萬, 入城作亂, 風聲一播, 滿城鼎沸, 男女老幼, 扶携擁擠, 狂奔急避, 有如崩濤, 爭欲出城, 城門已閉, 乃走上南北山巓, 呼哭不絶, 光景慘澹, 大院君步出敦化門外, 招諭衆民, 令取武庫兵器, 防邦守各巷, 衆爭趨之, 秩序更亂, 天暗路黑, 見似負商者, 輒行撲殺, 橫屍累累, 而負商之入城云者, 全屬虛驚, 尤可怪也.

大院君因此變亂, 而復握政權, 大官要職, 多所變更, 如李會正·任應準·趙秉昌·鄭顯德·趙采夏·李源進·趙宇熙·李載晩等, 俱被引用, 趨勢之徒, 復歸雲峴, 車馬如雲, 而閔氏諸家, 皆匿不敢現, 且全國臣民, 皆認后喪而白衣冠者月餘矣, 后在忠州, 潛派人入京, 通信于上, 又令閔台鎬, 遣密使, 告急于淸政府, 此其沈機變化, 已出意外, 而中日之重大交涉, 又因而至矣.

前判書申應朝, 退隱廣州鄕廬, 至是擢拜左議政, 固辭不至, 且不服喪, 平安道巡察使金炳德, 不頒國喪令, 二人俱砥行劬學淸愼君子也.

# 02

# 갑신정변

일본인이 한국에서 여러 차례 진퇴(進退)를 거듭한 것은 청국이 조선을 움켜쥐고 있었기 때문이다. 그러므로 일본의 분한 감정이 날로 더해 갔고 기회를 엿보아서 청국 세력을 배제하려 하였다. 이때에 김옥균(金玉均), 박영효(朴泳孝), 홍영식(洪英植), 서광범(徐光範) 등은 소년당(少年黨)으로 일본과 친밀한 자들이었으며, 민태호(閔台鎬), 조영하(趙寧夏), 윤태준(尹泰駿), 어윤중(魚允中) 등은 노성파(老成派)로 청국과 친했던 자들이었다. 같은 시기에 러시아 또한 (추종) 세력을 몰래 심었으니 러시아 공관 서기로 근무했던 베베르[韋貝, Karl Ivanovich Waeber]의 부인은 궁중을 자주 드나들었고 우리 정부 또한 김학우(金鶴羽) 등을 블라디보스토크에 파견하여 우의를 증진시켰으며, 한규직(韓圭稷), 이조연(李祖淵), 조정희(趙定熙) 등은 친러당이 되었다. 세 당(친일당, 친청당, 친러당—역해자)이 이처럼 분립하여 서로 다투는 계기가 만들어졌다. 이에 친일당의 여러 사람들은 친청, 친러 양파를 제거하고 개혁을 단행하고자 하였다. 계미년(1883) 11월 일본 공사 다케조에 신이치로(竹添進一郎)가 본국으로 돌아가고, 김옥균은 차관 도입을 핑계로 일본에 건너가서 청국을 배제할 계책을 은밀히 개진하였다. 일본 조정에서도 기뻐하며 임오군란 때 청산되지 않은 배상금 4십 만 원을 면제해 주겠다 하면서 그 진행을 도왔다. 김옥균은 드디어 학도 20여 명을 인솔하고 귀국했다. 이때 마건충(馬建忠) 또한 공무로 귀국했다.

갑신년(1884) 9월 다케조에가 조선에 다시 돌아왔다. 이때 중국과 프랑스 간의 안남전[청불전쟁]이 일어났다. 이에 일본 공사는 김옥균 등을 꾀어 말하기를 "청국은 이제 조선을 돌아볼 틈이 없으니 청국 세력을 배제하고 독립할 기회는 바로 이때이다. 기회를 놓치지 말라"고 하였다. 이들 친일당은 매일 밤 은밀하게 모여 일본군의 도움을 받아 청국인을 막고 자객을 양성하여 친청당을 제거하고자 하였다. 또한 일본 정부로부터 군함을 파송하여 후원해 준다는 밀약까지 받게 되었다. 같은 해 10월 17일 우정국(郵政局)이 낙성되고 홍영식이 총판(總辦)이 되어 연회를 베풀고 고위 관직자들과 각국 공사들을 초청하였다. 이에 육조판서와 내아문·외아문 독판(督辦), 전·후·좌·우 4영사(四營使), 그리고 미국 공사 푸트[厚道, Louis H. Foote], 영국 영사 애스턴[阿斯頓, William G. Aston], 청국 영사 진수당(陳樹棠) 등이 모두 연회에 참석하였다. 그런데 일본 공사는 병을 핑계로 오지 않고 서기 시마무라(島村)를 대신 참석시켰다. 같은 날 하오 6시에 연회가 시작되었다. 홍영식 등은 미리 왕궁문 앞에 자객을 매복시켰고, 우정국 앞 개천에도 자객을 매복시켰으며, 서로 방화(放火)로써 신호하기로 하였다. 김옥균 등은 자주 출입하면서 지휘하였는데, 형상과 흔적을 속이고 감추었다. 10시가 되어 갑자기 담장 밖에서 불길이 일어났다. 그때 달이 밝아 대낮 같은데 불빛이 높이 솟아올랐다. 민영익(閔泳翊)은 불을 끄기 위해 먼저 자리를 박차고 일어나 문밖으로 나오니 자객이 앞 개천에서 나와 그를 칼로 내리쳤다. 민영익이 몇 군데 상처를 입고 들어와 쓰러지자, 빈객들은 모두 크게 놀라 얼굴빛이 달라졌다. 친일당은 여기에서 친청당을 모두 살해하려 하였으나 단지 민영익 한 사람만을 부상시켰다.

박영효·김옥균·서광범 등은 대궐로 바삐 달려가 바로 침전에 들어갔다. 미리 내통하던 궁녀가 문을 열고 기다리고 있었던 까닭에 들어갈 수 있었다. 그들은 헐떡이며 급히 아뢰길 "청나라 군사가 난을 일으켜 불빛이 성 안에 가득하고 대신들을 찔러 죽이고 있으니 급히 이 자리를 옮기시어 피신하소서"라고 청하였다. 아울러 일본 공사를 불러들여 호위케 할 것을 청하였으나, 왕은 허락하지 않았다. 김옥균 등은 울며 불며 달래다가 빨리 옮기라고 윽박질렀다. 중관(中官) 유재현(柳在賢)이 살해되자, 왕은 어찌할 바를 모르며 침전에서 나갔으며, 조태후·홍태후와 왕후·태자 이하는 모두 걸어서 따라나섰다. 영숙문(永肅門)에 이르러 갑자기 총성이 들리자, 김옥균 등은 급히 외치길 "외병(청병―역해자)들이 많이 오니 서둘러야 한다"라고 하였다. 그것은 친일당이 미리 이곳에 사관생도들을 매복시켜 놓았다가 왕이 이르는 것을 엿보아 총소리를 내기로 암호로 삼은 것이었다. 그들은 다시 일본 공사를 불러들여 호위케 해야 한다고 청했으나 왕이 허락하지 않자, 김옥균·서광범

등은 품고 있던 연필과 서양 종이를 꺼내어 '일사래위(日使來衛: 일본공
사는 와서 호위하라)'라는 네 자를 쓰고 증거할 수 있는 인신(印信)도 없
이 일본 공사관에 보냈다. 왕의 수레가 경우궁에 당도하자, 일본병들은
이미 행랑채[廊宇]에 가득하고 일본인 통역관 아사야마 겐조(淺山顯藏)
는 맞아 뵈옵고, 공사 다케에조는 따라 들어왔다. 왕은 동상(東廂: 궁
궐전 동편에 있는 대기실)에 거처하시고, 일본 공사와 친일당은 청사(廳
舍)에 자리 잡았다. 조금 후 사관생도 12명이 왕궁에 들어와 에워쌌다.
김옥균·홍영식 등은 슬퍼하여 우는 표정을 짓고 있었다. 이에 일본병
은 궁궐 문을 에워싸고 친일당은 그 가운데 자리하면서 명령을 제정하
였다.

　18일 새벽 좌영사(左營使) 이조연, 후영사(後營使) 윤태준, 전영사(前
營使) 한규직(韓圭稷) 등이 몰래 모의하고 청국 병영에 이 사실을 알렸
다. 김옥균 등은 그들을 의심하고 생도들을 시켜서 후당(後堂)으로 강
제로 끌고 가서 살해하였다. 해방총관(海防總管) 민영목(閔泳穆), 보국
(輔國) 민태호, 조영하 등도 교지(敎旨)를 고쳐 불러들이고 들어오는 즉
시 죽였다. 친일당 수십 명이 왕을 좌우에서 에워싸서 위협하고 꼼짝도
못하게 하여 왕이 행동을 자유로이 할 수 없게 하였다. 어찬(御餐) 또한
때를 맞춰 올리지 못했다. 오전 10시경[巳刻]에 보국 이재원의 집인 계
동궁(桂洞宮)으로 어가를 옮긴 다음 파수(把守)를 더욱 엄하게 하였다.
왕궁문을 드나드는 자는 친일당의 시중꾼들로 일본인 장교·교관의 신
표를 휴대한 자에 국한했다. 김옥균 등은 드디어 왕명이라고 속여 새
로운 정부를 조직하였다. 좌의정에 이재원, 우의정에 홍영식, 병조판서

이재완(李載完), 이조판서에 심순택(沈舜澤), 예조판서에 윤홍연(尹洪淵), 형조판서에 이윤응(李允應), 공조판서에 홍종헌(洪鍾軒), 외아문독판에 김홍집(金弘集), 외아문협판에 김윤식(金允植), 전·후양영사(前後兩營使) 겸 좌·우포장(左右捕長) 한성판윤(漢城判尹)에 박영효, 좌·우양영사(左右兩營使) 겸 협판교섭사무(協辦交涉事務)에 서광범, 전영(前營) 정령관(正領官)에 서재필을 각기 임명하였다. 또 일본 유학생도를 한 부대로 조직하였다. 그 결과 군사권과 재정권이 전부 그들의 손아귀에 들어갔다.

그러나 백관들은 입궐한 자가 없어, 명령을 내려 시행할 수 없었다. 또한 청국병은 하도감(下都監: 훈련도감의 부속 관청으로 현재 서울 동대문역 동남쪽에 소재)에 있으면서 동정을 탐문하니, 박영효는 어가를 강화로 옮겨 다시 거사를 꾀하였으나, 다케조에 공사는 일본 국체에 손해를 끼칠까 두려워 불가하다고 하였으며, 김옥균도 다케조에의 의견을 따랐다. 해질녘에 드디어 다시 창덕궁으로 돌아와 관물헌(觀物軒)에 거처하니 일본병과 김옥균 등은 더욱 빈틈없이 지켰다. 안팎이 막혀 끊어지고 인심도 흉흉하여 왕의 안위조차 예측할 수 없었다. 이에 심상훈(沈相薰)·이봉구(李鳳九) 등은 청병 진영에 급함을 알리고 들어와 호위해줄 것을 청했다.

19일 전권위원 원세개(袁世凱)와 통령 오조유(吳兆有)가 사람을 보내 입궐시켜 그 이유를 물었으나 3시가 지나도 회답이 없자 드디어 스스로 군대를 이끌고 입궐하였다. 우리 측의 좌우 양영의 군사도 그들을 따라갔다. 일본병은 문루에 숨어 있다가 발포하여 청국병과 격투를 벌여 서로 사상자가 나왔으나, 일본병은 청병에 대항하기가 어려웠다. 이에 일본병은 김옥균 등과 함께 왕을 에워싸고 후원 연경당으로 피신하였는데, 마침내 왕비와도 서로 헤어지게 되었다. 밤이 되어 깜깜하게 되자, 일본병은 각자 나무를 끼고 총을 발사하니 우리 군대는 물러섰다. 왕은 길을 돌아서 옥류천 뒤 북장문(北墻門)으로 피했으며, 무예위사(武藝衛士)와 별초군(別抄軍)이 비로소 왕을 호위하고 빠져나오려 하였으나 친일당이 가로막고 가지 못하게 하여 이루지 못했다. 이에 다케조에 공사는 일이 불리하게 전개되는 것을 깨닫고 난병 속으로 뛰어 들어가서 북악을 따라 그의 공사관으로 돌아갔다. 박영효 · 김옥균 · 서광범 · 서재필 등도 모두 일본병을 따라갔으나, 오직 홍영식 · 박영교(朴泳敎) 및 생도 7명은 왕을 따라 북관묘(北關廟: 관우의 사당으로 현재 서울 명륜동 1가에 소재)에 이르렀다. 원세개는 군대를 보내 왕을 호위하게 하였으나, 홍영식 등이 왕의 옷자락을 잡아당기며 제지하였다. 많은 군인들이 힘을 내어 사인교(四人轎)를 받들어 모시려 하자 홍영식 등은 오히려 기세를 올리며 꾸짖었다. 많은 군인들이 마침내 홍영식과 박영교를 끌어내어 난도질을 하여 죽였으며, 생도 7명도 모두 죽였다. 많은 사람들은 쾌재를 외쳤으니, 수레가 선인문(宣人門) 밖 오조유의 군영에 이르자 길가의 인민들은 몹시 기뻐 춤을 추거나 재목을 빼어다가 장작불을 붙여 왕의 행차를 밝혔다. 다음 날 왕은 하도감에 자리 잡은 원세개 군영으로 자리를 옮기셨다.

이때 우리 백성들은 일본인을 원수로 보았고 맹세코 함께 살 수 없다고 하면서 만나게 되면 격투를 벌여 살상하기도 하였다. 청국병 또한 일본 공사관을 야습하여 39명을 죽이고 부녀자들을 욕보였으며 관사를 파괴하였다. 드디어 다케조에 공사는 깃발을 내리고 군대를 인솔하여 서소문을 빠져 도망치면서 길가에서 총탄을 발사하여 우리 백성들 중 죽은 자가 많았다. 이로 인하여 우리 백성들은 더욱 분노하여 그들의 공사관을 불태웠고 육군 대위 이소바야시 신조(磯林眞三)를 살해하였다. 김옥균·박영효·서광범·서재필 등은 머리를 깎고 양복 차림으로 영사관에서 나무 궤짝 속에 몸을 감추었다가 24일 일본 상선 치도세마루(千歲丸)를 타고 도망쳤다. 처음 박영효·김옥균 등이 다케조에 공사와 모의할 때는 일본 정부가 군함을 파송하기로 약속하였으나 기일을 어기고 군함을 보내지 않았다. 궁중에서 전하는 바로는 당일 저들이 애태우며 몹시 고대하는 빛이 있었다고 하는데, 그것은 약속되었던 군함 때문이었다고 한다. 이에 우리 조정은 친일당의 족속과 정변에 가담했던 생도 이창규(李昌圭)·서재창(徐載昌) 등 11명을 체포하라고 명하고 주살했다.

23일 왕은 청군 진영에서 환궁하였다. 원세개는 부하를 이끌고 함께 입궐하여 궁궐을 방위하였다. 다음 날 군대를 보내 동대문 바깥[東郊]에서 왕후와 동궁을 맞이하니 인심이 가라앉게 되었다. 이에 지난 17일부터 19일까지 내린 왕의 조서[勅敎]와 정사계사초기(政事啓辭草記)[1] 등을 모두 환수하여 시행하지 말도록 명령을 내리고 총리군국아문(總理軍國衙門)을 혁파하고 모두 의정부로 돌렸다.

---

1  정치상 죄를 묻기 위해 임금에게 올린 여러 글을 간추려 놓은 문서.

김옥균·박영효·홍영식·서광범은 모두 이름난 가문의 훌륭한 후손이자 소년 재사(才士)들로서 왕이 아끼고 존중하여 외국에 유람시키며 시무(時務)를 관찰시켰고 모두 요직에 앉혔다. 이들 또한 새 법으로써 정치를 개혁하고, 독립으로써 나라의 체모를 높이고자 빽빽하게 개혁안을 제시하였으니 자못 부합되는 점이 많았다. 그래서 개화 진보[開進]가 점차 이루어질 것 같았다. 그러나 이 정변을 겪은 뒤부터 왕은 깊이 뉘우치고 경계[懲創]하여 이른바 신진 세력으로 시무책을 올린 자들을 모두 꺼리고 미워하여 멀리하였다. 이로 말미암아 개화 진보의 길은 더욱 막히고 완고한 기세가 더욱 펴졌다. 또한 임오군란으로 대원군의 심복으로 지목되었던 자도 모두 배척되었고 갑신지변(甲申之變)으로 개혁당과 가까이 한 흔적이 있는 자도 모두 제거되었다. 중요한 자리에서 세력을 잡고 정권을 장악하여 나라의 명령[國命]을 맡은 자는 오직 외척인 민씨 일가뿐이었다. 설사 척신(戚臣)으로서 어질더라도 한 나라의 업무는 큰 것이어서, 한 집안이 홀로 짊어질 수 없다. 하물며 모두 재주가 뛰어나지도 않은데, 총애를 믿고 세력에 의지하여 교만하고 사치하며 탐욕스럽고 방종한 무리들이야 말할 나위가 있겠는가. 나라의 앞길이 더욱 위기에 빠지게 되었다.

살피건대[按] 갑신혁당(甲申革黨)의 실패를 나라 사람들 중 일부는 애석하게 생각하기도 한다. 김옥균 같은 이는 나라 사람들이 그의 재주를 칭찬하였으며, 일본인 또한 많은 사람들이 숭배하여 그의 본전(本傳)을 저술하거나 그의 필적을 진귀하게 간직하고, 혹은 그의 무덤에 절하며 평생토록 사모하는 자도 있으며, 그의 머리카락을 습득하여 보존하면서 "영웅의 피"라 말하는 자도 있었다. 그가 이러한 명성을 얻는 것은 진실로 헛되지 아니하니, 갑신정변의 계획은 그가 주장하여 일을 꾸민 데서 나왔기 때문이다. 나에게 갑신 개혁당에 관계되어 정변의 사정을 잘 아는 친구가 있다. 내 일찍이 갑신정변에 말이 미치게 되어 "만약 정변이 실패하지 않았다면 그 결과가 어떻게 되었을까"라고 말하였다. 그가 말하기를 "가히 아까운 일이다. 그러한 일류 재사(才士)가 일본인에게 팔려 이러한 큰일을 저질렀다"라고 하였다. 내가 "어째서 그런가" 하니, 그가 대답하기를 "저들 일본인이 어찌 다른 나라의 백성을 위하여 남의 아름다운 덕을 진실로 도와 이루고자 하는 사람이겠는가. 한편, 저들은 우리나라를 침략하려는 뜻을 품고 고사를 드리지 않는 날이 없었다. 우리의 진보는 저들에게는 불리한 것이므로 우리에게 진보하려는 기세가 있을 것 같으면 저들은 반드시 온갖 방법으로 해치려 들 것이요, 도와주려 하겠는가. 무릇 저들은 여러 번 청국인의 우세에 굴복하였으므로 한번 도약하여 능가하고자 하여 많은 꾀를 짜내었으나 들어갈 구멍이 없는 꼴이 되었다. 그런데 우리의 젊고 영민한 선비가 바야흐로 일본의 새로운 물결에 심취하여 독립의 영광을 흠모하자, 저들은 곧 이러한 것을 알아차리고 이용하기 위하여 청나라를 밀어내고 독립한다는 이른바 '배청독립(排淸獨立)'으로써 꾀면서 원조를 허락하였으나, 실상은 한국과 중국 사이의 나쁜 감정을 도발시켜 이득을 빼앗는 것이었다. 우리의 젊고 영민한 선비들은 이것을 살피지 않고 저들에 의지해서 일을 이루려 하다가 그 꾐에 무너져 함정에 빠지게 되니 또한 애석하지 아니한가. 진실로 그렇지 않다면 저들이 군함을 파송한다고 약속하고 어찌 갑자기 배반하였겠는가. 이것이야말로 누각(樓閣)에 올라가도록 가르쳐 놓고는 오히려 사다리를 치워 버린 셈이다. 김옥균이 망명하여 일본 도쿄에 있으면서 다시 거사를 도모코자 하였으나 저들은 이내 추방하여 오가사와라 섬(小笠原島)에 유폐시켰으니, 어찌 그를 아껴서 도와준다고 하겠는가. 이에 김옥균도 그들을 믿을 수 없다는 것을 알게 되어 갑오년(1894) 봄에 일본을 떠나 상해로 가서 당초의 방침을 변경하여 중국인들과 천하의 대사를 함께 도모하려 하였으나 불행히 자객에게 살해당했다. 박영효 또한 일본에 다년간 있다가 그들을 믿을 수 없음을 알고 있었다. 갑오년 이후 미미하나마 그가 일본에 항의하는 일이 일어나자, 저들은 또한 그를 추방하고 구금하였으니, 손쓸 만한 여지도 없어졌다. 설사 김옥균이 있었더라도 마찬가지였을 것이다. 그러므로 일류 재사들이 일본인에 팔려 큰일을 치르려 한 것은 큰 착오였다"라고 말하였다.

내가 이 일로 인해 정변에 가담한 여러 사람을 생각하니 이들 모두는 우리나라의 혁명가들이다. 그러나 나이가 어리고 의기가 날카로웠으나, 경력에서 미숙하고 연구가 깊지 아니한 가운데 급격히 착수하여 실패로 그치게 된 것이다. 무릇 혁명가나 애국지사는 정치가 극도로 부패한 국면을 맞으면 대들보가 부러지고 서까래가 넘어져 치어 죽을 지경에 이르더라도 파괴하고 고쳐 짓는 한 가지 방법밖에 택할 수 없다. 그러나 이런 거사야말로 비록 폭발적이고 열렬한 행사라고 말할지라도 실은 하늘의 때[天時]를 따라야 하고, 인심에 응해야 하며, 점진적으로 변화시켜야 하고 단계적으로 나아가야 한다. 각종 기관을 차례대로 설치하거나 종교를 좇아 인심을 끌어내든가 혹은 학설로 말미암아 솔선하여 주장하거나 언론으로 인심을 고취한다든가, 문자로 정치의 이치[政理]을 발휘해서 공중(公衆)의 사상이 점차 여기로 기울게 해야 한다. 그 후에 정치 방면에 들어가 맹렬히 급격한 수단을 사용하되, 찬성하는 자가 많아지고 반대하는 자가 적어졌을 때 새로운 정치를 세워야 아무런 방해물이 없게 된다. 비록 하루 동안에 성공한다 하더라도 실은 수십 년의 오랜 시일을 미리부터 준비해야 할 것이다. 이것이 세계 혁명사의 경험이다. 금번 정변에 참여한 이들에게는 기관으로 사람들의 사상을 이끌어 찬동하는 사람을 획득하려는 것도 없이 갑작스럽게 거사를 벌이니 행동이 포악하게 되었다. 위로는 군부(君父)에서 얻지 못하고, 가운데로는 관료에서 얻지 못하고, 밑으로는 군민(軍民)에게서 얻지 못하여 사면에서 적을 만난 것이니, 그 어찌 성사될 수 있었겠는가. 한편, 무릇 혁명가는 천하의 지극히 어려운 것을 무릅쓰고 천하의 지극히 험한 것을 밟아야 하며, 오로지 자기의 힘으로써 나와야 하거늘, 오히려 외국인이 우리나라의 내홍(內訌)을 이용하여 심한 간섭을 하였다. 하물며 우리 자신이 스스로 해결하지 못하고 다른 사람의 힘을 빌려서 다른 사람에게 권한을 쥐어주니, 설사 성공한다 하더라도 저들은 반드시 손을 거두고 돌아가려 하지 않을 것이다. 바로 엄연히 비둘기가 까치 둥우리에서 살면서[鳩居鵲巢] 그 보수(報酬)를 책망하듯, 백배 천배 내라고 하면 장차 무슨 법으로 제지할 것인가. 다른 한편, 독립도 자기 힘으로 얻어야 바야흐로 공고함을 유지할 수 있다. 만약 다른 나라의 힘을 빌려서 얻을 것 같으면 이른바 독립이란 것은 단지 헛된 이름인 데다가 이름 또한 오래가지 못하니 어찌 고귀하다고 할 수 있으리오. 이처럼 천하의 형편을 알되, 많은 경력과 깊은 연구가 있지 아니하고 한갓 거칠고 대담한 예기(銳氣)로 급하게 일을 꾀하는 것은 반드시 실패하는 길일 것이다.

❋

『한국통사』를 읽는 별미는 역사적 사건에 대한 생생한 서술이다. 갑신정변에 대한 서술과 그 사론도 여기서 예외일 수 없다. 분량도 많거니와 저자 자신이 동 시기에 살았기 때문에 결코 낡지 않았다. 또한 갑신정변만큼 역사가와 일반인의 주목을 받은 사건이 거의 없다. 이 점에서 박은식의 글은 당대인이 바라본 갑신정변의 백미라 하겠다.

갑신정변은 1884년에 김옥균, 박영효 등의 급진개화파가 근대 개혁을 추진하기 위해 일으킨 정변이다. 비록 '3일 천하'로 끝났지만 이후 개혁운동에 적지 않은 영향을 끼쳤다. 그런데 저자는 갑신정변을 혁당지란(革黨之亂)이라 명명하였다. '갑신'이란 명칭이 1884년을 60간지로 바꾸어 부른 데서 나왔다면 '혁당지란(革黨之亂)'은 무엇인가. 그것은 혁당 즉 개혁당의 운동임을 인정하면서도 난의 성격을 가졌기 때문에 혁명도 아닌 '난'이라 불렸던 것은 아닐까.

일반적으로 학계에서는 1882년 임오군란 이후 청국이 조선 내정에 깊이 개입하면서 청의 양무운동과 일본의 메이지 유신을 각각 본보기로 하여 개혁을 추진했던 동도서기파와 급진개화파 사이에서 갈등이 증폭되었음을 지적한다. 특히 국가 재정의 위기를 둘러싸고 전개된 민씨 정권과 급진개화파의 대립이 극에 이르렀음은 단적인 예이다.

그러나 저자는 당대를 살았던 인물로서 사건의 발발 자체에 초점을 두고 있다. 우선 조선을 둘러싼 동아시아 국제 정세의 변동과 국내 정치 세력의 역학관계에서 정변의 배경을 찾았다. 특히 일제의 주도설을 부인하면서 김옥균 등이 청국 세력을 배제하기 위해 일본 메이지 정부에 지원을 요청하여 정변을 일으켰음을 강조하고 있다. 요컨대 김옥균이 주도하였고 일본이 협력한 셈이다. 이 점에서 종래 일본인 학자가 주장하였던 일본의 사주설은 매우 허황된 것임을 확인할 수 있다.

한편, 저자는 갑신정변의 발발과 전개 과정을 매우 생생한 문체로 상세하게 묘사하였다. 특히 우정총국(우정국의 정식 명칭) 낙성식 이후 참석자의 피해 과정에 대한 묘사는 매우 생생하다. 이 중 이후 문제의 빌미가 된 김옥균의 일본 공사 호위 요청에 관한 고종의 승낙 여부가 대단히 중요한 관건이다. 일본군이 1개 중대밖에 되지 않는 병력이지만 일본 병력을 궁중 안에 끌어들이는 것은 정변을 일으킨 측으로서는 승패가 걸린 문제이기 때문이다. 그래서 고종의 친서에 대한 후일의 역사 서술은 매우 제각각이다. 김옥균이 정변 이후에 남겼던 『갑신일록(甲申日錄)』에서는 고종이 김옥균의 요청에 따라 연필로 백지에 "일본공사래호짐(日本公使來護朕: 일본 공사는 와서 나를 호위하라)"을 친히 썼다고 적고 있다. 그러나 이러한 진술은 거짓이다. 그것은 당시 일본 공사 다케조에 신이치로의 주장에서도 나오고 있듯이 이른바 친서에는 "일사래위(日使來衛)"라고 적혀 있었기 때문이다. 정변의 당사자인 김옥균이 이런 4자의 구절을 잊어버리고 7자의 구절이라고 기억했다는 자체가 김옥균 스스로가 정변을 정당화하기 위해 사실을 조작했음을 단적으로 보여준다. 저자의 말대로 김옥균이 일본 병력을 끌어들이려고 했으나 고종이 거부하자 그들 마음대로 백지에 연필로 "일사래위"라는 네 자를 쓰고 일본 공사에게 병력을 요청하였던 것이다. 저자의 이러한 서술은 정교의 『대한계년사』의 서술 내용, 당시 조선 정부의 일본에 대한 추궁에서 나온 사실 등과 일치한다는 점에서 신빙성이 높은 서술 내용이다.

그 밖에 사건의 전개 과정에 대한 생생한 서술은 오늘날 학계의 종합적이고 체계적인 연구에 비추어 보았을 때 대단히 정확하다는 점을 확인할 수 있다. 이는 박은식이 현장에 없었으나 갑신정변의 정황을 잘 아는 이들의 입을 통해 전해 듣거나 관련 사료를 찾아 서술했음을 보여주는 증거라 하겠다.

갑신정변은 이처럼 김옥균 일파가 불법적인 수단으로 일본 병력을 끌어들이고 정국을 장악하고자 한 쿠데타였다. 그런데 기존의 역사서와 마찬가지로 저자는 근대적 역사서술과 달리 '안(按)'을 따로 부쳐 갑신정변을 사관(史官)으로서 평가하였다.

우선 정변 세력의 일본에 대한 지나친 의존은 갑신정변의 성격을 단적으로 보여주는 행위였다. 저자는 이러한 점을 갑신정변 정황을 잘 아는 친구의 입을 통해 전하는 동시에 그 자신의 갑신정변에 대한 인식을 드러내고 있다. 즉 "우리의 진보는 저들에게는 불리한 것이므로 우리에게 진보하려는 기세가 있을 것 같으면 저들은 반드시 온갖 방법으로 해치려 들 것이요, 도와주려 하겠는가"라 하여 정변 세력이 일본의 의도를 모르고 이용당하였음을 단적으로 논하고 있다. 또한 김옥균과 박영효의 망명 생활을 소개하면서 일본의 배신을 적나라하게 지적하고 있다. 물론 저자 역시 정변을 이끌었던 주모자들이 혁명가임을 인정한다. 그러나 이력이 짧고 연구가 깊지 못한 나머지 정변을 급격히 추진함으로써 실패를 자초했다고 보고 있다. 그의 말대로 급격한 쿠데타적 방법보다는 계몽운동을 통해 인심을 잡았어야 했음을 강조하고 있다. 요컨대 혁명가는 천하의 지극한 어려움을 무릅쓰고 자기의 힘으로 일을 추진했어야 하는데 다른 사람의 힘을 빌리려 했음을 비판한 셈이다. 그리하여 그는 맺음말에서 천하의 형편을 알고 열성과 연구의 깊이가 있지 아니하고 한갓 거칠고 대담한 예기(銳氣)로 급격히 거사하려는 것은 반드시 실패하는 길이 된다고 보았다.

그런데 여기서 주목할 점은 갑신정변의 전개 과정을 자세히 서술하면서도 정교의 『대한계년사』와 달리 『한국통사』에는 정변 세력이 공포한 국정 개혁안에 대한 소개가 없다. 그것은 아무래도 저자 자신이 정변을 주도했던 인물을 직접 만나지 못했던 데서 찾을 수 있다. 이는 저자의 갑신정변 서술에서 아쉬움으로 남는 대목이다.

끝으로 저자의 논평에서 놓쳐서는 안 될 점은 저자가 김옥균을 추앙하는 일본 내 식자층의 분위기를 전하고 있는 점이다. 이는 저자가 갑신정변의 주도자가 김옥균임을 밝히는 동시에 갑신정변의 한계를 지적하기 위해 인용한 내용으로 보인다. 그러나 당시 일본 내 김옥균 추앙 분위기가 지니는 정치적 의미를 미처 파악하고 있지 못한 가운데서 나온 저자의 이러한 서술은 자칫하면 독자들에게 오해를 불러일으킬 수 있다. 즉 당시 일본 식자층 내에서는 후쿠자와 유키치(福澤諭吉) 등을 중심으로 김옥균의 죽음을 슬퍼하여 장례식을 거창하게 치르거나 심지어 전기문을 집필하고 있었는데, 이는 어디까지나 조선과 청국에 대한 전쟁의 명분을 조성하는 데 일조했다는 점이다. 또한 당시 김옥균을 부담스럽게 여겨 오가사와라 섬으로 내쫓았던 일본 정부가 홍종우가 김옥균을 살해했다는 소식을 듣자마자 기존의 태도를 바꾸었을뿐더러 언론매체를 동원하여 조선과 청국을 규탄하는 분위기로 몰아갔으며 궁극에는 청일전쟁을 일으키는 명분으로 삼았다. 이 점에서 일본 식자층 내 김옥균 추앙 분위기에 대한 저자의 서술은 조심스럽게 음미해야 할 대목이다.

## 第十章 甲申革黨之亂

日本人在韓, 屢進屢退, 以有中國扼之, 故憾憤日深, 欲乘機排之, 於是, 金玉均·朴泳孝·洪英植·徐光範等, 以少年黨而親日者也, 閔台鎬·趙寧夏·尹泰駿·金允植·魚允中等, 以老成派而親中者也, 同時露國, 亦潛植勢力, 露館書記韋貝夫人, 出入宮中, 而我亦派金鶴羽等於海蔘威, 以修睦誼, 韓圭稷·李祖淵·趙定熙等爲親露黨, 三黨分立而爭機成矣, 於是日黨諸人, 欲除清露兩黨而斷行其改革主義, 癸未十一月, 竹添進一郎歸國, 金玉均藉稱借債渡日, 密陳排清之計, 日廷嘉之, 將壬午賠款之未清者四十萬圓而還予之, 以助其進行, 玉均遂率學徒二十人以歸, 此時馬建忠, 亦因事歸國.

甲申九月, 竹添進一郎來, 是時中國與佛人, 有安南之役, 日使乃誘金玉均等曰, 清今無暇東顧, 排清獨立, 正在於此, 時哉不可失也, 每夜聚商, 綢繆秘密, 而欲藉日兵, 以禦清人, 養刺客以除清黨, 且自日廷, 有派送軍艦爲其後援之密約, 同年十月十七日, 郵政局落成, 洪英植以該局總辦, 設宴邀請各大官及各國公使領事, 於是六曹判書·內外衙門督辦·前後左右四營使及美公使厚道·英領事阿斯頓·清領事陳樹棠 皆赴宴, 而日使稱病不來使書記島村替行, 以同日下午六時開宴, 而英植等, 預伏士官生徒於王宮門前及景祐宮內, 又伏刺客於郵政局前溝中, 以放火爲號, 玉均等, 屢出而指揮, 形迹詭秘, 至十時, 忽見墻外火起, 時月明如晝, 火光衝天, 閔泳翊爲救火先起, 甫出門, 有盜從溝中劍擊, 泳翊被數創, 入而仆焉, 賓客皆大驚相失, 蓋日黨欲於此盡殺清黨計, 而只傷泳翊一人, 泳孝·玉均·光範等, 徑奔闕內, 直入寢殿, 而有宮女爲內應, 開門以待之, 故得入, 喘急奏曰, 清兵作亂, 火光滿城, 屠戮大臣, 請急移駕避之, 並請召日使入衛, 上不許, 玉均等, 乍啼乍哭, 嚇逼移御, 中官柳在賢遇害, 上蒼黃出寢殿, 趙太后‧洪太后及王后太子以下, 皆徒步以從, 至永肅門, 忽有砲聲, 玉均等, 急呼曰, 外兵大至, 不可徐也, 蓋日黨預伏士官生徒於此, 伺上至, 鳴砲爲暗號也, 復請日公使入衛, 上不許, 玉均‧光範等, 出懷中鉛筆洋紙, 書日使來衛四字, 無印信爲証, 而致日公館, 駕至景祐宮, 日兵已充斥廊宇, 日譯淺山顯藏迎謁, 而竹添進一郞隨至, 上御東廂, 而日使與日黨處廳事, 少頃士官生徒十二人, 入宮環擁, 玉均‧英植等, 爲悲泣之狀, 於是日兵圍繞宮門, 而日黨居中制命.

十八日曉, 左營使李祖淵‧後營使尹泰駿‧前營使韓圭稷, 密謀通知於淸營, 玉均等疑之, 使生徒引致後堂而殺之, 海防總管閔泳穆‧輔國閔台鎬‧趙寧夏等, 並矯旨召之, 入卽被殺, 日黨數十人, 擁逼左右, 挾制惟意, 致上起居不得自由, 御餐亦不得時, 巳刻, 移御于桂洞宮(輔國李載元家), 把守尤嚴, 其出入宮門者止, 日黨之陪隷帶日本將官之信標者耳, 玉均等, 遂矯命差除, 組織政府, 左議政李載元‧右議政洪英植‧兵曹判書李載完‧吏曹判書沈舜澤‧戶曹判書金玉均‧禮曹判書尹弘淵‧刑曹判書李允應‧工曹判書洪鍾軒‧外務衙門督辦金弘集‧協判金允植‧前後兩營使兼左右捕將漢城判尹朴泳孝‧左右兩營使兼協辦交涉事務徐光範‧前營正領官徐載弼也, 日本留學生徒, 組成一隊, 兵柄財權, 盡歸其掌握, 然百官無入闕者, 令莫之施, 且淸兵在下都監, 探問動靜, 朴泳孝欲遷據江華, 以圖再擧, 竹添恐於日本國體有損以爲不可, 玉均亦從之, 日晡遂復擁還昌德宮, 御觀物軒, 日兵與玉均等, 衛守益密, 內外隔絶, 人心洶洶, 莫知御座安危, 於是, 沈相薰‧李鳳九等, 告急於淸營, 刻請入衛.

十九日, 全權委員袁世凱·統領吳兆有, 派人入闕問故, 至三時無報, 遂自領兵入闕, 我之左右兩營兵從之, 日兵隱身門樓發彈, 清兵格鬪, 互有殺傷, 而日兵抵敵不住, 乃與玉均等, 擁上避兵於後苑演慶堂, 遂與內殿相失, 入夜昏黑, 日兵各抱樹射之, 我兵却焉, 上轉避玉流泉後北墻門, 武藝衛士及別抄軍, 始得入衛, 奉駕而出, 日黨阻擋不得, 於是, 竹添見事不利, 混入亂兵, 循北岳而遁, 回其公館, 泳孝·玉均·光範·載弼等, 皆隨日兵去, 惟英植·泳敎及生徒七人, 從駕至北關王廟, 袁世凱遣兵往衛, 英植等, 挽御衣阻之, 衆軍力爭, 奉御四人轎, 英植等, 猶盛氣叱之, 衆軍遂曳出英植·泳敎, 斫爲肉泥, 併殺生徒七人, 輿情快之, 駕至宣仁門外, 吳兆有軍中, 沿街人民, 懽喜蹈舞, 或撤屋材燃, 炬以明御路, 翌日, 上移御於下都監袁世凱軍中.

此時, 我民讎視日人, 誓不俱生, 逢輒格鬪, 致經殺傷, 清兵亦夜襲日館, 殺三十九名, 婦女被辱, 房舍經燬, 竹添遂下旗, 率兵出西小門去, 沿路放丸, 我民死者甚多, 衆情益怒, 焚其公館, 殺陸軍大尉磯林眞三, 玉均·泳孝·光範·載弼等, 薙髮洋服, 由領事館, 藏身木櫃中.

二十四日, 乘日本商船千歲丸而逃, 始泳孝·玉均等, 與竹添謀也, 日廷, 以派送軍艦爲約, 而違期不至, 據宮中所傳, 當日彼等, 甚有苦待焦燥之狀, 蓋以軍艦故也, 於是, 朝廷命搜捕日黨之族屬及行凶生徒李昌奎·徐載昌·吳昌模等十一人, 誅之.

二十三日, 上自淸陣還宮, 袁世凱率其部下, 同入防衛, 翌日派兵, 迎內殿及東宮於東郊, 人心底定, 於是命自十七日, 至十九日, 勅敎與政事啓辭草記等, 併還收勿施, 革總理軍國衙門, 歸倂議政府.

金·朴·洪·徐諸人, 皆名門華冑, 少年才士, 自上愛而器之, 遊覽外國, 觀察時務, 併處以要職, 諸人者, 亦欲以新法革政治, 以獨立尊國體, 密密獻策, 頗有契合, 幾乎開進有漸矣, 自經此變, 上深爲懲創, 所謂新進之言時務者, 皆厭惡而疎遠之, 由是開進之路愈塞, 而頑固之勢益張, 且以壬午之變, 而名屬雲峴黨者, 盡斥之, 以甲申之變, 而跡近改革黨者, 又盡去之, 扼要路而握政權司國命者, 惟外戚一家耳, 使戚臣而良也, 一國之務鉅矣, 非一家所能獨肩, 而況皆不才, 而席寵怙勢驕奢貪縱之徒乎, 國家前途, 愈陷於危矣.

按甲申革黨之敗, 邦人或惜之, 若金玉均者, 邦人尤稱其材, 卽日本人, 亦多崇拜, 或述其本傳, 或珍其筆蹟, 或有拜其墓而慕其平生者, 或有拾其毛髮而藏之曰英雄之血也者, 其得此也, 諒非徒然, 而甲申之事, 出於其主謀也.

余有之友人某, 係甲申革黨, 深悉其情者, 余嘗語及曰, 甲申之事不敗, 則其結果如何, 某曰, 可惜此一流才士, 爲日人所賣, 做此大錯, 余曰, 何哉, 某曰, 彼日人, 豈肯爲人謀忠成人之美者, 且彼蓄志圖我, 無日不禱祀以求之, 我之進步, 彼之不利也, 我若有進步之勢者, 彼必多方以害之, 而乃助之乎, 蓋彼屢屈於淸人之優勢, 欲一躍而凌駕之, 百計鑽營, 無孔不入, 而我少年英銳之士, 方醉日本之新潮, 慕獨立之榮, 彼卽認此爲利用, 誘之以排淸獨立, 許以援助, 其實欲排發中韓惡感, 而因以弋利也, 我少年英銳, 不察乎此, 謂可藉彼成事, 墮其術中, 陷於敗衂, 不亦惜乎, 苟非然者, 彼約以派送軍艦, 而何遽背之, 此乃敎人登樓, 却去其梯者也, 玉均亡命在東京, 爲再擧之圖, 而彼乃逐而幽之小笠原島, 安在其愛而助之, 於是玉均, 知其不可恃也, 甲午之春, 離日赴滬, 變其方針, 欲與中國之士, 共圖天下之事, 而不幸爲刺客所殺, 朴泳孝, 亦在彼多年, 知其不可恃也, 甲午以後, 微有抗日狀態, 彼又逐之拘之, 俾無措手之地, 使玉均而在, 亦必如是矣, 故曰, 此一流才士, 爲日人所賣, 做此大錯也, 余因以思之, 是諸人者, 吾國革命家也, 然年少氣銳, 閱歷未熟, 研究未深, 直以急激下手, 以底於敗矣, 夫革命者, 愛國志士, 值政治腐敗之極, 棟折榱崩, 壓覆必至, 不得不出於破壞而改建之一法, 然是舉也, 雖曰爆烈行事, 而實順乎天時, 應乎人事, 其變有漸, 其進有階, 各種機關, 循序而設, 或從宗敎而牖之, 或因學說而倡之, 言論而鼓吹人心, 文字而發揮政理, 使公衆思想, 漸次傾向於此, 而後入政治方面, 猛下霹靂手段, 贊成者衆, 反對者少, 於以施設新政, 沛然無碍, 雖功成於一日之頃, 而實預備於數十年之久, 此世界革命史之經驗也, 今諸人者, 無此種機關之導人思想得人贊同者, 而舉措急遽, 行爲殘暴, 上不得於君父, 中不得於官僚, 下不得於軍民, 四面受敵, 其何以濟, 且夫革命者, 冒天下之至艱, 蹈天下之至險者也, 專以己力出之, 而猶有外人之利我內訌逞其干涉者, 況我不能自辦, 而借人之力, 授人以柄, 就使有成, 而彼必不肯斂手而退, 卽儼然鳩居鵲巢, 責其報酬, 出於百倍千倍, 則將何法以制之, 且獨立以己力得之, 方能維持鞏固, 若藉他力而得之, 則所謂獨立者只虛名, 而名亦不久, 何足貴哉, 是知天下之事, 非有閱歷之熟研究之深, 而徒以麤膽銳氣, 急激從事者, 必敗之道也.

# 03

# 갑오동학란

동학이라는 것은 발단은 매우 미미했으나 그 결과는 매우 컸다. 한 점의 불꽃이 넓은 들판을 불태우는 데까지 미치고 방울방울 떨어진 물방울이 흘러서 강물을 이루었듯이, 한국의 대란과 중일대전(中日大戰: 청일전쟁)이 이로 말미암아 시작되었다.

선왕 철종조 때 경상도 경주 사람 최복술(崔福述)은 지체가 낮은 집안에서 출생했다. 그는 스스로 주장하길 서교(西敎: 예수교)에 대비하여 새 종교를 창도하였으니 동학(東學)이라 불렀다. 그 종지(宗旨)는 유교·불교·도교를 혼합한 것이었다. 주문(呪文)을 외울 때 '시천주 조화정 영세불망 만사지(侍天主 造化定 永世不忘 萬事知)' 13자[1]를 뇌까렸다. 붓을 쥐고 신을 내리게 하고, 칼춤을 추며 공중을 솟아오르는 등의 일

---

1  동학의 핵심 주문으로 "한울님을 모시면 조화가 이뤄진다. 이 진리를 항상 염두에 두고 살면 세상만사를 다 알게 된다"라는 뜻이다.

은 매우 황당한 거짓이었다. 그 무리들은 밤이면 반드시 깨끗한 물을 떠놓고 보국안민(輔國安民)을 기도하고, 밥을 지을 적마다 마냥 쌀 한 숟가락씩 떼어 놓고 성미(誠米)라고 부르면서 저축하여 교주의 봉양미로 삼았고, 최복술을 받들어 신사(神師)로 삼았다. 예수교 · 기독교 등의 서교와 같이 수십 년이 지나지 않아 전국에 보급되었으니 어찌 기이하지 아니한가. 대개 그 원인은 셋이다.

첫째, 우리나라에는 비기(秘記)가 전해 내려오는데, 정감록(鄭鑑錄)이라는 것은 앞일을 예언하는 대표적인 것[大宗]으로 백성들 사이에서 널리 퍼져 있었다. 그 내용에 이씨[朝鮮王朝]의 국운이 5백 년이면 끝이 나고 진인(眞人)이 대신하여 흥할 것이며 이로움이 궁궁을을(弓弓乙乙)에 있다 하였다. 동학은 그 뜻을 취하여 말을 꾸며, "13세의 무신(武神)이 강림한다"라고 하고 또 '궁을(弓乙)' 노래를 불렀으며 '궁을' 깃발을 만들었다. 또한 동학에 들어오는 자는 삼재(三灾) · 팔난(八難)²을 면할 수 있으며, 병이 든 자는 약을 복용하지 않아도 부적을 살라 마시면 곧 쾌유된다고 하였다. 또한 총구멍에 생기는 물을 빼어 그 부적을 품으면 탄환이 들어오지 못한다고 하여 어리석은 백성들이 현혹되었다. 이런 가운데 진인이 출현하여 백성[蒼生]을 널리 구제한다고도 하였으니 미신의 성행함이 많은 사람들에게 퍼져 있었다.

둘째, 우리나라의 계급에는 양반과 상민의 구별이 있으니, 양반이 상민을 대우하는 것이 노예와 같았으며, 토호(土豪)들은 무단으로 약탈을

---

2  삼재는 수재, 화재, 풍재 또는 병난, 질역, 기근 등이고, 팔난은 배고픔, 목마름, 추위, 더위, 물, 불, 칼, 병란이다.

자행하며 가혹하게 억압하였다. 그런 까닭에 상민들은 양반을 질시하며 피와 뼈에 사무친 원한이 수백 년이나 이르렀으며 그 억울하고 불평하는 기운이 쌓여 이와 같이 격렬하게 반항하는 단체들을 만들어 냈으니 들판에 타오르는 불길의 기세가 끓어오르듯이 성하게 되었다.

셋째, 관리들의 탐학이 수십 년 동안 계속되었고 잘못된 정치가 날로 더해 가면서, 지위가 높고 권세가 있는 신하들은 벼슬자리를 돈 나오는 구멍으로 여겼다. 지방의 아전배도 백성의 살림을 돈 나오는 원천으로 여기고 상부에 바치는 일을 과제[題目]로 삼아 백성을 후려쳐서 물품을 박탈하는 것을 직무로 삼았다. 많은 돈을 가진 집은 회벽(懷璧)의 죄[3]를 씌우고, 소 한 마리가 갈 만한 땅을 가진 자도 또한 위첩지모(僞帖之謀)[4]를 초래하였다. 마침내 만 번 죽는 한이 있더라도 한 번 살겠다는 생각에서 무리를 모아 아전배를 축출하고 관사(官舍)를 불지르고 부수었으니 질서가 크게 어지러워졌다. 이에 동학은 여기에 편승하여 떨쳐 일어나 탐학한 관리를 죽이고 민생을 구제하며 간악한 무리를 쓸어 없애고 국가를 바로잡겠다는 뜻을 팔방에 포고하니 일시에 호응하여 일어나는 모양이 바람과 번개처럼 빨랐다.

최복술은 철종 말년에 요언(妖言)을 퍼뜨렸다는 이유로 죄를 받고 처형당했다. 고종 30년(1893) 계사년에 그 무리 최제우(崔濟愚: 최시형을 착각하여 최제우로 표기 — 역해자) 등이 상소문을 올려 스승의 억울함을 풀

---

3 『춘추좌전(春秋左傳)』의 '필부는 죄가 없지만 옥을 가지고 있으면 죄가 된다(匹夫無罪 懷璧其罪)'에서 나온 성어로 보통 사람의 신분으로 옥을 가지고 있는 것은 훗날 화를 초래할 수 있다는 것을 뜻한다.
4 위조문서를 만들어 땅을 빼앗으려는 음모.

어 줄 것을 청원하였다. 그러나 진신[양반] 사류들이 이들을 참수할 것을 잇달아 상소하자 이들 최시형 무리는 이 소식을 듣고 놀라서 도주하였다. 그리고 무리를 모아 호남과 호서 사이에 방책을 설치하고 깃발을 세워 원근 여러 사람들을 불러들이니, 그 세력은 점차 늘어나 퍼졌다. 조정에서는 어윤중(魚允中)을 선유사(宣諭使)로 임명하여 윤음(綸音: 임금의 말씀)을 가지고 가서 달래어 해산토록 하였다. 고종 31년(1894) 갑오년 봄에 동학교도들은 호남 지방 고부(古阜)에서 난을 일으켰으니, 군수 조병갑(趙秉甲)이 그렇게 일어나게 한 것이었다. 이때 경리사(經理使)[5] 민영준(閔泳駿)이 더욱 가렴주구의 재간을 부려 왕의 총애를 독차지하였으니, 지방관도 그의 손에서 배출되었던 것이다. 이들 지방관은 권세를 믿고 백성들로부터 함부로 금품을 징수하는 것을 장기로 삼았다. 조병갑은 처음 고부 군수에 부임했을 때 이미 옳지 못한 짓으로 재물을 탐하였으니 고을 주민들은 아직 그 쓰라림을 잊지 않았는데, 그가 다시 부임하게 되어 또 그런 일을 저질렀으니 어찌 난이 일어나지 않을 수 있었겠는가. 조병갑이 집집마다 쌀을 거두어 바닷길을 이용하여 팔아먹으려다 백성들의 소요[民擾]가 일어났던 것이다. 조정에서는 장흥 부사 이용태(李容泰)를 안핵사(按覈使)로 임명하여 사실 여부를 조사·보고토록 하였다. 이용태는 그곳에 당도하여 이런 기회에 편승하여 어부지리(漁父之利)를 얻으려고 소요를 다스리려 하였으나 도리어 더욱 소란하게 만들었으니, 민심은 더욱 격해져 난으로 발전했다. 고부 향

---

5 조선 후기에, 북한산성의 관리를 맡은 경리청의 으뜸 벼슬.

장(鄕長) 손화중(孫化中), 향민 전봉준(全琫準), 전주민(全州民) 김개남(金介男) 등은 동학당의 우두머리로 장대를 높이 들고 봉기하였으니, 한번 외치면 많은 사람들이 호응하여 그 무리가 부쩍 모여들었다. 마침내 고부·부안·흥덕·태인·정읍·장성·무장·함평 여러 고을에서 똬리를 틀고 막아냈으며 수십 군대의 주둔지[營屯]와 연락을 취하며 다음과 같이 격문을 발포하였다.

우리들의 이번 거사는 위로는 종묘사직(宗廟社稷)을 보존하고, 아래로는 백성을 보호하기 위하여 죽음을 무릅쓰고 맹세를 하였으니, 삼가 경동하지 말고 다가오는 개혁이나 지켜보라. 전운사(轉運使)[6]가 관리와 백성에게 폐단이 되었으며, 균전관(均田官)이 폐단을 없애려고 하다가 도리어 폐단을 일으키고 각 시전이 백성에게 분담하여 세금을 거두어들이고, 각 포구 선주(船主)들이 강제로 빼앗았다. 다른 나라에서 몰래 들어온 상인[潛商]이 비싼 가격으로 쌀을 무역하고 있으며, 염분(鹽盆)에 상업세[市稅] 명목으로 세금을 매겼다. 그 밖에 여러 가지 조목의 폐막(弊瘼)을 전부 열거할 수 없다. 무릇 사·농·공·상에 종사하는 여러 사람은 위로 국가를 돕고 아래로 빈사 상태에 있는 백성들을 편안히 한다면 어찌 다행한 일이 아니리요.

이에 예하 무리들[部衆]에게 약속하기를, "행군할 때마다 병사들의 피를 흘리지 않고 이기는 자가 가장 큰 공을 세우는 것이요, 비록 부득이

---

6 개항 이후 세곡을 운반하던 전운영의 벼슬.

해서 싸움을 벌인다 해도 사람을 상하게 하지 말 것이며, 행군하여 지나가는 곳마다 사람을 해치지 말 것이며, 또한 효성스럽고 우애 있는 사람과 충성스러운 신하들이 살던 지역에는 10리 이내에서 군대를 주둔시키지 말 것"이라고 하였다. 또 경계하고 타이르는 군령(軍令) 12조가 발표되었다. 아울러 영광군 향리와 향임들에게 공문을 보내, "관리의 폐단 및 백성의 고통과 관련되는 각종 문서들을 모두 가져와 조사를 받으라"라고 하였다. 이때 전운사 조필영(趙弼永)은 더욱 재물을 탐내 백성들이 원통함과 분노심을 품고 있었는데, 백성들이 이 격문 소식을 듣고 좋아 뛰면서 사방에서 호응하고 각 군에 비치된 무기를 모두 탈취하여 공당(公堂)에 침입하여 수령을 욕보이거나 감옥문을 열고 죄수를 내보내며, 또는 관아 건물을 부수고 창고를 약탈하였다. 무장·흥덕의 군 관아와 영광의 전운영(轉運營)이 모두 불타 없어져 버렸다. 큰 깃발을 세우고 '보국안민체천행도(輔國安民體天行道)'의 여덟 글자를 특별히 썼으며 백성을 구제하기 위한 '의병(義兵)'이라 칭하였다. 무리가 수만 명에 이르렀으며, 호남의 여러 고을이 거의 유린당했다. 영광군수 민영수(閔泳壽)는 도망쳤고, 전주가 함락되자 전라감사 김문현(金文鉉)은 성을 버리고 도망쳤다. 조정에서는 전라병사 홍계훈(洪啓薰)을 양호초토사(兩湖招討使)로 임명하여 장위병(壯衛兵) 2개 대대를 인솔하고 내려가 소탕케 하였다. 이어서 김학진(金鶴鎭)을 전라감사에, 이원회(李元會)를 양호순변사(兩湖巡邊使)에 각각 임명하고 급히 달려가 무마하라고 명했으며, 엄세영(嚴世永)을 염찰사(廉察使)로 임명하여 백성의 폐해를 알아오도록 하였다.

전봉준은 매우 걸출하고 지모(智謀)가 있어 여러 차례 관군을 속여 패배시켰다. 오로지 미신으로써 그의 무리들을 복종시켰고 끓는 물에 뛰어들고 불을 밟듯이 위험을 회피하지 않았다. 일찍이 그 무리에게 이르기를 "나는 신부(神符: 영험 있는 부적)가 있어 몸을 보호할 수 있으니, 비록 대포 연기가 자욱하고 총알이 비처럼 쏟아지는 가운데 처해 있을지라도 부상하는 일이 없다. 너희들은 그것을 봐라" 하였다. 이어서 소매 속에 탄환 수십 발을 몰래 감추고 비밀리에 친한 신자 10여 명에게 지시하여 그들로 하여금 그를 포위케 하고 모두 총을 쏘게 하였는데 실제는 공포탄을 쏘게 했다. 전봉준은 포위한 가운데서 뛰어나오며 소매를 흔드니 탄환이 우수수 땅에 떨어졌다. 군중들은 그 광경을 바라보면서 말하길 "장군은 신인(神人)이다"라고 하였다. 이에 그 무리들은 그 부적을 차고 총탄을 무서워하지 않았다.

이때 동학의 다른 일파가 호서 지방인 공주의 사오(沙塢), 보은 · 회덕 · 진잠 · 청산 · 옥천 등지에 모여 있었는데, 이들 중 군기(軍器)를 빼앗고 고을을 유린하는 자가 역시 수만을 넘었다. 양반 토호는 오래된 원수라서 세력에 편승하여 원수를 갚고자 하였다. 결박 지어 구금시켜 놓고 채찍질을 가하거나 그의 집을 파괴하고 그 부녀를 겁탈하거나 호롱불을 들려 혼행(婚行)⁷의 시중드는 일을 시키기도 하였다. 또는 묘지를 빼앗겼던 사람에게 돌려주거나 세력 있는 사람을 포박하여 그 고환을 자르면서 말하길 "이 성질이 흉악한 사람의 종자를 베어 버린다"라

---

7  혼인(婚姻) 때에 신랑(新郎)이 신부(新婦) 집으로 가거나 신부가 신랑 집으로 가는 일.

고 하였다. 고을의 관원들도 모두 붙잡아다 군영의 문을 열고 탐학을 저지른 정도에 따라 곤장을 때렸으며, 고함지르고 꾸짖고 제멋대로 날뛰며 기세등등하게 발호하니, 그 대단한 기세[氣焰]가 미치는 모양이 털에 불이 붙은 것과 같았다. 열흘이 안 되어 경기·강원·황해·경상도까지 뻗쳐 나갔다. 백성들의 어리석음이 일시에 휩쓸었으니 '시천주 조화정 영세불망 만사지'를 외우는 소리가 갱(坑)에 있으면 갱 속에 가득하고 골짜기에 있으면 골짜기 속에 가득하여 미쳐 날뛰며 어지럽게 춤추니 그 모습이 해괴했다.

무릇 동학당은 본디 정치사상·혁명성질을 포함하고 있었으나 대부분이 비천하고 무뢰하고 우둔하고 무식한 무리에게서 나온 까닭에 난폭하기가 이와 같았다. 그러나 엄격하고 각박했던 종래의 계급이 이로 말미암아 무너졌으니 개혁의 선구라 할 만하다. 저들은 오합지중(烏合之衆)으로서 갑자기 거사하여 본디 전투의 기술도 없고 기계의 월등함도 없었으나 그 미신과 부적, 주술에는 물불을 가리지 않고 강력하게 끌 만한 마력이 있었다. 또한 중앙 정계에서도 몰래 내응하는 자가 있었다. 만약 빠른 번개가 미치지 못하는 날카로움으로써 이러한 마력의 군대를 끌고 밤낮으로 길을 재촉하여 바로 서울에 들어와 개혁에 착수했다면 외인(外人)들의 간섭이 미치지 못할 것이니 서구 혁명의 핏빛을 다시 아시아 동쪽 반도에서 볼 수 있었을 것이다. 그러나 이러한 담력과 식견이 없었으니 어찌하랴.

초토사 홍계훈이 4월 28일 동학교도들을 공격하여 수백 명을 죽이고 전주를 수복하였다. 9월에는 이두황(李斗璜)·성하영(成夏泳) 등이 안성의 동학교도를 공격하여 소탕하였으며, 지평 사람 맹영재(孟英在)가 향병(鄕兵)을 모집하여 홍천의 동학교도를 공격하여 격파하였고, 홍주 목사 이승우(李勝宇)는 영·호(嶺湖) 각지의 동학교도를 공격하여 차례로 평정하였다. 11월에 순무영(巡撫營) 영관(領官) 이규태(李圭泰)와 성하영·장용진(張容鎭) 및 일본 군대가 공주의 동학교도를 함께 소탕하였다. 12월에 전라감사 이도재(李道宰)는 전봉준·김개남 등을 사로잡아 서울로 압송하여 참수하였다. 동학도들은 각지에 주둔하며 관군과 일본군에 저항하며 고전하였으니 8, 9월에 이르기까지 사망자는 30만 명이나 되었다고 한다.

처음 동학교도는 창궐하면서 장차 서울로 북상하여 왕의 곁에 있는 악한[君側之惡]들을 깨끗이 쓸어버리겠다고 공개적으로 발표하였다. 전주가 함락되었다는 보고가 전해지자 조정은 크게 진동하였고, 정권을 잡은 자는 드디어 원세개(袁世凱)에게 가서 급박함을 알리고 군대를 보내어 동학도들을 소탕해 줄 것을 요청했다. 이것이 바로 중국과 일본이 충돌하는 기점(起點)이 되었다.

이때 김옥균의 역률(逆律)을 추급하여 실시한 일이 있었다. 이보다 앞서 김옥균·박영효 등이 일본으로 망명하자 우리 조정에서는 여러 번 인도해 줄 것을 요청하였으나 이루어지지 않았다. 이후에 김옥균은 일본 본토에서 쫓겨나 오가사와라 섬(小笠原島)으로 추방되었으며 또 삿포로(札幌)로 추방되었다. 갑오년 3월 한국인 이일직(李逸植), 홍종우(洪鍾宇) 등이 일본으로 건너가서 김옥균 등 국사범(國事犯)들을 살해하고자 하였다. 이일직이 박영효를 살해하려다 기밀이 누설되어 체포되자,

김옥균은 일본을 꺼리어 멀리하고 중국으로 여행하려 하였고 이홍장(李鴻章) 또한 손수 쓴 편지로 초청하였다. 그러나 그는 상해에 도착하자 홍종우에게 피살되니 일본인들은 그 유해를 가지고 일본으로 가려 하였는데, 중국 경찰이 그것을 빼앗아 군함에 싣고 한국에 보내었다. 한국 조정에서는 대역죄(大逆罪)에 처하여 양화진(楊花鎭)에서 육시(戮屍: 시신에 벌을 주어 다시 죽임)하고, 효시한 지 수일 후, 사지(四肢)를 끊어 갈라서 팔도(八道)에 두루 돌리라고 명령하였다. 일본 인민들이 이 소식을 듣고 몹시 한스럽게 생각하였으며 무력으로써 씻어보려고 하였으니 이 또한 국제사회가 이지러지고 찢어지게 된[缺裂] 하나의 원인이었다.

✸

1894년 전라도 서북 일대를 시발로 우리 역사상 가장 크고 조직적인 농민전쟁이 전국 규모로 전개되었다. 이른바 동학란이다. 마침내 농민들이 개혁의 주체로서 이 시기 당면 과제였던 토지 문제를 비롯하여 조세, 신분, 외국 상인의 경제 침투 문제 등을 제기하면서 개혁을 요구하였으며, 집강소를 설치한 뒤에는 스스로 개혁을 실행에 옮겼다.

따라서 이러한 동학란은 당시 조정 관리는 물론 많은 식자층들에게 엄청난 충격을 주었다. 박은식 역시 이러한 사건을 목도하면서 동학란을 많은 지면에 걸쳐 서술하였다. 그만큼 동학란은 한국 근대사에서 가장 큰 사건이자 대내외적 요인들과 결합해 역사의 물줄기를 완전히 결정한 사건이었다. 저자 역시 동학으로 말미암아 한국의 대란과 중·일대전이 시작되었음을 지적하고 있다. 아울러 그는 동학란 당시에 서울에 있으면서 정부의 조치를 옆에서 면밀히 보면서 자기 목소리를 전달하고자 하였다.

따라서 그는 동학란 자체에 대한 서술에 앞서 난과 깊이 관련된 동학의 연원과 사상을 면밀하게 서술하고 있다. 우선 동학과 동학란을 연계하여 보고 있다. 그래서 동학이 전파될 수 있었던 시대적 배경을 정감록의 영향과 함께 양반과 상민, 천민의 신분 대립, 그리고 토호들의 무단과 아울러 관리들의 탐학과 수탈에서 찾고 있다. 나아가 동학은 이러한 상황에 편승하여 탐관오리 주살, 민생 구제, 간당(奸黨) 소탕, 국가 지탱을 내세워 팔방으로 전파되었다고 본다.

다음 동학란의 전개 과정을 크게 두 단계로 본다. 하나는 고부 민요 단계이고 또 하나는 이용태의 탄압으로 인해 일이 민란에서 동학란으로 발전한 단계이다.

이 중 저자는 두 번째 단계인 동학란에 주목하면서 본문에서는 구체적으로 지칭하지 않았지만 그 시발을 전봉준과 김개남, 손화중이 합류한 백산대회로 파악하고 있다. 이러한 주장은 오랫동안 정설로 내려왔는데 근래에 신용하를 비롯한 많은 연구자들은 자료 발굴을 통해 현재 전라북도 고창군의 무장(茂長)을 동학란 최초의 봉기지로 확정하고 그 사건을 무장봉기(茂長蜂起)라고 부르고 있다. 저자의 이러한 오류는 당시 동학란에 대한 정보가 중앙에 제대로 전달되지 않았기 때문이다. 다음 격문과 4대 명의(名義), 12개조 기율에 대한 소개가 들쑥날쑥하고 폐막 내용이 뒤섞여 있다. 그 밖에 김개남이 서울에서 참수된 것으로 서술하였으나 실은 전봉준과 달리 그는 전라 감영에서 참수되었다. 당시 동학란이 진행되는 가운데 관련 자료를 입수하기 어려웠던 사정이 작용한 것 같다. 또한 전투에 대한 서술이 적다. 재야 선비로서 이런 전투 현황에 관한 정보를 입수하는 데 다소 불리하였기 때문이다.

아울러 주목해야 할 점은 일본이 한국 문제에 개입하는 이유 중에 김옥균 피살이 있었다는 점이다. 저자는 이러한 사실에 유의하여 일본 민간인들이 몹시 한스럽게 생각하고 무력으로써 씻어 보려고 하였음을 강조하면서 국제 결렬의 한 원인이었음을 지적하고 있다. 그러나 이미 갑신정변 해설에서 언급한 바와 같이 일본 정부나 극우 식자층들이 청일전쟁의 명분을 만들기 위해 벌인 정치 행각에서 비롯되었음을 직시할 필요가 있다.

그러면 저자의 인식을 통해 당대 식자층의 동학에 관한 평가를 들어 볼 수 있다. 즉 저자는 동학의 미신적인 성격을 비판하고 있다. 특히 동학당이 본디 정치사상과 혁명의 성격을 포함했으나 무식한 무리에게서 나왔다고 꼬집고 있다. 그러면서도 엄격하고 잔인했던 종래의 계급 관념은 이로 말미암아 무너졌으니 또한 가히 개혁의 선구라 이를 수 있다 보고 있다. 나아가 이러한 군대가 서울로 들어와 개혁을 착수하면 외인들의 간섭이 미치지 못할 것이니 서구 혁명의 핏빛을 다시 아시아 동쪽 반도에서 볼 것이라 하였다.

또한 갑오동학란은 허물이 정부에 있는 것으로 파악하고 정부가 허물을 농민에게 돌리고 청국에 원병을 청한 것을 비판하였다. 뿐만 아니라 그는 정부가 청국에 원병을 요청하겠다는 소식을 듣고 실제로 당국

자에게 원병 요청을 중지할 것을 요구하기도 하였다. 그의 말에 따르면 첫째 다른 나라에 위급함을 구해 달라 애걸하는 것은 국가의 큰 수치이며 둘째, 청일 양국이 천진조약에 따라 군대를 파병하면 우리나라가 무사하지 않을 것이라고 걱정하였다. 그리고 그의 예견이 적중했음에 통탄을 금하지 못하였다. 역사가에 앞서서 당시의 문제를 해결하려는 실천적 지식인의 고민을 엿볼 수 있는 대목이다.

## 第二十六章 甲午東學之亂

東學者, 其發端甚微, 其結果甚鉅, 星星之火, 燒及原野, 滴滴之水, 流爲江河, 韓國之大亂, 中日之大戰, 由是而作矣, 先是哲宗朝, 有慶尙道慶州人崔福述, 出於側微, 自標對待西教, 而唱之曰東學, 其宗旨曰, 混合儒佛仙三教也, 其咒曰, 侍天主造化定永世不忘萬事知十三字也, 執筆降神, 舞劍騰空, 其事甚詭, 其徒夜必捧明水, 以祈輔國安民, 每飯減米一匙, 名之曰誠米, 貯爲教主之供, 奉福爲神師, 若西教之於耶蘇基督, 不數十年, 而普及全國, 豈不異哉, 蓋其原因有三.

一. 吾國有秘記流傳曰, 鄭鑑錄, 卽預言之大宗, 而普于國民者也, 其言有曰, 李氏國運, 終五百年, 而眞人代興, 又曰, 利在弓弓乙乙, 東學取其義, 而飾其詞, 謂有十三歲武神降臨, 又以弓乙爲歌, 以弓乙爲旗, 又曰, 入此者, 免三灾八難, 有病者, 不服藥, 蒸符飲之卽愈, 又曰, 能令鎗穴生水, 懷其符, 彈丸不入, 愚民惑焉, 以爲此中有眞人出, 廣濟蒼生, 迷信之盛, 遍于大衆矣.

二. 吾國階級, 有兩班常民之區別, 而兩班之待遇常民, 等於奴隸, 土豪武斷, 恣行攘奪, 酷施抑壓, 以故常民之族, 嫉視兩班, 爲血冤骨讎者, 幾百年, 積其抑鬱不平之氣, 産此激烈反抗之團體, 敎敎然有燎原之勢矣.

三. 官吏之貪虐, 驅之數十年來, 秘政日甚, 權貴之臣, 以官場爲金穴, 地方之吏, 以民膏爲貨泉, 以進獻爲題目, 以椎剝爲職事, 百金之家, 皆罹懷璧之罪, 一牛之耕, 亦招僞帖之媒, 乃出於萬死一生, 聚黨逐吏, 焚燬官舍, 秩序大亂, 於是東學乘此而奮, 以誅貪吏濟民生, 掃奸黨扶國家之意, 布告八方, 而一時響應, 疾於風雷矣.

崔福述以哲宗末年, 坐妖言被誅, 至今上三十年癸巳, 其徒崔濟愚等上疏, 請伸師冤, 搢紳之士, 交章請斬, 乃聞而駭走, 聚黨兩湖之間, 設柵樹旗, 呼召遠近, 其勢滋蔓, 朝廷以魚允中爲宣論使, 齎綸音, 馳往宣論解散.

三十一年甲午春, 東學發難于湖南之古阜, 郡守趙秉甲, 激成之, 是時經理使閔泳駿, 尤以聚斂之才, 專寵於上, 地方長官之出於其手者, 皆以掊克爲專長, 秉甲初任古阜, 已恣貪賕, 民未忘痛, 而使之再任, 荐施其虐, 亂不作乎, 秉甲戶斂米穀, 將出海行販, 而民擾起焉, 朝廷命長興府使李容泰爲按覈使, 使之查啓, 而容泰至, 則欲乘此漁利, 治擾而反滋擾, 民心愈激而爲亂, 古阜鄕長孫化中 · 鄕民全琫準 · 全州民金介男等, 俱以東學黨魁, 揭竿而起, 一唱萬應, 其衆大集, 遂蟠据古阜 · 扶安 · 興德 · 泰仁 · 井邑 · 長城 · 茂長 · 咸平諸郡, 聯絡數十營屯, 發布檄文曰,

吾儕今日之擧, 上保宗社, 下保黎民, 指死爲盟, 愼勿驚動, 第觀來頭之釐正也, 轉運使之爲弊生弊於吏民也, 均田官之袪弊也, 各市廛之分民收斂也, 各浦口之船主勒奪也, 他國潛商之峻價貿米也, 鹽盆之市稅也, 各條弊瘼, 不可盡言, 凡士農工商之人, 同心協力, 上輔國家, 下安濱死之生民, 豈不幸也哉.

於是, 約束部衆曰, 每於行陣時, 兵不血刃而勝者, 爲首功, 雖不得已開戰, 切勿傷命, 每於行軍所過之地, 勿害人物, 且孝悌忠信所居之地十里以內, 勿爲駐屯, 又有戒飭軍令十二條, 又發文於靈光郡吏鄕曰, 凡各項文簿之關於吏弊民瘼者, 併持來查正, 是時轉運使趙弼永, 尤肆貪婪, 民懷怨忿, 聞此檄文, 踊躍響應, 各郡軍械, 盡行搶取, 攔入公堂, 毆辱官長, 或開獄門, 放出罪囚, 或破公廨, 剽掠倉庫, 茂長興德各郡衙及靈光轉運營, 均

被燒燬, 建大旗, 特書輔國安民體天行道八字, 稱以濟衆義兵, 衆至數萬, 湖南列邑蹂躪殆遍, 靈光郡守閔泳壽逃, 進陷全州, 監司金文鉉棄城走, 朝廷命全羅兵使洪啓薰, 爲兩湖招討使, 率壯衛兵二大隊往勦之, 繼而命金鶴鎭爲全羅監司, 李元會爲兩湖巡邊使, 馳往勦撫, 嚴世永爲廉察使, 採訪民瘼.

全琫準尤桀黠有謀, 屢誤官軍以敗之, 專以迷信, 服其徒衆, 赴湯蹈火, 無所回避, 嘗謂其衆曰, 我有神符護身, 雖處砲烟彈雨之中, 而無傷也, 汝等觀之, 乃暗置彈丸數十顆于袖中, 密敎親信者十餘人, 使之圍立, 而叢射實發空砲也, 琫準自圍中出, 拂其袖, 彈丸紛紛落地, 衆望見之曰, 將軍神人也, 於是其徒爭佩其符, 而不畏鎗彈矣

時東徒一派, 又屯聚於湖西之公州沙塢及報恩懷德鎭岑靑山沃川等地, 搶奪軍械, 蹂躪鄕邑者, 亦逾數萬, 而兩班土豪宿仇也, 欲乘勢報怨, 拘縛之鞭箠之, 或燬其家舍, 或刮其婦女, 或令執燈籠, 作婚行之陪隷, 或還索墓地之被奪者, 或捕其人, 割其勢曰, 剪此惡種, 州縣官員, 亦被拿致, 大開軍門, 數其貪虐而杖之, 吃喝陸梁, 鴟張跋扈, 氣焰所及, 有如燎毛, 不旬日而蔓及于京畿江原黃海慶尙各道, 氓之蚩蚩, 一時風靡, 侍天主造化定永世不忘萬事知之誦音, 在坑滿坑, 在谷滿谷, 狂跳亂舞, 其狀怪劇, 蓋該黨, 本含有政治思想革命性質者, 而多出卑賤無賴, 愚蠢無識之徒, 故亂暴如此, 然由來嚴刻之階級, 由此而壞焉, 則亦可謂改革之先驅也, 彼以烏合之衆, 倉卒擧事, 素無戰鬪之技器械之利, 然其迷信符咒, 不避水火, 有堅强之魔力, 亦自漢城政界, 有密爲內應者, 若以迅雷不及之銳, 率此魔力之軍, 盡夜兼程, 直入京城, 着手改革, 出於外人之未及干涉者, 西歐革命之血光,

復見亞東半島, 而奈無此等膽力與識力何.

招討使洪啓薰, 以四月二十八日, 進攻東徒, 殺數百名, 復全州, 九月李斗璜・成夏泳等, 攻勦安城東徒, 砥平人孟英在, 募鄕兵, 擊洪川東徒破之, 洪州牧使李勝宇, 擊嶺湖各地之東徒, 次第削平, 十一月, 巡撫營領官李圭泰・成夏泳・張容鎭及日本將卒, 會勦公州東徒, 十二月, 全羅監司李道宰, 擒全琫準・金介男等, 解京斬之, 該黨屯據各地, 抵抗官軍及日兵苦戰, 至八九月死者, 三十萬云.

始東徒猖獗, 聲言將北上京師, 掃淸君側之惡, 而全州之陷報至, 朝廷大震, 執政者, 乃向袁世凱, 告急請兵勦之, 此中日衝突之起點也.

時有金玉均追施逆律之事, 先是金玉均・朴泳孝等, 亡命日本, 我廷屢要引渡不得後, 玉均被逐遷小笠原島, 又遷札幌, 甲午三月, 韓人李逸稙洪鍾宇等, 渡日本, 欲殺國事犯諸人, 逸稙謀害泳孝, 機洩被捕, 玉均欲棄日本遊中國, 李鴻章亦以手書招之, 到上海, 爲鍾宇所刺殺, 日人欲以其遺骸, 航回日本, 而中國警吏奪之, 載兵船送之于韓, 韓廷擬處大逆, 命戮其屍於楊花津, 梟示數日後支解, 徇八道, 日本人民, 聞之甚恨, 欲以武力洩之, 此又國際缺裂之一因也.

# 04

# 갑오개혁

우리 조정은 군국기무처(軍國機務處)를 설치하고 일체 개혁의안(改革議案)을 위원회에 회부하여 취할 것을 상의하여 결정지었는데 모두 23개조였다.

一. 국내외의 공사(公私)문서는 개국 기원을 쓴다.

一. 청국과 조약을 개정하고 각국에 전권공사를 파견한다.

一. 문벌 반상(班常) 등급을 없애며, 문벌에 구애하지 말고 인재를 뽑아 쓴다.

一. 문존무비(文尊武卑)의 제도를 폐지하고, 다만 품계(品階)에 따라 상견의(相見儀)가 있다.

一. 죄인은 자기 외에는 연좌율(緣坐律)[1]을 실시하지 않는다.

一. 본부인과 첩 소생의 자녀가 모두 없을 때에만 양자를 허한다.

一. 남자는 20세, 여자는 16세가 된 후에야 결혼할 수 있다.

一. 부녀가 재가(再嫁)하는 데 귀천에 관계없으며 그들 자유의사에 맡긴다.

一. 공사노비의 법전을 혁파하고 그들의 매매행위를 금한다.

一. 평민 중 진실로 나라의 이득이 되고 국민을 편하게 할 수 있는 의견은 기무처에 글을 올려 의론에 붙일 것을 허락한다.

一. 조관의제(朝官衣制)는 왕을 뵈올 때는 사모(紗帽)² · 장복(章服: 황제 · 왕 · 관리의 관복(冠服)의 총칭) · 반령착수(盤領窄袖: 좁은 소매에 둥근 깃을 단 옷)로 하고, 평상복은 칠립(漆笠: 옻칠을 한 갓) · 답호(褡護)³ · 사대(紗帶)로 하며, 사서인(士庶人)의 복장은 칠립 · 주의(周衣: 두루마기) · 사대로 하며, 병사[병변, 兵弁]의 의제(衣制)는 근래의 장졸의 의제를 준수하되 다른 의복은 마땅치 않다.

一. 각 아문관제의 직장(職掌)은 7월 20일을 기한으로 정한다.

一. 경무관제의 직장은 내무아문에 붙인다.

一. 대소관원이 출행을 할 때는 공사를 물론하고 타고 다니든지 걸어서 가든지 구애됨이 없고, 평교자(平轎子)⁴ 초헌(軺軒)은⁵ 영구히 폐지한

---

1 타인의 죄로 인하여 여러 사람이 정해진 법률에 따라 연루되어 죄를 받음.
2 조선시대, 문무관(文武官)이 평상복에 착용하던 모자. 검은 사(紗)로 만들고, 뒤에 뿔이 2개 있으며, 지금은 흔히 전통 혼례식 때 신랑이 쓴다. 오사모.
3 조선시대 남자 복식의 하나. 깃과 소매와 섶이 없으며 양옆의 아랫부분과 등솔기가 허리에서부터 트여 있다.
4 조선시대에 종1품 이상 및 기로소(耆老所)의 당상관이 타던 가마. 앞뒤로 두 사람씩 네 사람이 낮게 어깨에 메고 천천히 다녔다.
5 종2품 이상의 벼슬아치가 타던 승교. 썩 긴 줏대에 외바퀴가 밑으로 달리고, 앉는 데는 의자 비슷이 되어, 위는 꾸미지 않으며 두 개의 긴 채가 달려 있다.

다. 재관(宰官: 관료)의 부액(扶腋: 곁부축)하는 예도 영구히 폐지하며, 오직 총리대신과 전직 의정대신은 궐내에서 산람여(山籃輿)[6]를 타는 것을 허락한다.

一. 대소관·사서인 등의 말 타는 예절을 면제[활제(豁除)]한다. 고등관을 만났을 때는 단지 길을 양보하는 것이 옳다.

一. 각 부아관원의 근수(跟隨: 따라다니는 사람) 인원을 정한다. 총리대신이 근수 4인, 찬성·각 아문대신이 3인, 협판이 2인, 사헌 및 참의가 1인임.

一. 내관(內官)으로 재능이 있는 자도 외조(外朝)에 통용하는 데 일체 구애됨이 없도록 한다.

一. 무릇 벼슬자리에 있으면서 상피(相避)[7]하는 법규는 오직 아들·사위·형제·삼촌 외에는 구애되지 말며, 사의강혐규피(私義講嫌規避)의 습관[8]을 일체 영구히 폐지한다.

一. 장리(贓吏)의 형률은 구전(舊典, 경국대전 등을 가리킴—역해자)을 신명하여 엄히 징판(懲判)하되, 원장(原臟, 횡령 공금)은 관에 들여놓는다.

一. 조관의 품급은 1품부터 2품에 이르기까지 정·종(正·從)을 두나, 3품 이하 9품에 이르기까지 정·종의 구별을 없이 한다.

一. 역인·창우(倡優)·피공(皮工)도 모두 면천(免賤)을 허용한다.

---

6 포장이나 덮개가 없이 의자와 비슷하게 생긴 가마.
7 친족 또는 그 밖의 관계로 같은 곳에서 벼슬하는 일이나 청중(聽衆)·시관(試官)이 되는 것을 피함.
8 사사로운 의리로 혐의를 대고 사양하는 풍습.

一. 모든 관인은 비록 고등관을 지낸 자라 하더라도 벼슬을 그만두면 편의에 따라 상업을 경영할 수 있다.

一. 과령취사(科令取士)[9]는 조가정제(朝家定制)와 관계되는 것으로 실력을 따져서 참다운 인재를 쓰기란 어려운 일이다. 그러므로 과거법은 왕께 상주하여 변통을 얻은 후에 겸하여 선거조례(選擧條例)를 정한다.

관제를 개정하였으니 궁내부·의정부·내무아문·외무아문·군무아문·탁지아문·농상아문·법무아문·학무아문·공무아문의 명호(名號)가 있었다. 각 아문에 소속된 부서와 직제의 속행(續行) 여부는 의론하여 정하고, 계품(啓稟)하여 실시토록 한다. 이 조각(組閣)에서 김홍집(金弘集)이 총리대신, 이재면(李載冕)이 궁내부대신, 민영달(閔泳達)이 내무대신, 김윤식(金允植)이 외무대신, 어윤중(魚允中)이 탁지부대신, 윤용구(尹用求)가 법무대신, 서정순(徐正淳)이 공무대신, 엄세영(嚴世永)이 농상대신에 각기 임명되었다. 얼마 지나지 아니해서 민영상(閔泳商)을 내무대신, 한기동(韓耆東)을 법무대신, 이봉의(李鳳儀)를 경무사에 다시 임명하였다. 박영효(朴泳孝)가 환국하자 그를 내무대신에, 조희연(趙羲淵)은 군무대신, 서광범은 법무대신, 신기선(申箕善)은 공무대신, 윤웅렬(尹雄烈)은 경무사에 임명되었으니, 갑신정변 때 죄를 지었던 자들이 모두 죄를 씻고 작위가 회복되었다.

---

9 과거를 시행하는 것에 대한 영으로 선비를 뽑는 일.

군국기무처의 제2의안은 모두 12조로 되었다.

一. 갑오 10월부터 각 도에 각종 부세(賦稅)와 군보(軍保) 등 일체 상납하는 쌀·좁쌀·콩·베·무명 등은 모두 돈으로 대신하되, 설립은행은 공전(公錢)을 획급하여 미곡을 무천(貿遷)할 수 있도록 하여 근본이 되는 토지를 넉넉히 하고 원전은 탁지아문에 상납케 한다.

一. 도량형을 개정하되, 내무아문으로부터 신식(新式)을 반발(頒發)하여 척(尺)·두곡(斗斛)·저울을 획일하여 문란한 폐단을 막도록 한다.

一. 신식화폐와 구화를 바꾸는 방법은 별도로 조리(條理)를 정한다.

一. 총리대신 이하 사서인에 이르기까지 살고 있는 동네 이름과 집주인의 직업·성명을 목패에 써서 대문 앞에 건다.

一. 각 도 상납의 관포(官逋)·이포(吏逋)는 당장 사명(査明)하여 책자를 만들어 정부에 보고하고 조치를 기다린다.

一. 각 도 장관은 지방관에 신칙하여 향회(鄕會)를 설치하고, 각 면의 인민은 모두 잘 알고 노련한 사람을 1명씩 뽑아 향회원을 시키며 본읍 공당(公堂)에 모이게 하여 무릇 발령·의막(醫瘼) 등의 일에 가부를 상의케 하여 공동 시행케 한다.

一. 의금부는 의금사(義禁司)라 개칭하며 법무아문에 소속시켜 대소관원으로 공죄(公罪)를 범한 자를 장치(掌治)토록 하며 상지(上旨)를 받들어 다스린다. 무릇 대소관원이라도 사죄(私罪)를 범한 자는 모두 법무아문에서 법률이 정한 바에 따라 처리하도록 하였으니, 일반 인민들과 다름이 없다.

一. 나이 어린 자로 총명하고 준걸한 자제들을 각국 학교에 보내서 각기 재질에 따라 학업에 임하도록 하고, 소요자금을 대주기로 한다.

一. 각 아문 칙임관은 도찰원(都察院)[10]에 모여 각 사에 글 또는 계산을 잘하는 자를 뽑아 실시하는 날짜를 기다리게 하며 재주에 따라 벼슬자리를 준다.

一. 죄인 민영준은 권병(權柄)을 도둑질하여 농간을 부리며 왕을 돌아보지 아니하고 백성을 학대하였고, 요녀인 김창렬(金昌烈)의 어미[眞靈君]는 신령을 가탁하고 위복(威福)을 조정했는데도 죽이지를 아니하여 여론이 물 끓듯 하며, 민형식(閔炯植)은 탐욕함이 습성이 되어 광패무륜(狂悖無倫)[11]하며 3개 도를 관할하여 그 독이 백성에게 흘렸으니 속히 마땅한 형률을 시행하여 신인(神人)의 분통함을 씻도록 한다.

一. 10년 이내에 전지·산림·가옥 등의 재산을 병사나 수령 및 지방 토호에게 강제로 빼앗겼거나 싼 값에 억지로 팔린 것은 원주인이 사실에 근거하여 단자를 만들어 군국기무처에 보내주어 증거가 명확하다고 인정되면 사실을 조사해서 원주인에게 찾아준다.

一. 각 부 아문은 다른 나라 고원(雇員) 1인을 두어 고문을 갖추도록 한다.


특지(特旨)로 전 지평 김흥락(金興洛)·유만주(俞萬柱)를 승지에 임명

---

**10** 1894년(고종 31) 의정부 소속으로 설치되어 내외 백관의 선악과 공과(功過)를 규찰하는 일을 관장한 관청.
**11** 미친 듯이 난폭하고 예절에 어긋남.

하고, 전 집의(執義)[12] 박문일(朴文一)을 태천현감에 임명했으며, 전 도사(都事) 김병창(金炳昌)을 집의에 임명하고, 직강(直講) 정윤영(鄭胤永)을 사간(司諫)에 임명하고, 전 도사 전우(田愚)를 장령(掌令)[13]에 임명하였으니, 유일(遺逸)로 천거된 것이나 모두 벼슬자리에 나가지 아니했다.

살피건대[按] 조선왕조는 성리학[道學][14]을 숭상하고 장려해서 산림(山林)과 유일(遺逸)[15]을 예우하고 격식에서 벗어나는 영전을 베풀었으며, 순서에 따르지 않고 발탁해 등용하는 것이 법으로 규정되어 있다. 그런 까닭에 나라가 시끄럽고 정체(政體)가 변경되는 때를 맞이하고도 오히려 이러한 고삭지례(告朔之禮)[16]를 준수하였으니 어찌 인심을 수습하는 것이 여기에 있지 않으리오. 그러나 구문허례(具文虛禮)[17]가 우리나라의 고질이 된 지 오래되었는데, 이것을 답습하여 시행하는 것이 무슨 이득이 있으리오. 무릇 산림처사(山林處士)는 국가가 한가하여 옛 법대로 시행할 때도 오히려 교만하거나 자중하며 왕의 부름에 응하지 않았다. 하물며 오늘날 정치를 개혁하고 외국 제도를 채용하여 면모와 의식에 대하여 나라 사람들이 갑자기 보고 크게 놀라지 않는 게 없는데, 저 깊은 곳 바위굴에서 옛날 책이나 암송하며 늘 외국인을 오랑캐[夷狄]니 금수

---

12 조선시대 정사를 비판하고 관리들을 규찰하며, 풍속을 바로잡던 사헌부 소속 종3품 직제.
13 조선시대 사헌부(司憲府)의 정4품 관직. 정원은 2명이며 감찰(監察) 업무를 담당하였다
14 중국 송대의 유학자인 정자·주자 등이 주창한 성명(性命)·의리(義理)의 철학, 이학(理學).
15 산림(山林)과 유일(遺逸)은 명망이 높은 사람으로 초야에 묻힌 사람 또는 세상에서 버림받고 초야에 묻혀 있는 일사(逸士)를 가리킨다.
16 허례·허식적인 관례를 일컫는 말.
17 형식만을 갖추는 문장의 허례·허식.

(禽獸)니 하며 욕을 하는 자가 산림 깊숙이 숨지 못할까 두려워하면서 감히 문득 관직에 나아가겠는가. 조정의 신하들 또한 살펴 알지 못한 것이 아니나 다만 이것을 빙자해서 인심을 위로한다고 하였으나 거짓된 것이다.

내가 생각해 보니 조선왕조에서 성리학을 숭상하고 장려한 것은 아름다운 일이다. 그러나 그 편중이 가져다준 폐해 또한 알아야 할 것이다. 무릇 옛적에 도학이 바야흐로 융성함에 풍속과 행동이 바람에 쏠려 풀이 쓰러지듯 백성들이 교화에 복종하고, 산이 울면 골짜기가 응하듯이 전국의 선비들이 산림의 어른이고 덕이 있는 군자의 문하로 종아리채를 쥐고 다투어 찾았다. 행실을 닦고 학업에 열중하여 위의(威儀)[18]가 밝았으며, 읍양(揖讓)[19]의 풍습이 거리에 꼴을 베거나 말을 먹이는 아이들에게까지 미쳤으며, 거문고를 켜고 글 읽는 소리가 베 짜는 데까지 가득하였다. 예교(禮敎)가 널리 퍼지고 윤리가 번창하고 밝아 경계하여 살피지 않아도 도적은 일어나지 아니하였으며, 법률을 닦지 않아도 질서가 스스로 정연하니 참으로 예로써 다스려진 나라[禮治之國]이었다.

그러나 그 편중했던 폐해로 실로 우둔하고 나약함이 더욱 심하게 되었으니, 그 까닭은 무엇이었는가. 우리나라의 사회는 도학 일파가 높은 벼슬을 독점하여 남다른 영화를 누리므로 평판을 거짓으로 빌고 문벌을 표방하여, 진실한 덕성을 병들게 하고 헛된 명성만을 도둑질한 자가 있게 되었다. 또한 성설(性說)·예론(禮論)의 차이를 두고 상호 간에 다툼

---

18 무게가 있고 공경할 만한 행동거지.
19 빈(賓)·주(主) 간에 이루어지는 상견의 예, 공수(拱手)의 예를 행하고 겸양하는 일.

의 실마리[爭端]을 일으키며 각각 주장을 내세웠다. 조정의 붕당(朋黨)은 실로 그 문하에서 나오게 되었으니 그것이 첫 번째 폐해였다.

　또한 학문을 하면서 공허한 것을 숭상하고 실제적인 것을 버렸다. 무릇 정치·법률·군사·농업·공업·재정 등 각 학문 분야에 실용이 되는 것은 공리(功利)적인 것이라 배척하며 내버려 두고 연구하지 아니했다. 예컨대 이순신의 철갑 거북선이 모래밭에서 썩어도 지나가며 묻는 사람이 없고, 유형원(柳馨遠)·정약용(丁若鏞)·박지원(朴趾源)의 큰 정론(政論)도 도학파에서 축출당하여 세상에서 존중받지 못했으니 선비들은 실용적인 재주가 결핍되었고, 백성들은 실질적인 산업에 게을러 나라는 실력이 없게 되었다. 드디어 세상에서 빈약한 나라로 되어 이를 떨쳐 구할 수 없게 되니, 그것이 두 번째 폐해이다. 주역(周易)에서 말하기를 "남는 것은 덜고 부족한 것은 보태며 물건을 헤아려 고르게 베풀라"라고 하였으니 이것은 나라를 다스리는 데 중요한 비결이다. 이것을 사람의 몸에 비유하건대 만약 한쪽 팔다리만을 편중하여 성장시키고 다른 부문을 두루 보살피지 않는다면 병신이 된다. 국가에서도 학문을 장려하되 한 학문에만 편중하고 다른 학문은 모두 폐하게 되면 나라가 병들지 않겠는가. 이런 까닭에 위정자는 마땅히 각종 학문을 골고루 나아가게 하여 그 발달을 일치시켜야 한다. 이에 가히 시무(時務)를 논한다면, 차라리 물질을 다루는 학문에 중점을 기울여야 한다. 이때를 당하여 부강한 실력이 없는 자는 생존할 수 없고, 부강은 물질을 다루는 학문의 발달이 아니고서는 이를 수 없다. 완급(緩急)의 마땅함이 자명하지 않은가.

갑오개혁은 1894년 7월부터 1896년 2월까지 조선 정부가 추진한 일련의 개혁운동을 일컫는다. 비록 개혁이 외면상으로는 일본의 침략으로 촉발되었지만, 내면상으로는 동학란을 비롯한 국내 민인들의 개혁운동 등에 선을 대고 있다. 갑오개혁으로 조세제도 및 재정제도가 개혁되고 신분제가 법적으로 폐지되었다. 그 밖에 재판소제도가 도입되고, 근대 학교가 설립되는 기틀이 마련되었다.

저자 역시 이러한 근대 개혁에 주목하여 군국기무처에서 결정한 의안들을 자세히 소개하고 있다. 군국기무처는 일본의 강요로 설치된 일종의 비상 개혁 추진 기구였지만, 일본이 청일전쟁에 몰입한 까닭에 이기구는 정부나 개화파들이 구상했거나 농민들의 요구 사항을 일정 정도 반영하면서 일본의 간섭을 덜 받으면서 독자적으로 개혁을 추진하였다. 그리고 그 성과가 군국기무처 의안으로 나타났다.

따라서 저자는 군국기무처가 초기에 결정한 의안들을 중심으로 개혁의 방향과 성과들을 대거 소개하고 있다. 여기에는 조세제도 및 재정개혁을 비롯하여 신분제 폐기, 관리 선발 제도 개선 등이 포함되었다. 이 중 무엇보다 주목할 만한 의안은 회의 벽두에 의결된 의안 제1호로서 "금후 국내외의 공사문서는 개국 기원을 쓴다"라는 표현을 빌려 조선이 중화 지배 질서에서 분리되어 나왔음을 천명하고 있다. 즉 이제까지 조선은 중국 황제의 연호를 공사문서에서 써왔는데, 이제는 이를 폐기함으로써 중화 지배 질서에서 벗어나고자 하는 조선 정부의 의도를 보여준다. 더욱이 이러한 의안의 의결 시점이 청일전쟁의 발발 직후라는 점에서 조선 정부가 청국과 대등한 근대국가로 발전하고자 하는 의지를 보여준다고 하겠다. 이어서 나온 의안 제2호 역시 조청상민수륙무역장정 따위의 불평등 조약을 개정하고 나아가 원세개의 방해로 인하여 좌절된 바 있는 권리를 살려 서구 여러 나라에 공사를 다시 파견할수 있게 하였다. 이어서 대외관계의 이러한 개혁에 그치지 않고 대내의정치, 경제, 사회 모든 방면에 걸쳐서 중요한 개혁 의안을 의결하였다. 따라서 독자들은 이러한 의안들을 통해 갑오경장의 근대성을 확인할수 있다. 저자 역시 갑오개혁을 구체적으로 평가하고 있지 않지만 원제목을 '아국개혁(我國改革)의 신정(新政)'이라고 붙일 만큼 높이 평가하고있음을 확인할 수 있다.

특히 이 대목에서 주목할 점은 사론에서 실학을 논하고 있다는 점이다. 이는 저자가 일찍부터 사숙했던 정약용이 비판한 바로 성리학을 주업으로 할 뿐 재정, 군사, 형벌, 외교 부문의 실용 지식을 멀리하는 당대 산림 또는 유일 등의 식자층과 확실히 다른 점이다. 즉 저자는 과거성리학의 폐해와 이에 따른 붕당의 폐단을 신랄하게 비판하는 한편으로 반계 유형원, 다산 정약용, 연암 박지원 등의 개혁론을 대정론(大政論)이라 지칭하면서 그들의 개혁안에 주목하고 있다. 나아가 이러한 개혁론이 기존 성리학의 폐해와 붕당 정치의 폐단을 비판하면서 실용적이고 공리적인 학문을 발전시키는 토대가 되었음을 강조하고 있다. 이는 실학의 발견이다. 실학은 주지하다시피 기존의 지주제와 신분제를 개혁하여 소농민, 하층 신분의 경제적·사회적 성장을 보장하고 부국

강병(富國强兵)할 수 있는 체제를 만들려는 구상을 하였다. 이후 이는 1930년대 정인보, 안재홍 등 민족주의 역사학자들이 박은식과 신채호를 이어 실학을 재발견할 수 있는 토대가 되었다. 한편, 저자는 갑오정권이 부국강병을 목표로 시무를 중심으로 개혁을 추진하였다고 이해하고 있다. 이는 갑오개혁을 단지 일본의 강요만이 아니라 이러한 실학적 전통의 연장에서 추진한 동도서기파의 개혁운동으로 보고 있는 것은 아닐까. 나아가 물질 학문에 중점을 두고 부강한 실력을 키워야 함을 역설하고 있다. 따라서 그의 갑오개혁에 대한 이러한 인식과 평가는 이후 일본 정부의 간섭과 지도 아래 이루어졌다고 주장하는 타율성론을 극복할 수 있는 근거를 제공하는 셈이다. 오늘날 우리 학계는 일본 학계의 이러한 타율성론을 극복하는 가운데 일본의 정치적·군사적 간섭으로 인해 갑오개혁의 자율성이 많이 흔들렸음에도 불구하고 기존 개혁 전통을 이어받고 농민들의 요구 중 많은 부분을 수용함으로써 근대 국가 건설에 이바지하였음을 해명하고 있다.

## 第三十四章 我國改革之新政

我廷設軍國機務處, 一切改革議案, 付議員會商取決, 而凡二十三條.

一. 國內外公私文牒, 書開國紀元.

一. 與淸國改定條約, 特派全權公使于各國.

一. 劈破門閥班常等級, 不拘門地, 選用人才.

一. 廢文武尊卑之制, 只依品階, 另有相見儀.

一. 罪人自己外, 緣坐之律勿施.

一. 嫡妾俱無子女後, 始許養子.

一. 男子二十歲, 女子十六歲以後嫁娶.

一. 婦女再嫁無貴賤, 任其自由.

一. 公私奴婢之典革罷, 禁販賣人口.

一. 平民中苟有利國便民之己見, 上書于機務處, 許付僉議.

一. 朝官衣制, 陛見公服, 紗帽 · 章服 · 盤領 · 窄袖, 燕居衣服, 漆笠 · 搭護 · 紗帶, 士庶人, 漆笠 · 周衣 · 紗帶, 兵弁衣制, 遵近制將卒, 不宜異服.

一. 各衙門官制職掌, 限以七月二十日爲定.

一. 警務官制職掌, 屬之內務衙門.

一. 大小官公私行, 或乘或步, 任便無碍, 平轎子 · 軺軒永廢, 宰官扶腋之例永廢, 惟總理大臣 · 曾經議政大臣, 闕內許乘山籃輿.

一. 大小官士庶人等馬之節豁除, 凡遇高等官, 只可讓路.

一. 各府衙官員, 跟隨定額, 總理大臣跟隨四人, 贊成及各衙門大臣三人, 協辦二人, 司憲及參議一人.

一. 內官有才能者, 通用外朝, 一體無碍.

一. 凡在官親避之親, 惟子婿兄弟叔侄外, 勿拘以私義, 講嫌規避之習, 一切永廢.

一. 贓吏之律, 申明舊典, 以嚴懲判, 原贓入官.

一. 朝官品級, 自一品至二品有正有從, 自三品至九品, 無正從之別.

一. 驛人倡優皮工, 并許免賤.

一. 凡官人雖經高等官者, 休官之後, 任便營商.

一. 科令取士, 係是朝家定制, 而難以應文收用實才, 科舉之法, 奏蒙上裁變通後, 兼定選擧條例.


改定管制, 有宮內府·議政府·內務衙門·外務衙門·軍務衙門·度支衙門·農商衙門·法務衙門·學務衙門·工務衙門名號, 各屬司與大小職制續行, 議定啓稟實施, 于是金弘集爲總理大臣, 李載冕爲宮內府大臣, 閔泳達爲內務大臣, 金允植爲外務大臣, 魚允中爲度支大臣, 尹用求爲法務大臣, 徐正淳爲工務大臣, 嚴世永爲農商大臣, 未幾改以閔泳商爲內務大臣, 韓耆東爲法務大臣, 李鳳儀爲警務使, 及朴泳孝還國, 爲內務大臣, 趙羲淵爲軍務大臣, 徐光範爲法務大臣, 申箕善爲工務大臣, 尹雄烈爲警務使, 凡在甲申罪籍者, 皆蕩滌復爵.

軍國機務處第二議案凡十二條.

一. 自甲午十月, 各道各樣賦稅軍保等一切上納大小米豆木布, 均以代錢磨鍊, 設立銀行, 劃給公錢, 使之質遷米穀, 以瞻根本之地, 原錢償納于度支衙門.

一. 改正度量衡, 白內務衛門, 頒發新式, 與尺斗斛秤衡, 歸劃一, 以防紊亂之弊.

一. 新式貨幣與舊貨兌換之法, 另定條理.

一. 自總理大臣以下至士庶人, 均用本牌, 書所住洞名及家主職役姓名, 揭之門首.

一. 各道上納官逋·吏逋, 亟令查明, 修成冊報政府, 以待措處.

一. 各道臣飭地方官, 設鄉會, 各面人民, 圈選綜明老鍊各一人, 作鄉會員, 來會本邑公堂, 凡發令醫瘼等事, 商議可否, 公同施行.

一. 義禁府改稱義禁司, 屬之法務衛門, 掌治大小官員犯公罪, 奉旨就理, 凡大小官員犯私罪者, 悉由法務衛門, 按律處辦, 與人民無異.

一. 選拔年少聰俊子弟, 派送各國各學校, 隨才肄業, 以資需用.

一. 各衛門勅任官, 會同都察院, 以試各司吏胥有文算才諝者, 待實施日, 隨才授官.

一. 罪人閔泳駿, 盜弄權柄, 罔上虐民, 妖女金昌烈母, 假托神靈, 操縱威福, 誅戮未加, 輿情如沸, 閔炯植, 貪饕成習, 狂悖無倫, 管轄三道, 毒流百姓, 請亟施當律, 以洩神人之憤.

一. 十年以內, 田地山林家屋等產, 爲藩閫守宰及鄉豪各所強佔與減價勒買者, 由原主據實呈單于軍國機務處, 明確證據, 則查實推還原主.

一. 各府衛門, 置各國雇員一人, 以備顧問.


特旨, 以前持平金興洛·俞萬柱爲承旨, 前執義朴文一爲泰川縣監, 前都事金炳昌爲執義, 直講鄭胤永爲司諫, 前都事田愚爲掌令, 舉遺逸也, 皆不就.

　按本朝崇獎道學, 禮遇山林遺逸, 施以格外榮典, 不次擢用者, 成憲也, 故當此邦宇擾亂政體變更之日, 而猶遵此告朔之禮, 豈不以收拾人心之在是哉, 然具文虛禮, 爲吾國之末疾久矣, 而襲用何益, 夫山林之士, 在國家閒暇率由舊章之日, 猶偃蹇自重, 不應徵辟, 而況今日改革采用外國之制, 面貌儀式, 無非國人所驟見大駭者, 彼深處巖穴, 誦讀古書, 常罵外人, 爲夷狄禽獸者, 惟恐入林不密, 肯幡然以就乎, 朝臣亦非不諒, 而特藉此以慰人心然僞也, 抑余思之, 本朝崇獎道學美矣, 而其偏重之害, 亦不可不知也, 蓋昔者道學之方隆也, 風行草偃, 山鳴谷應, 舉國之士, 爭求執鞭於山林長德之門, 砥行劬業, 威儀棣棣, 揖讓之風, 及於樵牧, 弦誦之聲, 多於機杼, 禮教普洽, 倫理昌明, 警察不施, 而盜賊不興, 法律不修, 而秩序自整, 幾乎禮治之國矣, 然其偏重之害, 實致魯削滋甚, 何者, 吾國社會, 以道學一派, 特占高位, 優享殊榮, 故假借名迹, 標榜門戶, 病實德而盜虛聲者有之, 且以性說禮論之異同, 互起爭端, 各立主張, 朝廷朋黨, 實產其門其害一也, 又其爲學崇虛遺實, 凡政法兵農工商財政各學之爲實用者, 斥以功利, 置之不究, 即如李舜臣之鐵甲龜船, 朽於沙場, 而無人過問, 柳馨遠·丁若鏞·朴趾源之大政論, 被黜於道學派, 而不見重於世, 以致士乏實才, 民怠實業, 國無實力, 遂爲天下至貧弱之國, 而莫可振救其害二也, 易曰, 裒多益寡, 稱物平施, 此治國之要訣也, 譬之人身, 若偏養一肢而不周各體, 則爲廢疾之人, 國家獎學, 而一學偏重, 他學皆廢, 不爲病國乎, 是故爲國者, 宜使各種學問, 平均進步, 一致發達, 乃可而論以時務, 寧注重於物質各學, 當此之時, 無富強之實力者，生存不得，而富強，非物質學之發達，無由以致之緩急之宜，不其明乎.

# 05

# 일본인이 국모를 시해함

　을미(1895) 8월 20일 일본인들이 우리 명성왕후(明成王后)를 시해하였
으니 무슨 까닭인가. 무릇 저들의 마음속에서는 한국을 경영하고자 하
는 생각을 쌓은 지가 수십 년이나 되었는데 중국이 저지하자 여러 차례
진퇴를 거듭하였다. 갑오년 한 번의 전쟁에서 중국을 패퇴시키고 매우
세찬 기세로 행세하려 하였다. 또한 러시아가 등장하여 한마디로 을러
대며 위협하니 요동반도가 청국으로 반환되었고 여순·대련이 러시아
의 조차지가 되었다. 총알 한 발도 소모하지 않고, 군인 한 명도 다치지
않게 한 채, 전승국인 일본의 지위를 얻게 되니 일본인들은 뼈에 사무
치도록 한스럽게 여겼다. 또 이것을 계기로 러시아의 세력이 한국에서
갑자기 뛰어올라 친러파에서는 궁중을 인연으로 몰래 친일파를 배척하
고 정권을 장악하려는 시도가 있었다.

　일본인은 장차 세력을 잃을 처지에 놓이게 되니, 그 해독을 끼침을

달게 여기지 않겠는가. 일본의 대외정책에는 세 개의 칼[三刀]이 있다. 하나는 러시아 황태자를 찔러 죽이는 것이요, 다른 하나는 중국 전권대신을 찔러 죽이는 것이요, 또 다른 하나는 한국의 국모(명성왕후를 가리킴―역해자)를 찔러 죽이는 것이었다.

박영효가 망명한 뒤에도 친일파 여러 인사들이 예전과 마찬가지로 내각을 점거하였으나, 친러파·친미파 인사들이 그 불꽃을 몰래 사르면서 정동구락부(貞洞俱樂部)의 조직을 갖고 있었다. 또한 일찍이 멀리 쫓겨났던 민씨 일파는 모두 죄가 용서되었고, 민영준이 다시 정권을 잡는다는 말이 또한 파다하게 소문났다. 이에 일본 공사 이노우에 가오루(井上馨)는 갑작스레 종전의 태도를 바꾸고 온순한 말과 화친한 기분으로 한국인을 대우하였고, 대궐에 들어가 고종을 알현하고 돈 6천 원을 헌납하였다. 이노우에의 부인이 헌납한 돈 또한 3천 원으로 왕께 왕권의 강화, 왕실의 안전 확보, 권력 통일 등을 권유하였는데, 담화가 6시간에 이르렀고 언사들이 진지했다. 이에 궁중은 충후(忠厚)한 인물이라 믿게 되고 그의 간사하고 능청스러운 계책을 살피지 아니하고 말하길 "일본이 성심으로 조선을 보호하려는 것이지 다른 우려는 없다"라고 하였다. 예방할 것을 생각하지 않았으니 화란이 미치게 된 것이다.

이에 앞서 한국 조정은 일본 장교를 고빙하여 병사 2개 대대를 교련하면서 훈련대라 불렀다. 모두 8백 명으로 궁성을 수호하였는데, 경찰 관리들과 충돌하여 불평을 은근히 품게 되었다. 이때 친러파 핵심이 떠들어 대길 "러시아 세력은 일본보다 열 배나 크다", 또 "민씨와 친일파는 세력상에서 양립할 수 없다"라고 하면서 러시아에 의탁하여 왕실을 보호하고 정권을 장악해야 한다는 뜻을 궁정에 종용하였으며, 훈련대를 꺼려하여 이를 해산하고 무기를 환수할 것을 비밀리에 도모하였다. 이에 훈련대 대대장 우범선(禹範善)·이두황(李斗璜)·이주회(李周會) 등은 모두 분하고 원통하게 여긴 나머지 주먹을 쥐고 일대 격투를 벌여 친러파를 제거하려 하였다. 또한 하나의 불만을 품은 무리들[不逞之徒]이 뜬소문을 만들어 내며 말하길 "김홍집 총리 이하 친일당 여러 사람들을 죽이고 민씨 정권을 회복하려는 음모를 꾸미고 있다", 또한 "궁중의 한 무리가 함경도의 항구 한 개를 러시아에 차여(借與)하고 보호를 구할 것을 약속하였다"라고 하였다. 의문의 구름이 비밀리에 유포되고 어지러운 기운에 앞날을 예측할 수 없었다. 이것은 각 당파의 세력 쟁탈로 인하여 이러한 변고를 조성하였기 때문이다.

이미 공사 이노우에가 교체되어 돌아가고 미우라 고로(三浦梧樓)가 그 임무를 이어받아 내한하였다. 그는 스기무라 슌(杉村濬)·오카모토 류노스케(岡本柳之助) 등과 함께 우리 왕후를 제거하고 대원군을 끌어들여 꼭두각시로 앉히려 하였다. 이에 오카모토를 대원군에게 몰래 보내어 설득케 하였는데, 당시 대원군은 그의 손자 준용(埈鎔)이 교동군(喬桐郡)에 귀양간 이래 용산강(龍山江) 가의 공덕리 별장[別墅]에 깊숙이 파묻혀서 울적한 나날을 보냈다. 대문에 새그물을 칠 정도로 조용하였고[雀羅] 무성한 풀[荒草]이 좁은 길에 가득했으며 낙엽이 뜰에 가득히 쌓였다. 그러나 시류를 좇는 사람들[時輩]의 질투가 그치지 않아 유언비어가 사방에 전파되었으니, "대원군이 총리 김홍집과 기맥(氣脉)이 밀통하였다" 또는 "철원의 도적 무리들과 몰래 통모(通謀)하였다", 또한 "자객을 파견하여 정당(政黨)의 우두머리를 모살(謀殺)하려 한다"라고 하였다. 그런 까닭에 많은 사람이 공덕리를 위험한 지역이라고 보았으며, 경계가 자못 엄하였다. 일본인들은 이러한 상황을 엿보고 있다가 널리 당시의 어려움을 구제하고 종사(宗社)를 도와서 보호하겠다고 대원군을 설득하였으나 대원군은 두 번 세 번에도 듣지 않았다. 그러나 마침내 의리를 들어 통박하여 물리치지 못하고 저들의 꼭두각시가 되니, "조순(趙盾)이 왕을 주살하였다"라는 것과 같은 잘못을 면할 수 없었다. 슬프다! 감정이 사람의 양심을 가린다고 하더니 이 지경에까지 이르렀다는 말인가.

8월 19일 아침 스기무라는 몰래 총리 김홍집과 외무대신 김윤식을 방문하고 그들의 의향을 탐문하였으나 두 사람은 이미 사직할 것을 결심하고 있었다. 마침 군부대신 안경수가 일본 공사관에 와서 말하기를 "훈련대와 경찰이 다시 다투므로 오늘 저녁 해산하려 한다"라고 하였다. 말이 채 끝나기도 전에 우범선이 또한 와서 그 급함을 호소하고 즉시 거사할 것을 청하였다. 미우라 공사는 일이 급박하게 되었음을 살피고 즉시 오카모토를 전화로 불러 일본인 60여 명을 이끌고 밤에 공덕리로 나아가 대원군을 에워싸고 입궐을 청하였다. 대원군이 말하길 "오늘의 일은 단지 호위하는 데 있을 뿐이니 궁중에서 포악한 행동은 저지르지 말라"라고 하니, 무리들은 이를 받아들였다. (대원군이) 새벽녘에 서문에 이르니, 훈련대와 일본병은 앞뒤로 서서 옹호하며 진군하였다. 해가 뜰 무렵 광화문에 도착하여 바로 근정전에 들어가고자 하였으나 우리 수위병(守衛兵)이 들어가지 못하게 하여 약간의 살상(殺傷)이 있었다.

연대장 홍계훈(洪啓薰)은 작변이 일어났다는 소식을 듣고 대궐 안으로 달려 들어갔으며, 훈련대 (일부)가 난입하여 일으킨 어지러운 정경을 보고 성난 목소리로 꾸짖다가 일본병에게 피살되었다. 궁내부대신 이경직(李耕稙)도 일본병에게 칼을 맞고 죽었다. 드디어 일본인은 왕후를 베어 죽였다. 이때 일본인은 평복차림으로 환도(還刀)를 소지하였으며, 호신용 총을 휴대하고 입궐한 자, 자객·고문관·순사 등 약 60여 명이었다고 한다.

상오 8시에 대원군은 건청궁(乾淸宮)에 들어가 왕을 만났으며, 미우라 공사도 참석하여 알현하였다. 미국·러시아 공사도 변이 있다는 소식을 듣고 달려왔다. 김홍집·조희연·권영진(權瀅鎭)·안경수·김가진(金嘉鎭) 등도 들어와 알현하였다. 이날 이재면은 궁내부대신, 조희연은 군부대신, 권영진은 경무사, 유길준은 서리 내무대신으로 각각 임명하였으며, 탁지부대신 심상훈을 교체하여 어윤중을 임명하였다. 장박(長博)은 법무대신, 서광범은 학부대신, 권재형(權在衡)은 내각 총서(總書), 정병하(鄭秉夏)는 농상공부대신으로 임명하였다. 작변이 일어나 정국 또한 변했기 때문이었다.

이때 각국 사람들은 일본인의 흉포(凶暴)에 놀랐으며 꾸짖는 말이 분분하고 비등하였다. 이에 일본 정부는 미우라 공사 이하 30여 명을 구속하고, 히로시마(廣島)로 데려가 재판을 하였다. 그런데 우리나라 법부 고문으로 있던 미국인 그레이트하우스[具禮, C. R. Greathouse]가 작성한 보고서가 있으니 그 개요는 다음과 같다.

일본 메이지(明治) 29년 1월 20일 히로시마 재판소 예심판사 요시오카 요시히데(吉岡美秀)가 조선 사건을 예심 종결한 결정서를 요약하면 다음과 같다.

피고 미우라 고로가 조선국 주차 특명 전권공사가 되어 메이지 28년 9월 경성에 취임해 갔다. 당시 조선의 형세는 점차 비운에 기울어져 점점 궁중(宮中)의 온전한 권세(全權, 명성왕후를 가리킴 — 역해자)가 날로 심해져 국정에 망령되이 간여하여 마침내 우리 정부가 깨우쳐 이끌어 주어 개량했던 정법(政法)을 문란시켰다. 이에 우리나라 육군 사관이 진력하여 편성한 훈련대를 해산하고자 하였고 자못 우리나라를 소외시키려는 형적이 있었다. 아울러 내각 구성원 등을 면직·축출하여 궁중에서 그 정권을 거둬들이려 하였다. 이런 소식을 듣고 분통함을 견딜 수 없어 바야흐로 그 폐해를 속히 제거하려 하였다. 마침 대원군도 당시 폐해에 분개하고 궁중을 혁신하여 스스로 보익(輔翼)¹을 맡으려고 암암리에 우리에게 도와달라는 뜻을 전해왔다.……(중략 — 역해자) 그러나 피고인 중 범죄를 저질렀다는 확실한 근거는 달리 없다. 또한 히라야마 이와히코(平山岩彦)가 궁내부 대신 이경직을 살해했다는 것도 또한 명확한 증거가 없다. 이상 이유로 형사소송법 제165조에 따라 각 피고인은 모두 면소(免訴)를 명령한다. 또한 미우라·스기무라·오카모토·오카야마·구니토모 시게아키(國友重章)·데라자키 다이키치(寺崎泰吉)·히라야마·나카무라 다테오(中村楯雄)·도오 가츠야키(藤勝顯)·이에야(家八嘉吉)·기와키 유오소쿠(木脇祐則)·사카이 에키타로(境益

---

1 도와서 좋은 데로 인도함. 보도(補導)와 뜻이 같다.

太郎) 등은 각각 방면한다.

조선 건양 원년 4월 법무협판 권재형(權在衡) 보고서를 요약하였으니 그 내용은 다음과 같다.

을미 8월 20일 날이 채 밝기도 전에 일본병은 큰 소리로 외치고 총을 쏘면서 광화문을 따라 들어왔다. 궁내를 호위하는 조선병을 보고 살상하였으나 조선병은 능히 가로막지 못했다. 일본병은 계속 들어와서 대군주와 왕후가 거처하시는 전각까지 이르렀다. 일본 사관(士官)은 그 군오(軍伍)에게 명령하여 줄을 지어 포위하고 편전의 앞문[閤門]을 경계하여 지키도록 명령하고, 일본 자객들이 왕비 있는 곳을 수색하여 시해하도록 도왔다. 이에 자객 20~30명은 두목 한 사람의 지휘에 따라 칼을 빼어들고 전당(殿堂)에 돌입하여 밀실을 찾아내고, 나인(內人)의 머리채를 끌고 왕후의 소재를 심문했다. 그때 외국인 사바틴[士巴津]은 대군주의 호위 때문에 마침 궁궐 뜰[殿庭]에 있다가 또 다른 행패의 모습을 목격했다. 또한 여러 차례 트집을 잡아 따져 묻는 질문을 받았으나 사바틴은 끝까지 가리키지 아니하므로 그의 목숨이 거의 위험하게 되었다. 자객이 각 방을 뒤져서 조금 깊숙한 방 속에서 왕후를 찾아내어 칼로 내리치니 왕후는 현장에서 시해당하였다. 비단 이불에 둘둘 말아 송판 위에 봉안(奉安)하고는 궁궐 뜰로 옮겨 나왔다. 그리고 자객의 지휘로써 즉시 (향원정의) 녹원(鹿苑) 숲 속으로 다시 옮겨 석유를 뿌리고 그 위에 장작을 쌓고 불을 질러 태워 버렸다. 그래도 몇 조각의 뼈가 다 타지 않고 남아 있었다. 자객들은 자기들이 맡은 일을 완벽하게 끝내고

자 하여 궁녀를 끌어내어 왕후의 시체 여부를 물었다.

당시 왕궁 시위병은 도망하여 흩어지고, 일본병이 갑자기 밀어닥쳐 당후(堂後)[2]에 올라오니 대군주께서는 저들의 주의를 다른 곳으로 돌린 사이에 왕후가 숨거나 바깥으로 피신하기를 바랐다. 드디어 깊고 은밀한 방에서 창문을 활짝 열어 놓고 일본인이 쉽게 쳐다보게 하고 전면에 나가 서 있으려니 자객 등이 칼날을 번뜩이며 꺼리는 것이 조금도 없었다. 심지어 일본인 한 명은 대군주의 어깨와 팔을 잡아끌고 몇 걸음 나아가게 했다. 또한 한 일본인은 방 안에서 대군주의 신변을 향하여 육혈포를 발사하고, 어전에서 궁녀를 구타하면서 좌측으로 잡아끌고 우측으로 끌어당기기도 하였다. 이때 궁내부대신 이경직이 그 방 안에 있다가 크게 부상을 입고 간신히 신음 소리를 내며 포복하여 난간 끝으로 나갔으나, 일본인들은 쫓아가서 어전에서 찔러 죽였다. 왕태자 또한 다른 곳에서 잡혀 머리채가 잡힌 채 끌려갔으며, 관과 신발이 벗겨져 망가졌다. 칼을 들이대고 왕후의 처소를 물었으나, 다행히 상처를 입지는 않고 급히 대군주 어소(御所)로 달려가 몸을 피했다.…… 일본인이 이 변란에 간섭하지 않았다고 극구 변명하나 또한 가히 그들이 반역을 꾀한 확실한 행적을 알 수 있으며, 그들의 죄과가 여기에서 더욱 밝혀져 드러났다.

살펴건대[按] 그레이트하우스의 보고서 가운데 "대군주와 왕후 양 폐하께서는 1개월 전에 이노우에가 상주(上奏)하는 말을 듣고 깊이 믿고

---

2 승정원 주서가 거처하던 곳.

의지하였다. 이노우에는 일본 정부가 신임하는 자로 명성과 인망이 특별히 알려진 사람이며 조선 왕실에 대하여 평안을 확실히 보증한다고 하니 그것을 철석같이 믿고 있었다. 양 폐하가 이 말을 깊이 믿지 않도록 하였다면 뜻밖에 일어난 사변을 예방했을 것이다. 오직 깊이 믿고 있었던 까닭에 예방하지 못했다"라고 한다. 이러한 점에서 볼 때 저 원수[彼敵]들은 우리 왕후를 적으로 생각하고 제거하려 하였으니 어찌 오직 미우라만의 뜻이라고 하겠는가. 미우라라는 작자는 무관 퇴직자로 외교관이 아니다. 이제 이노우에가 교체됨에 이 사람을 천거하여 그 자리를 대신케 하였으니 어찌 그 까닭이 없었겠는가. 미우라라는 작자는 그 나라 사람을 대표하여 자신 이름을 희생한 것에 지나지 않다.

❋

명성왕후 시해 사건은 오늘날도 완전히 밝혀지지 않은 뜨거운 대목이다. 그것은 일본이 조직적으로 은폐하였기 때문이다. 그럼에도 저자가 이렇게 사건의 전말을 자세하게 쓸 수 있었던 것은 아관파천 직후 우리 정부가 시해 사건을 조사하는 과정에서 나온 권재형 보고서, 그레이트하우스 보고서 등을 재구성하여 꼼꼼하게 서술한 덕분이다. 이 중 주목할 자료는 이른바 권재형이 작성하여 보고한 '사변 공식보고서'와 이 내용이 정확하다고 하여 첨부한 법부 고문관 그레이트하우스의 확인서이다. 이들 자료는 1896년 1월 20일 히로시마 지방예심재판소에서 나온 '조선사건예심종결결정서'에 대한 우리 정부의 반박 보고서로서 우리 정부의 공식 입장을 확인할 수 있는 자료이다. 당시 우리 정부는 아관파천 직후인 1896년 2월 11일 고종이 '사변'에 관한 '완전하고 공평한 조사'를 지시하고, 이에 따라 법부협판 겸 고등재판소 판사 권재형이 작성하여 법부대신 겸 고등재판소장인 이범진(李範晉)에게 보고하였다. 법부는 이 보고서를 관보에 게재하려고 하였으나 사전에 미리 안 일본 공사의 압력으로 그럴 수 없게 되었다. 그래서 주한 외국인들이 간행한 『Korean Repository』 1896년 3월 호에 게재하는 한편 독립협회 서재필에게 내명하고 한글로 소책자 300부를 작성하여 간행케 하였다. 정부의 이러한 조치는 일본 히로시마 지방예심종결결정서를 사실에 입각하여 반박하는 한편 외국인들에게 널리 알려 일본의 만행을 만천하에 고발하고자 한 것으로 보인다.

저자는 바로 이러한 자료를 입수하여 적극적으로 활용한 것으로 보인다. 아울러 일본 히로시마 지방예심종결결정서도 여기에 첨부했다. 특히 저자는 다른 주제와 달리 원문 자료를 전재함으로써 국제적으로 미묘한 문제를 원자료를 통해 확인하는 한편 조선인 독자들에게 정확하게 알리고자 한 것으로 보인다.

이 점에서 당대에 기록된 『승정원일기』는 이와 대조를 이룬다. 당시 사건에 대한 서술은 이러하다.

> 일본인과 2훈련대가 곤녕합(坤寧閣)에 돌입하여 변란이 일어났다.
>
> 이날 인정(寅正)이 지난 뒤에 일본인과 2훈련대가 곤녕합에 돌입하여 변란이 창졸간에 일어났는데, 궁내부대신 이경직(李耕植)이 곤녕합 기둥 밖에

서 살해당하고 연대장 홍계훈(洪啓薰)이 광화문(光化門) 밖에서 살해당하
였다.

어디에서도 일본 정부가 조직적이고 계획적으로 벌인 만행임을 보여
주는 구절을 찾아볼 수 없다.

반면에 저자는 이러한 여러 자료에 근거하여 명성왕후 시해사건의
진실에 가까이 가고자 하였다. 그 결과 그는 조선을 보호국화하는 데
명성왕후가 걸림돌이 된다고 판단한 일본 정부가 그녀를 시해하였다고
결론을 내렸다. 주지하다시피 명성왕후는 삼국간섭으로 말미암아 일본
의 영향력이 약해지는 틈을 타 친일 대신들을 내몰고자 하였다. 이에
일본은 겉으로는 차관 제공과 함께 왕실 안정을 약속하며 명성왕후를
안심시킨 점에 주목하고 있다. 그가 강조하듯이 일본이 기만한 대표적
인 행위였다. 아울러 저자는 대원군의 책임을 엄중하게 묻고 있다. 한
마디로 일본의 꼭두각시가 되었다는 것이다. 특히 대원군의 감정이 사
람의 양심을 가렸다고 할 정도로 대원군의 명성왕후에 대한 적대적인
감정이 폭발한 것으로 본다. 이 점에서 저자 역시 대원군의 처신을 강
력하게 비판하였다고 하겠다.

그리고 사건 발생 이후 일본 히로시마 재판소의 결정서를 입수하여
증거 불충분을 이유로 미우라 등을 방면했음을 전하고 있다. 여기에 따
르면 피고인 중 범죄를 저질렀다는 확실한 근거는 없다는 것이다. 이에
저자는 우리 정부가 정리한 보고서를 요약하여 사건의 실체에 다가가
려고 하였다. 특히 법률고문 그레이트하우스가 작성한 보고서를 입수

하여 일본이 고종과 명성왕후에게 거짓으로 약속하여 이들이 믿게 한 뒤 명성왕후를 시해하였음을 인용하고 있다. 따라서 저자는 이런 정황을 통해 미우라를 천거한 이노우에 가오루를 배후 조종자로 추정하고 있다. 저자의 이러한 판단은 당시 보고서에서도 언급되지 않았던 내용으로 당시 세인들의 판단과 저자의 날카로운 인식에서 비롯되었다. 즉 미우라는 외교관이 아니었는데 그를 추천하였으니 바로 추천한 자인 이노우에가 배후 조종자라는 셈이다. 이는 일본 정부에 책임이 있다는 주장에 닿는다.

그의 이러한 심증은 일제 스스로가 신문기자, 낭인들의 행위라고 자인함에도 불구하고 훗날 역사가들의 노력으로 입증됨으로써 일본 정부가 조직적이고 계획적으로 주도하고 관여하였음을 밝힐 수 있게 되었다. 나아가 이 사건의 주모자는 이노우에를 넘어 일본 군부가 깊숙이 관여하여 주도하였다는 연구 성과가 나오기에 이르렀다. 즉 김문자(2011)의 주장에 따르면 대본영의 참모차장 가와카미 소로쿠(川上操六), 감군으로 육군대신을 겸하던 야마가타 아리토모(山縣有朋)라는 것이다. 이들의 계략 아래 육군 중장 출신의 후배 미우라 고로가 조선공사로 부임하고, 서울에 주둔 중이던 후비대대 장교 여덟 명이 나서서 '장사패'를 지휘하여 '왕비 시해'의 만행을 저질렀다는 것이다. 그리고 이들 장교는 대본영 직할부대 소속원으로서 파견된 자들이었다. 결국 명성왕후 시해는 지금까지 신문기자, 정객, 상인 등으로 구성된 '장사패'가 저지른 만행으로 알려져 왔는데, 실상은 모든 것이 군 수뇌부의 명령에 따라 저질러진 셈이다. 외교관과 신문기자 출신이 스스로 내가 왕비를 죽였다는 수기를 쓴 것은 군부가 배후 조종자라는 사실을 은폐하기 위한 것이라는 지적도 있었다. 그런 점에서 김문자의 연구에 따르면 '조선 왕비 시해'는 곧 명백한 국가 범죄가 된다.

아울러 일본인들이 이 사건의 원인을 대원군과 명성왕후의 권력투쟁이라고 강변하면서 대원군을 시해의 주범으로 지목하는 주장이 팽배하고 있는 가운데 저자는 대원군의 책임을 엄중하게 물으면서도 그가 궁중에서 포악한 행동은 하지 말라고 한 지시를 서술함으로써 일본인들의 주장을 정면으로 반박하고 있다. 즉 흥선대원군이 왕후 시해에 동의했는지 매우 의문스럽기 때문에 일본인들의 주장은 명백하게 허위인 셈이다.

따라서 저자의 이러한 서술은 일본인들의 역사 왜곡을 바로 잡아 훗날 이러한 연구 성과의 디딤돌로 자리하면서 사건의 실체에 좀 더 가까이 갈 수 있는 계기를 마련해 주었다.

## 第四十五章 日入弒我國母

乙未八月二十日, 日人弒我明成王后, 何故, 蓋彼處心積慮, 經營韓國數十年, 中國尼之, 屢進屢却, 甲午一役, 退中國而欲沛然行之, 又有俄人出焉, 呵喝一聲, 遼還于清, 旅順·大連爲其租地, 不費一丸, 不傷一卒, 而得戰勝日本之地位, 日人恨之次骨, 又因是而俄之勢力, 驟進於韓, 有親俄派, 因緣宮庭, 陰爲排斥日黨, 占據政權之圖, 日人將居失勢之地, 則其不甘心逞毒乎, 日本對外政策, 有三刃焉, 一, 刺俄國皇太子, 一, 刺中國全權大臣, 其一, 又刺韓國國母矣.

自朴泳孝去後, 日黨諸人, 雖佔內閣如故, 俄美之黨, 潛燃其焰, 有貞洞俱樂部之組織, 又諸閔之曾被竄逐者, 均蒙宥, 而閔泳駿復握政權之說, 亦頗有聞, 於是井上馨, 驟改前態, 以溫言和氣, 對遇韓人, 入闕陛見, 獻寶直六千圓, 井上夫人所獻, 亦直三千圓, 勸上收攬政權, 確保王室安全, 權力統一, 談至六時, 忱溢於辭, 乃宮中信之爲忠厚, 而不察其譎, 謂日本誠心保護, 而無他慮, 不思預防, 以及於難.

先是韓廷雇聘日本士官, 教練兵士二大隊, 名訓鍊隊, 凡八百人, 守護宮城, 與警察官吏, 時有衝突, 醞釀不平, 至是, 俄黨一流倡言, 俄國勢大, 十倍日本, 且閔氏與日黨, 勢不兩立, 藉俄國以保護王室, 收攬政權之意, 慫慂宮廷, 而憚訓鍊隊, 密謀解散, 繳收軍械, 於是訓鍊隊大隊長禹範善·李斗璜·李周會等, 皆忿憤扼腕, 欲一決鬪以除之, 又一種不逞之徒, 倡造浮言, 謂有陰謀殺金總理以下日黨諸人, 復閔氏政權, 又有言 宮中一派, 約以咸鏡道一港, 借與俄人, 而求其保護, 疑雲密布, 駭機叵測, 此以各黨之勢權爭奪, 而造成此變者也.

既而井上馨遞歸, 三浦梧樓, 承任來韓, 與杉村濬·岡本柳之助等, 密謀除我王后, 欲引大院君而傀儡之, 陰遣岡本柳之助, 往說大院君, 時大院君, 自其孫埈鎔被謫喬桐以來, 深臥龍山江上孔德里別墅, 鬱鬱不樂, 門設雀羅, 荒草滿逕, 落葉堆庭, 然時輩嫉拓未已, 流言四播曰, 大院君與金總理密通氣脉, 又曰, 鐵原匪衆, 暗與通謀, 又云, 派遣刺客, 謀殺政黨, 故衆視孔德里爲危險之區, 警戒頗嚴, 日人窺此, 說之以匡濟時艱, 扶護宗社, 大院君, 不肯者再三, 終不克據義痛斥, 而爲彼傀儡, 不免於趙盾之誅, 嗚呼, 感情之蔽人良知, 乃至於此耶.

八月十九日朝, 杉村濬密訪總理金弘集·外相金允植, 探其意嚮, 兩人已以辭職決心, 適軍部大臣安駉壽, 來日館, 言訓鍊隊與警察再鬩, 故今夕欲行解散, 語未已, 禹範善, 亦來訴其急, 請即舉事, 三浦察事機已迫, 即電招岡本, 率日人六十餘名, 夜出孔德里, 擁大院君請入闕, 大院君曰, 今日之事, 只在護衛而已, 勿於宮中行暴舉, 衆唯諾, 比曉, 至西門, 訓鍊隊及日兵, 先後擁進, 平明到光化門, 直入勤政殿, 我衛兵拒之, 略有殺傷, 聯隊長洪啓薰, 聞變馳入闕內, 見訓鍊隊之攔入爲亂, 厲聲叱之, 爲日兵所殺, 宮內府大臣李耕植, 亦被日兵刺斃, 日人遂刃王后而弒之, 此時日人平服, 持環刀, 帶護身砲, 入闕者, 刺客及顧問官·巡查等約六十餘名云.

上午八點鍾, 大院君, 入乾淸宮陛見, 三浦亦參謁, 美·俄兩使, 俱聞變而至, 金弘集·趙羲淵·權瀅鎭·安駉壽·金嘉鎭等入謁, 是日, 李載冕爲宮內府大臣, 趙羲淵爲軍部大臣, 權瀅鎭爲警務使, 俞吉濬爲署理內務大臣, 遞度支大臣沈相薰, 以魚允中代之, 張博爲法部大臣, 徐光範爲學部大臣, 權在衡爲內閣總書, 鄭秉夏爲農商工部大臣, 變作而政局亦變矣, 於是各國人, 怒日人之凶暴, 嘖言紛騰, 日本政府, 乃拘三浦以下三十餘人, 至廣島開讞, 而我法部顧問具禮(美國人)有報告書, 其概如左.

日本明治二十九年一月二十日, 廣島裁判所豫審判事吉岡美秀, 以朝鮮事件豫審終結定書略曰, 被告三浦梧樓, 爲朝鮮國駐箚特命全權公使, 明治二十八年九月, 就任京城, 當時同國形勢, 漸傾否運, 宮中全權日甚, 妄于國政, 遂紊我政府啟誘改良之政憲, 仍欲解散我陸軍十官盡力編成之訓鍊隊, 頗有疎外我國之形跡, 并可黜免內閣員等, 以收其政權於宮中, 聞來不勝憤惋, 方欲速除其弊害, 適大院君, 憤慨時弊, 窃欲革新宮中, 自任輔翼, 暗致意來求助力. (중략) 然被告人中其有犯罪實行, 別無確據, 且平山岩之殺害宮內府大臣李耕稙, 亦無明證矣, 以上理由, 從刑事訴訟法第百六十五條, 各被告人總令免訴, 且三浦梧樓·杉村濬·岡本柳之助·安達謙藏·國友重章·寺崎泰吉·平山岩彥·中村楯雄·藤勝顯·家八嘉吉·木脇祐則·境益太郎, 各其放免云.

朝鮮建陽元年四月, 法部協辦權在衡報告書略曰, 乙未八月二十日未明, 日兵吶喊放砲, 從光化門入來, 見宮內護衛朝鮮兵丁, 略加殺傷, 朝鮮兵不能阻搪, 日兵連續入去, 至大君主及王后之臨御殿閣, 日本士官, 令其軍伍, 整列環圍, 把守閤門, 以助日本刺客之搜索凶弒, 於是刺客二三十名, 從其頭領一人之倀導, 挺刀突入殿堂, 尋覓密室, 捽曳內人頭髮, 尋問王后所在, 時外國人士巴津, 以大君主護衛, 適在殿庭, 目擊他行悖之狀, 又被其屢次詰問, 而士巴津, 終不指示, 故其性命幾乎危險, 刺客尋搜各房, 尋出王后於稍深房裏, 刀刃斫下, 當場被弒, 裹以緞屬單衾, 奉安松板上, 移出殿庭, 即以刺客指揮, 再移於鹿園樹林中, 灌以石油, 架柴其上, 火而燒之, 尚餘

幾片骸骨, 刺客等, 欲竣完渠輩擔着之事, 牽出宮女, 驗問王后屍體之眞否, 當時王宮侍衛兵逃散, 而日兵猝至升堂, 大君主, 欲令彼等, 轉移其注意之所, 則以其間, 王后冀有隱藏, 或出避之策, 遂從深密房裏, 盡闢窓戶, 使日人, 易於瞻仰, 而出立於前面, 刺客等, 閃鑠刀刃, 略無忌憚, 甚至日人一名, 挪引大君主肩臂, 進次幾步, 又一日人在房內, 向御身邊, 放六穴砲, 而行打宮女於御前, 左捽右曳, 其時宮內大臣李耕稙, 在其房中, 十分被傷, 艱辛匍匐, 進出軒端, 日人追至, 刺殺於御前, 王太子, 亦被執於他所, 牽捽頭髮, 至於脫毀其冠履, 擬刃迫問王后處所, 而幸不被傷, 急趨大君主御所而避之. (중략) 以日本人謂無干涉於此變, 極口發明, 則亦可見渠輩謀逆之實迹, 而渠輩之罪, 於此尤彰著矣.

　按具禮報告中有曰, 大君主王后兩陛下, 於一個月前, 聽井上馨所奏之言, 而深信之, 依仗之, 井上馨, 日本政府之信任者, 聲望特著之人, 而對朝鮮王室, 確保平安, 則信之固然, 使兩陛下不深信此言者, 尙可預防其不虞, 惟其深信也, 故不果預防云, 以此觀之, 彼敵視我王后而欲除之者, 豈惟三浦之意哉, 三浦者, 武官退職而非外交家也, 今井上之遞也, 擧斯人而代其任, 豈無其因乎, 三浦者, 不過代表其國人, 而犧牲其名者耳.

제3부

# 대한제국의 수립과 국권의 상실

1894년 동학란 이후 일본은 조선을 보호국으로 삼기 위해 온갖 간섭과 침략을 자행하였다. 이에 유생들은 적극 반발하였고 러시아와 미국 역시 일본이 한반도에서 독점적인 지위를 차지하게 되자 이를 억제하기 위해 적극 한반도 문제에 개입하고자 하였다. 이는 드디어 아관파천으로 표출되었고 일본 독주의 시대는 끝나게 되었다. 러시아와 일본 사이에 이처럼 힘의 균형이 맞춰지기에 이르렀다.

이에 고종을 비롯한 왕실 측근 세력은 러·일 간의 세력 균형을 기화로 대한제국의 수립을 선언하고 밖으로는 자주외교와 안으로는 근대국가 수립을 위한 광무개혁을 추진하였다. 그런데 이 과정에서 국민 계몽을 두고 힘을 합쳤던 광무 정권과 독립협회가 개혁의 주도권을 둘러싸고 갈등이 커졌으며 급기야 정부는 만민공동회를 해산시키기에 이르렀다. 아울러 정부는 일종의 토지조사사업이라 할 양전지계(量田地契)사업, 국방력 강화와 상공업 육성 등의 대표적인 개혁 사업을 추진하였다.

농민들을 비롯한 기층 민중들의 반침략·반봉건 투쟁은 끊임없이 전개되었고, 그 투쟁 공간도 넓어졌다. 광산, 철도, 부두 등 산업 현장에서는 노동자들의 저항이 계속되었다. 1894년 동학란의 이념을 계승한 활빈당 등의 민중운동은 민족운동의 구심점 역할을 하였다.

그러나 일본이 러일전쟁에서 승리하면서 광무정권의 개혁 노력은 수포로 돌아갔다. 심지어 일본의 을사늑약 강요로 인해 대한제국은 일제에 외교권은 물론 내정에 대한 통치권을 내놓아야 했다. 이에 한국인들은 문명계몽운동과 항일의병전쟁을 전개해 나갔다. 전자는 갑신정변과 갑오개혁의 이념을 계승하여 상공업을 발전시키고 교육운동을 전개하였다. 후자는 1894년 동학란의 이념을 이어받아 조세제도와 토지제도 문제에 관심을 기울이며 개혁운동에 적극 참가하였고, 을사늑약 이후에는 의병운동을 통해 반일 투쟁에 나섰다.

그러나 일본은 을사늑약 이후 헤이그 특사 사건을 빌미로 고종을 왕위에서 내쫓고 한국 군대를 해산시켰으며 1910년 8월 이른바 한일병합조약 체결 시에는 불법적인 수단과 방법을 구사하여 드디어 대한제국을 강점하였다.

# 국호를 대한으로 고치고 제국이 됨

임금이 러시아 공사관에 1년 동안 머물다가 정유년(1897) 정월에 경운궁으로 돌아오셔서 황제 지위에 오르셨다. 국호를 고쳐 '대한(大韓)'이라 하고, 연호를 고쳐 '광무(光武)'라 하니, 마침내 독립 제국이 되었으며 각국은 이를 인준하였다. 환구단(圜丘壇)[1]을 만들고, 하늘[上帝]께 제사를 올렸다. (황제의 예에 따라) 곤룡포(袞龍袍)의 색깔은 황색으로 하고 예는 명나라 제도를 답습했다. 윤용선(尹容善)·남정철(南廷哲) 등을 등용하여 군권(君權)을 회복하고 궁부관제(宮府官制)를 다시 설치하였으며, 지방을 나누어 13도로 하였다. 이해에 황자 영친왕(英親王)이 출생했으니 궁인 엄씨의 소생이다. 엄씨는 왕의 총애를 받아 다수의 친족들

---

1 임금이 동짓날에 천제(天祭)를 지내던 단(壇). 황제에 한해서 지낸다. 원구단으로 발음하기도 하는데 2005년 문화재청에서 당시 《독립신문》의 발음 표기대로 환구단으로 통일하였다.

이 높은 벼슬자리에 임용되어 정사에 참여하였으니, 음사(淫祀)[2]가 또한
성행하였다.

　이때 서재필(徐載弼)이 건의에 앞장서서 독립문과 독립관을 세웠다.
국문으로 큰 글자를 써서 (독립문과 독립관의) 편액을 걸었다. 또한 국
문으로 《독립신문》을 발행하고 인사들을 모집하여 독립협회를 창설했
다. 대개 서재필은 갑신 개혁당으로, 망명하여 미국에 건너가서 10년간
이나 머물러 있으면서 미국 풍속에 물들어 있었다. 갑오년(1894)에 고국
으로 돌아와 평등주의로써 계급을 타파하려 하여, 본국의 옛날 풍습과
틀어져서 어긋나는 게 많았다. 또한 신문에 글을 실어 당국자를 공격하
자, 당국자들이 그것을 질시하고 그를 외국인으로 지목하고 강제로 본
국을 떠나 미국에 돌아가게 하였으나 사회의 평등사상이 그 씨를 조금
남기고 있었다.

　이때에 미국인 선교사 아펜젤러[雅扁薛羅, H. G. Appenzeller]는 한국
서울에 있으면서 배재학당을 창설하여 청년들을 교육시켜서 큰 성과
를 거두었다. 윤치호(尹致昊) · 이승만(李承晩) · 안창호(安昌浩) 등은 모
두 그 가운데서 나왔으며 애국사상이 풍부했다. 이에 이르러 서재필은
미국으로 돌아가고 윤치호 등이 뒤를 이어 동지를 모아 죽음을 맹세하
고 독립을 부지하려 하였다. 일시에 지사들이 합하여 응함으로써 독립
협회는 드디어 떠들썩하였다. 그러나 그 나아감이 너무 조급한 나머지
정국을 번복하고 정치를 혁신하여 순식간에 성공하고자 하였으니 드디

---

2　조선시대 유교윤리와 명분에 어긋나는 사신행위(祀神行爲)를 가리키는 말. 음사가 사회문제
　로 등장한 것은 유교윤리를 사회 전면에 확산하고자 했던 조선시대였다.

어 정부와 큰 알력(軋轢)이 일어나게 되었다. 군부대신 민영기(閔泳綺)가 더욱 깊이 꺼려하고 (독립협회를) 없애 버리려고 하였다. 길영수(吉永洙)·홍종우(洪鍾宇)의 무리가 보부상 같은 천한 부류들을 모집하여 황극협회(皇極協會, 황국협회를 가리킴 — 역해자)라는 이름을 붙이고 막대기를 들고 후려 팼다. 피가 대궐 밖에서 흘렀으며 해괴한 모습은 형용할수 없었다. 오직 내부대신 민영환(閔泳煥)이 마음속으로 민권을 중시하여 어느 정도 독립당을 비호했으나 민영기의 공격을 받고 관직에서 물러났다. 정부의 각 대신 또한 다방면으로 파괴하였는데, 병력으로써 일을 처리하기에 이르렀다. 이승만 등은 드디어 하옥되고 민단(民團)은 파괴되었으며 여론은 식어 갔다. 무릇 조정의 신하들이 독립당을 공격한것은 모두 총애를 받아 세력의 불꽃을 펴 보려고 애쓴 것이다. 나머지관리들도 모두 백성에게 거리낌이 없고, 오직 아랫사람을 괴롭혀서 윗사람에게 잘 보이려 하였으며, 공적인 일을 훼손하고 사적인 이익을 영위하였다. 갑오 이전의 구제도를 복구함에 도리어 혹 지나친 감이 있었으며, 우리 백성의 힘을 두터이 하여 자강지도(自强之圖)를 꾀하려 하지않고 한갓 경운궁을 각국 공사관 곁에 두고 태평의 근간이라 믿고, 나라의 재물을 고갈시켰다. 외국인에게 아첨하여 섬기며 아침에는 진나라에 붙고 저녁에는 초나라에 붙듯이[3] 강한 나라를 택하여 사귀면서 독립국이라 호칭하니, 실로 (남에게) 의뢰하여 한때 겨우 편안하니 그것이능히 오래 가겠는가.

---

3 조진모초(朝秦暮楚). 아침에는 북방의 진나라에서, 저녁에는 남쪽의 초나라에서 거처하는 것을 가리키는 말로 일정한 주소 없이 방랑함을 뜻한다.

이때 독립당에 대하여 처음에는 동정을 표하다가 갑자기 몰래 파괴하려는 자 또한 일본인 중에 있었다. 무슨 까닭인가. 이때 러시아인은 절영도(絶影島)를 조차하여 저탄소(貯炭所)로 삼고 태평양 함대의 연료를 공급하려 하였다. 외부대신 민종묵(閔種默)은 러시아와 친한 사람으로 독단으로 주려고 하였고, 독립당은 극력 반대하였다. 일본인은 기뻐하고 독립당에 동정을 표시하였다. 그러나 이미 러시아인이 절영도에서 물러나 손을 떼자, 일본인은 이에 말하기를 "저 당(독립당)은 우리를 위하여 일시 이용하는 데 족할 뿐이다. 만약 독립당이 점차 나아가 그 기초가 더욱 확고해지면 또한 장차 일본 요구에 불리하게 된다" 하고, 이에 우리 정부와 뜻을 같이해서 법을 정하고 방해를 하였으니 슬프다! 저들이 한국 독립에 앞장선 것은 과연 한국의 독립을 희망했다고 할 것인가.

살피건대[按] 우리나라 민당(民黨) 가운데 호칭상 유력한 집단은 셋이다. 즉 갑오 동학당과 정유 독립당, 그리고 갑진 일진당(一進黨)이 그것이다. 동학의 횡포함과 일진회의 매국행위는 너무나 세상에 뚜렷하게 알려져서 말할 나위가 없지만, 오직 독립당은 신사(紳士) 조직으로 이루어져 가장 정신적으로 숭상할 만한 것[足尚]이 있었다. 그러므로 그 실패는 우리 백성들에게 심한 애석함이 되었다. 그러나 독립당의 지식 기초[根基] 또한 유치하고 거칠며 천박함을 면치 못했으니, 허영(虛榮)에 조급하고, 미쳐서 날뛰는 데 힘써서 능히 엎어짐이 없었겠는가.

내가 『열자(列子)』를 읽다가 '우공이산(愚公移山)'[4]·'과보축일(夸父逐

日)⁵에 이르러 양편(兩篇)에서 깊이 느끼는 바가 있었다. 우공은 몸이 늙어 힘이 쇠약하였으나 자손들에게 끝없이 전하는데 시대를 한정하지 않고 산을 파서 옮기게 함으로써 마침내 성공을 거둘 수 있었다. 과보는 몸이 강하고 힘이 센 것을 믿고 새벽부터 아침까지 짧은 시간에 효과를 내고자 하여[崇朝之功] 해를 좇다가 마침내 목말라 죽게 되었다. 무릇 사람의 작업도 늘 마음에 두고 오래 지나도 게으르지 아니하며 면밀히 힘을 기울이는 자는 비록 약할지라도 반드시 성공을 거둘 수 있으나, 조급한 마음으로 빨리 성사시키겠다고 하여 미친 듯이 뛰어 달리는 자는 비록 강할지라도 반드시 패한다. 하물며 독립당은 본래 강력한 힘도 없는데 빨리 성사하려 함에 있어서랴.

혼자 가만히 생각하건대 우리 민족의 성질은 두 가지 병통이 있다. 한 가지는 게으르고 느려 용감하게 나아가고 분투하는 기백이 없고, 일체 사업에 대하여 성사되기 어려울 것을 겁내어 감히 산을 옮길 계책을 실행으로 옮기지 못하는 것이요, 다른 하나는 방정맞고 조급하며, 들뜨고 경솔하여 침착하고 온화한 굳센 힘이 없어, 망령되이 허영만을 사모하고 (과보처럼) 해만 좇아가는 것이다. 이 두 가지 병통을 물리치지 아니하면 앞길의 사업은 실로 희망이 없다. 나는 이런 까닭으로 논하건대, 우리 동포는 반성하여 힘을 써야 할 바를 알기를 바란다.

---

4 끊임없이 노력하면 마침내 성공한다는 뜻의 고사성어이다. 옛날 우공이 자기 앞의 산을 불편하게 생각하여 오랜 세월을 두고 다른 곳에 옮기려고 노력한 데서 나온 말이다.

5 고대 중국 사람 과보가 자기 힘을 헤아리지 못하고 무리를 하다가 힘을 다하여 죽었다는 고사에서 나온 말. 무리하게 힘을 다한다면 실패함을 뜻한다.

1896년 2월 고종이 거처를 러시아 공사관으로 옮기는 아관파천이 일어나자 김홍집 내각은 무너졌다. 이를 계기로 러시아와 일본 사이에 세력 균형이 이루어지지자, 신정부는 근대 문물을 수용하여 나라를 부강하게 만들고자 하였으며, 대중 계몽에도 관심을 두었다. 우선 서양 문물에 밝은 서재필을 중추원 고문으로 임명하였다. 서재필을 비롯한 개화 지식층도 이 기회를 이용하여 독립협회를 조직하였다.

독립협회에는 개화 지식인들과 함께 정부 관료들이 대거 관여하였다. 일반 대중도 기금을 내거나 강연회에 적극 참여하였다. 《독립신문》의 발간과 독립문의 건립 등은 정부와 독립협회 및 국민들이 이룩해 낸 대표적인 결실이었다.

한편, 고종이 러시아 공사관에서 경운궁으로 환궁하자 국가의 위상을 높여야 한다는 분위기가 조성되고 황제 칭호를 쓰자는 상소가 잇달았다. 이러한 상소 대열에는 시전(市廛) 상인도 참여하였다. 이에 고종은 국호를 '대한제국', 연호를 '광무'라 정하고, 황제 즉위식을 거행하여 자주 국가의 면모를 갖추었다. '대한'이란 국호는 '삼한(三韓)'으로부터 유래한 것으로 삼한을 하나로 아우른 나라를 뜻하며, '광무'라는 연호는 중국 한(漢)나라를 다시 세운 후한(後漢)의 황제 광무제의 연호로, 부국강병을 실현하겠다는 의지를 담고 있다. 그리하여 1897년 10월 3일 고종은 여러 차례의 사양 끝에 신하들과 백성들의 요청을 받아들였다. 이어서 12일 고종은 황룡포를 입고 환구단에서 황제 즉위식을 거행하였다. 당시 1897년 10월 14일 자 《독립신문》은 즉위 광경을 다음과 같이 보도하였다.

11일 오후 2시 반 경운궁에서 시작하여 환구단까지 길가 좌우로 각 대대 군사들이 질서 정연하게 배치되었다. 순검들도 몇백 명이 틈틈이 벌려 서서 황국의 위엄을 나타냈다. 좌우로 휘장을 쳐 잡인(雜人 — 역해자) 왕래를 금하였고 옛적에 쓰던 의장등물을 고쳐 황색으로 만들어 호위하게 하였다. 시위대 군사들이 어가를 호위하고 지나갈 때에는 위엄이 웅장했다. 총 끝에 꽂힌 창들이 석양에 빛을 반사하여 빛났다. 육군 장관들은 금수(錦繡 — 역해자)로 장식한 모자와 복장을 하였고, 허리에는 금줄로 연결된 은빛의 군도를 찼다. 옛 풍속으로 조선 군복을 입은 관원들도 있었으며 금관 조복한 관인들도 많이 있었다.

어가 앞에는 대황제의 태극 국기가 먼저 지나갔고, 대황제는 황룡포에 면류관을 쓰고 금으로 채색한 연(輦)을 탔다. 그 뒤에 황태자가 홍룡포를 입고 면류관을 쓴 채 붉은 연을 타고 지나갔다. 어가가 환구단에 이르자 제향에 쓸 각색 물건을 둘러보고 오후 4시 쯤 환어하였다. 12일 오전 2시 다시 위의(威儀 — 역해자)를 갖추어 황단(皇壇)에 가서 하느님께 제사하고 황제 위에 나아감을 고하였다. 황제는 오전 4시 반에 환어하였다. 동일 정오 12시에 만조 백관이 예복을 갖추고 경운궁에 나아가 대황제와 황태후, 황태자와 황태비에게 크게 하례를 올렸고, 백관들이 크게 즐거워하였다.

그런데 저자는 정국의 이러한 변동을 보는 가운데 제목과 달리 안설

(按說)에서는 대한제국 자체보다는 독립협회에 주목하였다. 그것은 독립협회의 활동이 애국운동이며 민권운동이라 여긴 반면에 대한제국 정부는 강대국에 의존하며 독립협회를 탄압하고 권력을 유지하고자 노력했다고 판단했기 때문이다. 또한 저자 자신이 독립협회 운동에 가담한 점도 이런 인식으로 이끌었을 것이다. 아울러 처음에는 독립협회를 지원한다고 하면서 결국 정부의 독립협회 탄압을 지원한 일본의 속셈을 고발하고 있다.

한편, 독립협회에 대한 따끔한 비판도 빼놓지 않았다. 즉 독립협회가 너무 조급하게 정치를 혁신하려 하여 개혁을 서둘렀던 까닭에 정부와 알력이 일어나게 되었음을 지적하고 있다. 나아가 독립협회가 내놓을 지식의 근기 또한 일천하고 거침을 면치 못해 허영에 조급했고 미쳐서 날뛰어 능히 처리해 나갈 수 없었다고 비판하고 있다.

저자의 이러한 지적은 우리가 상식으로 알고 있는 독립협회의 성격과 너무나 다르다. 흔히들 독립협회를 자주국권, 자유민권, 자강개혁의 대명사로 인식하고 있지만 박은식의 지적은 우리에게 경종을 울릴 만하다. 당대 식자층조차도 독립협회의 문제점을 이렇게 인식하고 있는데 이후 식자층들은 이를 무시하고 오로지 대한제국 정부가 독립협회를 탄압하여 해산하였기 때문에 나라가 망했다고 하여 국망의 책임을 대한제국으로 돌리는 경향이 있다. 이 점에서 저자의 지적은 독립협회를 다시 한 번 새롭게 인식할 수 있는 계기가 된다.

요컨대 저자가 생각했던 개혁의 방식은 정치운동보다는 계몽운동의 방식으로 우리 국민의 힘을 두터이 하고 여론의 지지를 끌어내어 자강

지도(自强之圖)를 꾀하는 것이었다. 그리고 이는 훗날 이른바 애국계몽 운동으로 표출되었다.

그 밖에 저자는 대한제국의 무능과 외세 의존성을 지적한다. 그러나 제3편 제1장에 대한제국의 수립을 서술하였다는 점에서 여타 식자층과 달리 저자는 국호의 변화와 제국으로의 승격에 역사적 의미를 부여하고 있음을 엿볼 수 있다. 따라서 저자가 당면 과제인 국망의 원인 탐구에서 벗어나 장기적 관점에서 대한제국 정부의 고단한 근대화 노력에 눈길을 돌렸다면 주권국가 체제의 정비에 이은 정부 주도의 근대개혁이라는 또 다른 가능성을 발견할 수 있지 않았을까.

第三編

## 第一章 國號大韓爲獨立帝國

上居俄使署一年, 至丁酉正月, 還御貞洞慶運宮, 即帝位, 改國號曰大韓, 改元曰光武, 遂爲獨立帝國, 各國認之, 築圜丘壇, 以祀上帝, 衰黃色, 禮襲明制, 擢用尹容善·南廷哲等, 以復君權, 宮府官制, 略有改置, 分地方爲十三道, 是歲皇子英親王生, 宮人嚴氏出, 嚴氏有寵, 親族多被顯用, 干預政事, 而淫祀亦張矣.

于時徐載弼, 倡議建獨立門·獨立館, 以國文大字揭額, 且以國文, 發行獨立新聞, 募集人士, 創設獨立協會, 蓋載弼以甲申革黨, 亡命渡美, 淹十年, 漸於美風, 甲午還國, 欲以平等主義, 打破階級與本國舊習, 多有齟齬, 又以報筆, 攻擊當路, 當路嫉之, 目爲外人, 迫令去國赴美, 而社會之平等思想, 略有留種者.

此時, 美國宣敎師雅扁薛羅, 在韓京, 開培材學堂, 敎育靑年, 克著成績, 尹致昊·李承晩·安昌浩等, 均出其中, 富愛國思想, 至是載弼去國, 而尹致昊等繼之, 集同志, 誓死扶獨立, 一時志士, 翕然以應, 獨立協會, 遂噪于時, 然其進太躁, 推翻政局, 革新政治, 欲以咄嗟成功, 遂與政府, 大起軋轢, 軍部大臣閔泳綺, 尤深忌而欲滅之, 吉永洙·洪鍾宇輩, 募負商賤流, 名曰皇極協會, 敎以持梃搏擊, 血流闕外, 怪劇無狀, 惟內部大臣閔泳煥, 意重民權, 稍袒獨立黨, 乃被泳綺所攻而遞職, 政府各大臣, 又多方破壞之, 至以兵力從事, 李承晩等, 遂下獄, 民團壞矣, 輿論熄矣, 凡廷臣, 攻擊獨立黨者, 皆以勞被寵, 張其勢焰, 自餘官吏, 亦皆無憚於民, 惟剝下媚上, 毀公營私, 復甲午以前之舊, 反或過之, 不以厚我民力, 爲自強之圖, 徒以慶運宮在各國使館之側, 恃爲太平之基, 竭吾國財, 諂事外人, 朝秦暮楚, 擇強而交, 號稱獨立, 實依賴以苟安其能久乎.

于時, 對獨立黨而始表同情, 旋行陰壞者, 又有日人焉, 何故, 此時俄人, 欲借絶影島, 爲貯炭所, 供太平洋艦隊之用, 而外部大臣閔種默, 親俄者也, 欲以獨斷子之, 獨立黨極力反對, 日人悅焉, 表其同情, 旣而俄人退讓絶影島, 日人乃曰, 彼黨, 爲我一時利用足矣, 若其步驟漸進, 基礎益固, 則亦將不利於日本之要求, 乃與我政府同意, 設法以妨害之, 噫彼之倡韓獨立, 果希韓獨立者乎.

按吾國民黨, 號爲有力者三, 卽甲午東學黨, 丁酉獨立黨, 甲辰一進黨, 是也, 東學之暴動, 一進之賣國, 其狀襮著天下, 毋庸論之, 惟獨立黨, 由紳士組織, 最有精神之足尙, 故其敗爲吾民之深惜焉, 然獨立黨之知識根基, 亦不免幼稚粗淺, 急於虛榮, 騖於狂躁, 能無蹶乎, 余讀列子, 至愚公移山·夸父逐日兩篇, 深有所感, 愚公身老力衰, 以子孫無盡之傳, 不限時代, 而建業移山, 竟得成功, 夸父恃其身強力大, 欲以崇朝之功, 追及日影, 遂致渴死, 蓋人之作業, 以恒常之心, 經久不懈, 綿密用力者, 雖弱必成, 以急躁之心, 求其速成, 狂奔疾走者, 雖強必敗, 況獨立黨, 原無強力而求速成者乎, 竊念吾族性質, 有兩種病痛, 一則軟懦緩慢, 無勇進奮鬪之氣, 對一切事業, 畏難趑趄, 不敢爲移山之計者也, 一則輕躁浮薄, 無沉毅堅定之力, 妄慕虛榮, 爲追日之行者也, 之兩病者不袪, 則前塗事業, 實無望焉, 余故論之, 冀我同胞之反省, 而知所用力焉.

# 02

# 이토가 보호조약을 강제로 체결함

1905년 11월 10일 일본 특파대사 이토 히로부미(伊藤博文)가 경부선 열차를 타고 서울에 왔다. 정동에 있는 독일 여인 손탁[孫擇, Antoinetter Sontag]의 관저에 묵고 다음 날 황제를 알현하고 일본 천황의 친서(親書)를 바쳤다. 그 내용에 "짐은 동양 평화를 유지하기 위하여 대사를 특파하니 모두 대사의 지휘에 좇아서 국방의 방어를 조처하고, 짐은 황제의 안녕을 공고히 하며, 짐은 또 이를 보증한다"라고 말하였다.

14일 이토는 경인선 열차를 타고 인천에 내려갔다가 하룻밤을 자고 서울 관저로 돌아왔다. 15일 서기관 고쿠분 쇼타로(國分象太郎)를 거느리고 제실심사국장(帝室審査局長) 박용화(朴鏞和)의 안내로 수옥헌(漱玉軒)에 들어가 (황제를) 알현하고 상주하기를 "일전에 외신(外臣)이 올린 친서는 이미 잘 읽으셨으리라 생각되며, 대동(大東) 평화의 유지와 한·일 양국의 보존은 이 네 건의 조약을 체결하지 아니하면 안 되겠습니다" 하고, 이어서 그 조약문을 바쳤다. 그 내용에 "일본 정부 및 한국 정부는 두 제국의 결합과 이해 공통의 주의를 공고히 하며 이러한 목적으로 좌(아래)에 열거한 조목을 약정한다" 하였다.

제1조 일본국 정부는 도쿄 외무성을 통해 금후 한국의 외교 관계 및 사무에 대하여 전부 감리(監理)하고 지휘하며, 일본의 외교대표자 및 영사는 외국에 있는 한국 신민과 이익을 보호한다.

제2조 일본국 정부는 한국 및 타국 간에 현존하는 조약의 실행을 완전히 하고, 한국 정부는 금후에 일본 정부의 중개를 경유하지 아니하고는 국제적으로 실질상 하등의 조약 및 약속을 체결할 수 없다.

제3조 일본국 정부는 그 대표자로 하여금 한국 황제 폐하 밑에 통감(統監) 한 사람을 두되 통감은 서울에 주재하며 황제 폐하를 친히 알현할 수 있는 권리를 가지며, 일본 정부는 한국에 각 항구의 시장 및 기타 필요하다고 인정하는 땅에 일본 이사관을 둘 권리를 가지며, 이사관은 통감 권리 밑에서 종래 주한 일본 영사의 일체의 직권을 집행하며, 아울러 본 협약의 조관(條款)을 완전히 실행함을 위하여 필요로 하는 일체의 사무를 관장하여 관리한다.

제4조 일본국 및 한국 간에 현존하는 조약 및 약속은 본 협약 조관에 저촉되는 것을 제외하고는 모두 그 효력을 계속한다.

임금은 이 조약문의 열람을 마치고 말하길, "짐이 듣건대 근일 보호 조약이 체결될 것이라는 말이 각 신문에 떠들썩했지만 짐은 오직 작년 귀국(貴國) 황제의 선전조칙(일·러전쟁 때—역해자)에서 한국의 독립을 부식(扶植)한다 했고, 한·일의정서에 미쳐서는 확실히 독립을 보호한다는 보증이 있었던 까닭에 이렇게 떠도는 말들을 수상쩍게 믿지 않았으며, 또 이제 후작이 대사의 명을 받고 건너와서 짐은 깊이 다행한 일이라 생각하였지, 어찌 후작(侯爵)이 도리어 이러한 요구를 제출할 것을 생각할 수 있었겠소. 심히 평일에 기대하고 바랐던 뜻이 아니오" 하였다. 이토가 말하기를 "이것은 소신[外臣]의 자의(自意)가 아니고 본국 정부의 명입니다. 폐하께서 인준해 주신다면 양국 간의 행복일 뿐만 아니라 실로 동양 평화의 영원한 유지책이라 생각됩니다. 간절히 바라옵건대 속히 인준해주십시오" 하였다. 임금께서 말하기를 "이것은 짐이 독단으로 할 일이 아니며 정부 대신 또한 능히 마음대로 행할 수 없는 것이오. 짐의 조상들이 나라를 세운 규범[朕家祖宗立國規模]에는 큰일이 있을 때면, 정부 대소 관리로부터 원임대신(原任大臣: 전직 대신)과 시골에 묻힌 유림들에 이르기까지의 여론을 모두 방문하여 듣고서야 바야흐로 실행할 수 있소. 법규상[成憲] 그러하니 짐이 독단으로 처리할 수는 없소" 하였다. 이토가 말하기를, "사민(士民)들의 그릇된 논의는 마땅히 병력으로써 진압할 터이니 오직 속히 처분만 내려주십시오" 하였다. 왕은 정색을 하며 말하되 "짐이 차라리 죽어 순국하면 하였지 결코 인준할 수는 없소" 하였다. 이토는 재삼 위협을 하였으나 마침내 허락을 얻지 못하고 물러났다.

다음 날 16일 하야시 곤스케(林權助)는 참정대신(參政大臣)[1] 이하 각 대신 및 민영환·심상훈을 이토가 묵고 있는 여관에 초청하였고, 또한 별도로 외부대신 박제순을 자기 공사관에 초청하였다. 민영환은 당시 향리에 있었으므로 참석하지 못하였다. 이토는 각 대신들에게 한국 관계 및 동양 대세를 말하고, 이어 말하기를 "본인이 한국에 온 것은 특별히 본국 황제 폐하의 친서를 전달하려는 것이었소. 이때를 맞이해서 동양 평화의 영구한 유지가 요망되니 부득불 이 조약을 체결해야 되겠소"라고 하였다. 참정대신 한규설이 말하기를 "귀 특사의 논하는바 대세 관계는 그렇다고 생각하오. 친서 4조에 대해서는 어전(御前)에서 들은 바 있소. 귀국이 우리나라의 독립을 보존하고 동양의 평화를 유지하기 위하여 러시아와 전쟁을 할 때 우리는 병력을 출동하여 도와주지 못한 점은 미안하다 생각되오. 그런데 우리 국민이 군수 물자를 수송해 주었고 철도를 건설하는 데 참여하여 분주히 힘을 다하였소. 비록 그 도움이 미미했다고 해도 그 뜻은 가히 이해할 수 있는 것이오. 이전에 의정서를 체결할 때 우리 측의 손실은 비록 많았으나 그래도 우리 독립을 보증하였고, 귀국 황제 폐하의 선전조칙에서도 특별히 우리나라 독립을 보존하겠다고 천하에 선포하여 우리나라 사람들은 진실로 네 계절이 오가는 것처럼[如四時] 믿었소. 이제 대사는 원훈(元勳)으로 오랜 덕망이 있는 분이라 또한 일찍이 우리의 독립을 위해 힘을 썼소. 그러므로 우리 국민들은 대사가 반드시 우리나라의 독립을 침해하지 않을 것이라는 것을 확신하고 축하로써 경의를 표하지 않는 사람이 없는데, 어찌 대사로서 이러한 일을 하리라고 생각했으리오. 매우 두터운 명성과

---

1 대한제국기 고위 관직. 의정부(議政府) 의정 대신(大臣)의 다음가던 벼슬에 해당한다.

인망[衆望]에 크게 어긋날 뿐만 아니라 또한 결단코 행할 수 없소" 하였다. (중략)

참정대신이 말하길 "당연히 처지를 바꿔 생각하건대 이제 인도(人道)로써도 강제할 수 없는 것을 강제하니 좇을 수 있단 말인가. 이 몸을 죽일지언정 이 마음을 굴복시킬 수 없소. 오직 바라건대 반성해주시오" 하자, 이토는 물러나와서 의석에 나가 말하기를 "참정대신 한 사람은 비록 부결했다 하더라도 모든 대신들이 이미 모두 개정하는 것이 옳다고 하였으니 이 안건은 의결된 것이다"라 하였다. 즉시 우리 정부의 주사 2인을 불러서, 고친 초안 한 통을 베끼게 한 뒤 일본 공사관 통역 마에마 교사쿠(前間恭作)와 외부 보좌원 누마노(沼野) 등이 일본병 수십 명을 데리고 외부(外部)로 달려가서 인장을 탈취해 왔다. 바로 해당 조약문에 날인하며 말하길 "참정대신은 날인하지 않았으나 관계없소" 하였다. 이에 '을사오조약(乙巳五條約)'이 성립되었다. 강제로 조인된 일시는 1905년 11월 18일 오전 2시였다.

제1조 일본국 정부는 도쿄 외무성을 통해 금후 한국의 외교 관계 및 사무에 대하여 전부 감리(監理)하고 지휘하며, 일본의 외교대표자 및 영사는 외국에 있는 한국 신민과 이익을 보호한다.

제2조 일본국 정부는 한국 및 타국 간에 현존하는 조약의 실행을 완전히 하고, 한국 정부는 금후에 일본 정부의 중개를 경유하지 아니하고는 국제적으로 실질상 하등의 조약 및 약속을 체결할 수 없다.

제3조 일본국 정부는 그 대표자로 하여금 한국 황제 폐하 밑에 통감 한

사람을 두되 통감은 서울에 주재하며 황제 폐하를 친히 알현할 수 있는 권리를 가지며, 일본 정부는 한국에 각 항구의 시장 및 기타 필요하다고 인정하는 땅에 일본 이사관을 둘 권리를 가지고, 이사관은 통감 권리 밑에서 종래 주한 일본 영사의 일체의 직권을 집행하며, 아울러 본 협약의 조관(條款)을 완전히 실행함을 위하여 필요로 하는 일체의 사무를 관장하여 관리한다.

제4조 일본국 및 한국 간에 현존하는 조약 및 약속은 본 협약 조관에 저촉되는 것을 제외하고는 모두 그 효력을 계속한다.

제5조 일본국 정부는 한국 황실의 안녕과 존엄의 유지를 보증한다.

〈중략〉

이 조약이 성립되자 외부대신 박제순, 학부대신 이완용, 내부대신 이지용, 군부대신 이근택, 농상공부대신 권중현은 을사오적(乙巳五賊)이 되었다. 많은 사람들이 분하여 욕지거리를 하고 모두 마음속에서 원망(怨望)을 풀어 없애고자 하니, 이토는 이에 군대를 파견하여 그들의 집을 지키게 하고 그들의 출입을 에워싸서 보호하였다.

❋

일본은 1905년 러일전쟁에서 승리하자, 여세를 몰아 대한제국을 보호국으로 만들기 위한 공작에 돌입하였다. 그리하여 같은 해 11월 18일 완전무장 차림의 군대를 미리 동원하여 궁궐을 겹겹이 포위한 뒤, 고종과 대신들을 위협하여 강제로 을사늑약을 체결하고 대한제국을 '보호국'으로 만들었다.

을사늑약은 한국 정부가 일본 정부를 거치지 않고는 어떠한 국가와도 조약이나 약속을 하지 못하게 하는, 그야말로 한국 외교권을 완전히 박탈하는 조약이었다. 또 을사늑약에는 한국에 일본인 통감 1인을 두어 한국의 외교에 대한 사항만을 관리한다고 규정했다. 그러나 통감은 외교에 한정되지 않고 사실상 한국의 모든 내정을 관장했다.

저자는 이러한 을사늑약을 서술하는 과정에서《황성신문》1905년 11월 20일자의 '오건조약청체전말(五件條約請締顚末)' 기사에 근거하여 일제의 협박 및 강제 체결 과정을 밝히면서도 이와 별개로 고종과 일부 대신들의 거센 반대를 상세하게 기술하는 데 중점을 두었다. 여기서는 끝까지 이토에 대항했던 참정대신 한규설의 조리 있는 논박과 당당하고 의기 있는 행동을 부각시키면서 조약이 일본의 협박 속에서 강제로 체결되었음을 강조하고 있다. 이 중 일본군이 외부로 달려가서 도장을 빼앗아 날인한 사실을 증언하고 있는데, 이는 국가 대표에 대한 강박이라는 점에서 조약의 무효를 주장할 수 있는 대목이다. 특히 대신들의 일거수일투족을 일일이 묘사함으로써 을사오적의 탄생 과정을 소상하게 역사의 기록으로 남기고자 하였음을 알 수 있다. 그런데 당시 을사늑약 체결의 현장에 있지 않은 저자로서는 그 정황을 정확하게 확인할 수 없었거니와 일본의 검열이 매우 심했다는 점을 감안한다면, 이러한 기술 내용은 저자가 현장에 있었던 일부 대신의 전언을 적극적으로 수집한 노력의 결과로 보인다.

우선 일부 대신들의 행동거지를 살펴볼 수 있다. 정교의 『대한계년사』에 따르면, 을사오적의 한 사람이었던 이근택은 자기가 을사늑약에 동의한 사실을 자기의 아들과 첩에게 자랑스럽게 말하면서 그날 밤 궁중에서 일어난 광경을 자세히 설명했다고 한다. 당시 이러한 이야기는 경상북도 예천에 살고 있었던 양반 박주대(朴周大, 1836~1912)도 접하여 자기 집안의 일기라 할 수 있는 『저상일월(渚上日月)』에 이를 기록하였다. 그렇다면 을사늑약을 반대했던 한규설의 경우는 이러한 사실을 더 많이 알렸을 것이다. 《황성신문》에서 을사늑약의 체결에 대해 보도할 수 있었던 것은 이들의 제보 때문이 아니었을까. 황현의 『매천야록』역시 이러한 사정을 소상하게 서술하였다.

그럼에도 『대한계년사』와 『저상일월』의 경우, 개인의 일기여서 출간되지 않은 반면에 『한국통사』는 출간을 목표로 서술되었다는 점에서 을사늑약의 불법성을 만천하에 알리는 동시에 이후 늑약의 불법성을 연구할 수 있는 실마리가 되었다. 그리하여 저자의 이러한 노력은 오늘날 관련 조약에 대한 연구자들의 치밀한 검토를 거쳐 다음과 같은 결실을 맺기에 이르렀다.

우선 일제가 대한제국의 정부 대신을 강압하여 체결하였다는 점에서 을사늑약은 '국가 대표에 대한 강박에 의한 조약은 무효'라는 당시 국제법을 근거로 불법이다. 일제는 이미 저자가 언급한 바와 같이 군대를 동원하여 궁궐은 물론 회담장까지 삼엄하게 포위한 채 강압적인 분위기에서 정부 대신들에게 조약 체결을 강요하였다. 이런 점에서 박은식의 늑약 체결 기술은 후세 연구자들의 연구와 일반인들의 인식에 지대한 영향을 미쳤다고 하겠다.

한편 통상적으로 조약이 성립되기 위해서는 위임, 조인, 비준의 3단계를 거쳐야 하는데, 이 조약은 세 절차 중 어느 것 하나도 거치지 않았을 뿐더러 형식적 요건을 갖추지도 못하였다. 즉 조약 체결의 절차상·형식상에 결정적인 결함과 하자가 있어 조약 자체가 성립하지 않는다. 우선 고종이 조약 체결권을 위임하지 않아 외부대신 박제순에게는 위임장이 없었으므로 조약이 성립될 수 없다. 또, 대한제국 정부가 도장을 찍지 않고 일제가 군대를 앞세워 외부대신의 직인을 강제로 빼앗아 찍었다. 특히 이 과정에서 악역을 마다하지 않고 혁혁한 공훈을 세운 일본 공사관 통역 마에마 교사쿠는 도장을 탈취하는 데 그치지 않고 이후에도 순종의 서명을 위조해 수많은 법령을 처리했을 뿐더러 1910년 강제 병합 관련 일본본 문서와 함께 대한제국본 문서도 손수 작성하였다. 이미 을사늑약에서 불법을 저질렀던 그로서는 본국의 무력 지원과 지시 아래 거칠 것 없이 강점 공작을 실행하였다. 끝으로 고종이 끝까지 조약안을 거부하여 재가를 하지 않았기 때문에 비준이 되지 않았다. 따라서 당시 언론도 조약이라는 명칭 대신 '늑약(勒約)'으로 표현하였다. 1906년에 프랑스의 저명한 국제법학자 프랑시스 레이(Francis Rey)도 대한제국 정부의 동의 표시의 결함과 일본측이 독립을 보장하겠다는 이전 약속의 위반을 들어 을사조약이 무효라는 주장을 하였다. 이후 고종은 을사늑약에 대해 끊임없이 이의를 제기하였고, 국제사회에 호소하여 이 조약이 무효임을 알리고자 하였다. 비록 고종으로 대표되는 대한제국 정부의 주권 수호 운동이 일제의 방해와 탄압으로 수포로 돌아갔지만, 이러한 시도는 대한민국 임시정부가 국제사회를 향해 활발한 독립운동을 펼칠 수 있었던 법률적·역사적 근거가 되었다.

## 第三十五章 伊藤勒締保護條約

十一月十日, 日本特派大使伊藤博文, 從京釜鐵道入京, 館貞洞孫擇孃邸(德國女), 翌日陛見, 呈日皇親書, 曰朕爲東洋平和之維持, 特派大使, 一從大使之指揮, 措處國防之防禦, 朕爲鞏固皇帝之安寧, 朕爲保證云.

十四日, 伊藤乘京仁火車往仁川, 一宿歸館, 十五日, 率書記官國分象太郎, 介帝室審査局長朴鏞和, 入漱玉軒陛見, 奏曰, 日前外臣所呈親書, 諒已鑑燭, 要大東平和維持, 韓·日兩國保存, 非締此四件條約不可, 仍呈該約曰, 日本政府及韓國政府, 欲鞏固兩帝國結合利害共通之主義, 以此目的, 約定左開條.


第一條, 日本政府, 由東京外務省, 今後對韓國外交關係及事務, 全然自行監理及指揮可也, 日本外交代表者及領事, 保護在外國之韓國臣民及利益.

第二條, 日本國政府擔任韓國及他國間現存條約之實行完全, 韓國政府, 今後不由日本政府之仲介, 而不得締國際的實質上何等條約及約束.

第三條, 日本政府, 使其代表者, 在韓國皇帝陛下之闕下, 置統監一名, 而統監駐在京城, 得有親謁皇帝陛下之權利, 日本政府, 於韓國各港市場及其他認以必要之地, 有置理事官之權利, 理事官在統監權利下, 從來屬於韓國日本領事之一切職權執行, 并爲本協約之條款完全實行, 掌理必要之一切事務.

第四條, 日本及韓國間現存之條約及約束, 除本協約條約之抵觸者外, 總其繼續效力.

上覽畢曰, 朕聞, 近日以保護條約等說, 喧傳各報, 然朕惟昨年貴國皇帝宣戰詔勅曰, 扶植韓國獨立及韓日議定書, 確有獨立保護之證, 故此等傳說, 殊不之信, 且今侯爵唧命專來, 朕深慰幸, 奚圖侯爵, 反有此等要求之提出乎, 甚非平日期望之意, 伊藤曰, 此非外臣自意, 而本政府之命也, 若蒙認准, 不特兩國之幸福, 實東洋平和永遠維持之策, 切望即賜認准焉, 上曰此非朕獨斷之事, 政府大臣亦不能擅行, 朕家祖宗之立國規模, 遇有大事, 自政府大小官僚及原任大臣, 草野儒林之輿論, 悉行詢訪, 方可施行, 成憲自在, 朕不可徑自獨斷, 伊藤曰, 士民橫議, 當以兵力鎭壓, 惟亟賜處分, 上正色曰, 朕寧以身殉國, 決不可認, 伊藤恫嚇再三, 終不獲允, 乃退.

翌十六日, 林權助, 邀請參政以下各大臣及閔泳煥·沈相薰于伊藤旅館, 又別請外部大臣朴齊純於該使館, 閔泳煥時在鄉故未參, 伊藤對各大臣, 說韓國關係及東洋大勢, 仍曰僕之來也, 特奉皇勅, 且有親書, 呈貴皇帝陛下, 迨此之時, 要東洋平和之永久維持, 不得不締此條約, 參政韓圭卨曰, 貴使所論大勢關係, 則然矣, 至若親書四條, 昨於前席承聞, 第貴國為保存我國獨立, 維持東洋平和, 與俄開仗, 我不能以兵力相助, 殊用歉焉, 而我民, 於軍需之輪運, 鐵道之工役, 奔走殫力, 其助雖微, 其意可諒也, 向者議定書之締也, 我之損失雖多, 而猶保證我獨立, 貴皇帝陛下宣戰詔, 特以保我獨立, 宣布天下, 我人固信, 如四時矣, 今大使, 以元勳宿望, 亦嘗為我獨立而宣力焉, 故我人確信大使, 必不侵害我獨立, 莫不加額以祝, 豈意大使而為此乎, 不惟大違眾望, 亦斷不可行. (중략) 參政曰, 合有易地商量, 今以人道之所不可, 強者強之, 可從乎, 此身可殺, 此心不可屈, 惟願反省, 伊藤乃退, 出議席曰, 參政一人, 雖否決, 而諸大臣, 既皆以改訂為可, 則此案決

矣, 即招政府主事二人, 寫改草一通, 後日館通譯前間恭作·外部補佐員沼野等, 帶日兵數十名, 馳往外部, 奪印以來, 即將該約捺印日, 參政不捺無關也, 於是五條約成焉.


第一條, 日本國政府, 由東京外務省, 今後對韓國關係及事務監理指揮可也, 日本國外交代表者及領事團, 保護在外國之韓國臣民及利益.

第二條, 日本國政府, 當任韓國與他國間現存條約之實行完全, 韓國政府, 今後不由日本國政府之仲介, 不得約國際的性質上何等條約及約束.

第三條, 日本國政府, 使其代表者, 在韓國皇帝陛下之闕下, 置統監一名, 而統監, 全為管理外交攸關之事項, 駐在京城, 有內謁皇帝陛下之權利, 日本國政府於韓國各開港場及其他日本政府認以必要之地, 有置理事官之權利, 而理事官, 在統監指揮之下, 從來屬於在韓國日本領事之一切職權執行, 并為本協約條款之完全實行, 掌理必要的一切事務.

第四條, 日本國及韓國間現存之條約及約束, 除本協約條款抵觸者外, 總其繼續效力.

第五條, 日本國政府, 保證韓國皇室之安寧尊嚴維持.

(중략)

因此條約之成, 而外部大臣朴齊純·學部大臣李完用·內部大臣李址鎔·軍部大臣李根澤·農商工部大臣權重顯, 為乙巳五賊, 萬口憤罵, 咸欲得而甘心, 伊藤乃派其兵巡, 衛其私第, 擁護其出入焉.

## 03

# 줄 잇는 애국 선열들의 순국

민영환(閔泳煥)의 자는 문약(文若)이요, 호는 계정(桂庭)이다. 여양부원군(驪陽府院君) 민유중(閔維重)의 7세손이며, 고(故) 보국(輔國) 민겸호(閔謙鎬)의 아들이며 명성황후(明成皇后)의 종질이다. 황실의 아주 가까운 친척으로 일찍이 높고 중요한 벼슬을 거쳐 을미년(1895)에 전권공사로 러시아 수도에 주재하였고, 정유년(1897)에 다시 영국·독일·러시아·프랑스·이탈리아·오스트리아 등 6국공사로 임명되어 유럽의 정치제도와 부강한 모습을 두루 살피고 탄식하여 말하길 "이는 실제에 힘쓴 효과"라 하였다. 무술년(1898)에 귀국하여 서구제도를 본받아 민권을 일으켜 국가의 기반을 공고히 하려고 누차 간곡히 주청(奏請)하였으나 시행되지 못했다. 다만 새로 육군을 설치하게 되었으니 그것은 그의 지모에서 나온 것이다. 을사년(1905)에 참정대신이 되었으나 일본인의 요구를 반대한 까닭에 시종무관장(侍從武官長)으로 자리를 옮겼다.

이해 10월(양력 11월 — 역해자) 용인에 가서 전 부인 김씨의 면례(緬禮: 산소를 옮겨 장사 지내는 일)를 치르고 서울에 돌아와 보니 일본인들이 보호조약을 체결한 뒤였다. 통곡하며 피를 토하다가 조병세 등 여러 신하와 함께 대궐에 엎드려 연명 상소하여 간쟁하였고 누차 엄책을 받고도 물러나지 않았다. 11월 1일(양력 11월 27일 — 역해자) 아침, 잠시 집에 돌아와 여러 아들을 불러 놓고 장자 범식(範植)의 등을 어루만지며 "어느 시절에 네가 성장하는 것을 보겠는가"라고 하고, 이어서 교동에 나아가 모(母)부인 서씨를 뵙고 다시 궁궐로 나아갔다. 이날 저녁 조병세가 일본병에게 압송당하자 민영환이 대신 연명 상소의 대표가 되어 강경하게 간쟁하는 것을 그치지 아니하니 황제로부터 잡아서 징벌을 내리라[懲辦]는 명이 내려졌다. 처벌을 기다리다가 풀려나오니, 다시 소청(疏廳)을 옮기고 판서 민영규(閔泳奎), 김종한(金宗漢), 남정철(南廷哲) 등 여러 사람이 내일 다시 만날 것을 약속하고 흩어졌다.

민영환은 이웃집으로 거처를 옮긴 후 주위 사람들에게 "내가 잠깐 잠을 자야겠으니 물러가라" 하고, 단지 하인 한 사람만 옆에 있게 하였다. 동틀 무렵에 하인에게 나아가 세숫물을 가져오라 하고, 하인이 나가자 바로 문을 잠그고 칼을 뽑아 자기 몸을 찔렀다. 칼이 짧아 깊이 들어가지 않자 더욱 힘껏 칼을 잡고 자기의 목에서 복부에 이르기까지 마구 찔러대는 것을 그치지 않았다. 피가 방바닥에 가득히 흘렀으며 마침내 죽게 되었다. 하인이 애통해 하는 신음 소리를 듣고 방문을 부수고 들어가자 칼을 아직도 손에 잡은 채 기운이 끓어오르듯이 살아 있는 사람 같았다. 이때가 11월 4일(양력 11월 30일 — 역해자) 오전 6시였다. 그때 큰 별이 서쪽에서 떨어졌으며 까치 떼 1백여 마리가 몰려들어 울어 댔다고 한다. 시신이 사제에 옮겨짐에 관중 수천 명이 모여 친척이 죽은 것 같이 울다가 울음소리가 나오는 이가 없었다. 옷깃 속에서 유서 두 통이 나왔는데, 하나는 국민에게 결별을 고하는 것이요, 하나는 각국 공사에게 알리는 편지[申函]였다. 국민에게 결별을 고하는 글에서

오호라 국가의 수치와 국민의 욕됨이 마침내 여기에 이르러 우리 인민이 장차 생존경쟁 속에서 죽음을 당해 모두 없어지니라[殄滅]. 무릇 살고자 하는 자는 반드시 죽고, 죽기를 기약하는 자는 삶을 얻을 수 있나니 여러 공들이 어찌 이를 모르겠는가. 영환이 한 번 죽기를 결단하므로 위로는 황제의 은혜에 보답하고 우리 2천 만 동포에게 사례한다. 영환이 죽되 죽지 아니하고 구천지하(九泉之下)에서 여러분을 도울 것을 기약한다. 우리 동포형제는 더 분발하고 힘써서 뜻과 기운을 굳건히 하여 학문에 힘쓰며 마음을 다지고 힘을 다하여 우리의 자유·독립을 회복한다면 죽은 자는 마땅히 어두운 저승[冥冥之中]에서나마 기뻐 웃을 것이다. 오호라! 조금도 실망하지 말라. 우리 대한제국 2천 만 동포에게 이별을 고하노라.

라고 하였다.

또한 각국 공사에게 보내는 글에서

영환은 나라를 위해 잘한 일이 없어 나라의 형편[國勢]과 백성의 형편[民計]이 여기에 이른지라. 한갓 한 번 죽음으로써 황제의 은혜에 보답하고 우

리 2천 만 동포에게 사례하노니, 죽은 자는 그것으로 그치나 이제 우리 2천 만 국민이 생존 경쟁 속에서 모두 없어지게 되었으니 귀 공사께서인들 어찌 일본의 행위를 모르시겠는가. 귀 공사 각하께서 다행히 천하의 공의(公議)를 중히 여기사 돌아가 귀국 정부와 인민에게 알려서 우리 국민의 자유·독립을 도와주신다면 죽은 자는 어두운 저승에서나마 마땅히 기뻐 웃으며 감사하리니, 오호라 각하들께서는 다행히 우리 대한을 가벼이 하시지 마시고 우리 인민의 진심에서 우러나오는 정성[血心]을 오해하지 마소서.

라고 하였다.

〈중략〉

황제는 민영환의 자결 소식을 듣고 구슬피 애도하며 영의정[上相]을 증직(贈職)하고 충정(忠正)이라는 시호를 내리는 한편 정려(旌閭)[1]를 내리라고 명하였다.

조병세(趙秉世)의 자는 치현(穉顯)이요 호는 산재(山齋)이다. 고(故) 상신(相臣) 문간공(文簡公) 관빈(觀彬)의 5세손이다. 성격과 인정이 두텁고 곧으며[樸直] 충성스럽고 굳세었다. 겉을 꾸미는 것을 일삼지 않고 내

---

1 충신(忠臣), 효자(孝子), 열녀(烈女) 등을 기리기 위해 그 동네에 정문(旌門)을 세워 표창하는 일. 정려문은 붉은색으로 단장을 하고 그 액자에 충(忠) 또는 효(孝), 열(烈) 자(字)와 함께 직함을 새겨 마을 입구나 그 집 문 앞에 세운다.

외직을 두루 맡되 가는 곳마다 공적이 있었다. 재상이 됨에 강직을 중시하여 갑오년(1894)에 사직하고 가평 고향 마을로 돌아갔다. 병신년(1896) 시무 19조를 상소하고, 무술년(1898)에 다시 재상직에 임명되었으나 사퇴하였다. 경자년(1900)에 임금의 자문에 응하면서[入對] 소인들이 정치에 간여하는 폐단을 극력 간쟁하고 다시 병을 칭하여 귀향하였다. 이때에 와서 일본인이 보호조약을 강제로 체결하였다는 소식을 듣고 대성통곡하며 말하길 "국가가 망하니 내가 세신(世臣)으로서 순국하는 것이 마땅하다" 하고 서울로 달려와 울면서 상주하되, "국가는 한 집의 사유가 아닌 까닭에 큰일이 생기면 비록 임금이라고 해도 독단을 내리지 못한다는 것은 우리 조정의 큰 법이라. 반드시 시원임대신(時原任大臣)과 2품 이상의 관원 및 재외 유생들에게 상의하여 결행하는 것이로되 일본 사신이 청한바 5조약은 중대한 것인데 어찌 한두 신하가 임금의 뜻을 알아차리지 않고 국법을 준수하지 아니한 채 멋대로 가부를 결정하여 나라를 적국에 바치려 한단 말입니까. 그 법을 멸시하고 매국을 저지른 죄는 만 번 죽인다고 해도 오히려 형이 가볍다고 할 것입니다. 주무대신인 박제순 이하 조약 체결에 가(可)자를 표시한 각 대신들을 사형[正刑]에 처하여 공론에 보답하고 즉시 조칙을 내려 그 조약안을 취소하여 각국에 공개적으로 밝히소서. 만일 실시치 아니하시면 신 등은 차라리 대궐 섬돌에 머리를 부수고 죽겠습니다" 하였다. 황상께서 목이 아프다 하여 접견을 거절하자, 부득이 사저로 나와서 드디어 백관을 인솔하고 연명 상소하여 대궐 앞에서 엎드리니 이에 일본병에게 붙들려 갔다가 이윽고 돌아왔다. 표훈원(表勳院)에 이르러 모든 사람에게 말하길 "나의 이러한 행동은 순국할 것을 결단한 것인데 하물며 모욕을 받음이 여기에까지 이른단 말인가" 하고 즉시 남기는 상소를 초안하여 옷차림 속에 감추었는데, 나라 안 선비와 백성에게 결별을 고하는 유서와 각국 공사에게 고하는 편지도 있었다. 드디어 독약을 마시고 순국하였다.

그의 남기는 상소에서 말하길

> 엎드려 생각하건대 신이 늙었으나 죽지 아니하고 국가의 위망(危亡)이 목전에 임박한 것을 목격하고 병든 몸을 끌고 도성에 들어와 주사(奏辭: 임금에게 아뢰는 말)와 차자(箚子: 임금에게 올리는 간단한 상소문)로써 여러 번 거슬러 노하게 하면서도 그칠 줄을 모른 것은 혹시 일말이나마 나라를 구할 수 있으리라는 기대에서였던 것입니다. 사변이 끝없다는 것을 헤아리지 못하여 마침내 외국 군대에 구속을 당하기까지 하여 나라에 거듭 치욕을 입히고도 이렇듯 모욕을 참고 구차히 연명한 것은 행여 폐하께서 마음을 돌리시리라 기대했기 때문입니다. 그런데 다시 이처럼 수치를 무릅쓰고 백관들의 연명 상소 반열에 서명하였으니, 신은 진실로 알 만한 사람으로 죄과를 한층 더했습니다.

> (그러나) 현재 나라가 망하는 것이 당장 눈앞에 임박하였는데도 폐하께서는 단지 4, 5명의 역신(逆臣)들과 문의해서 일을 주선하니 비록 망하지 않으려고 한들 그럴 수 있겠습니까? 신이 이미 폐하 앞에서 한 번 죽음을 결단하지 못하고 심지어 저들의 위협을 받아 잡혀감으로써 나라를 욕되게 하고 자신을 욕되게 하여 스스로 크나큰 죄를 자초했으니, 이것이 어찌 죽을

날이 장차 임박하여 하늘이 그 넋을 빼앗아서 그런 것이 아니겠습니까? 그렇다면 신은 비단 폐하의 죄인일 뿐 아니라 절개를 지키고 죽은 신 민영환의 죄인이기도 합니다. 신이 무슨 낯으로 다시 하늘과 땅 사이에 서겠습니까? 신은 죄가 무겁고 성의가 얕아, 살아서는 폐하의 뜻을 감동시켜 역신들을 제거하지 못하고 강제 조약을 파기하지 못한 만큼 죽음으로 나라에 보답하지 않을 수 없기 때문에 감히 폐하와 영결합니다.

신이 죽은 뒤에 진실로 분발하고 결단을 내려, 박제순(朴齊純)·이지용(李址鎔)·이근택(李根澤)·이완용(李完用)·권중현(權重顯) 오적을 대역부도(大逆不道)의 죄로 처형하시어 천지와 신인(神人)에게 사례해야 할 것입니다. 그리고 곧 각국의 공관과 교섭해서 허위 조약을 회수해 없앰으로써 국운(國運)을 회복한다면 신이 죽은 날이 태어난 날과 같을 것입니다. 만일 신의 말이 망령된 것이라고 생각된다면 신의 몸을 가지고 젓을 담가 역적들에게 나눠 주소서.

신은 정신이 어지러워 하고자 하는 말을 다하지 못합니다. 아픈 마음이 하늘까지 사무쳐 죽어도 눈을 감지 못할 것입니다. 폐하가 계신 곳을 바라보니 눈물이 샘처럼 솟구쳐 흐를 뿐입니다. 애통해 하시고 가련하게 생각해 주옵소서.

라고 하였다.

**나라 안 사민(士民)에게 결별을 고하는 유서에서 말하길**

병세가 죽음에 임하여 국내 사민에게 경고하노니, 오호라! 강한 이웃이

맹약을 어기고 척신이 매국하여 5백 년 종사의 종말이 가까웠고, 2천 만 생령이 장차 노예가 되는지라. 차라리 죽어 버리지. 차마 오늘의 이 같은 치욕을 볼 수 있겠는가. 이는 진실로 지사(志士)가 피가 다하도록 울부짖을 때이다. 병세가 충분(忠憤)이 격동하는바 역량을 헤아리지 못하고 상소문을 들고 문지기를 부르며 궐문 밖에서 거적을 깔고 이미 옮겨진 국권을 떠받치고 거의 죽을 지경에 이른 생령을 구하려 하였으나 일이 마음먹은 대로 되지 않고 대세가 이미 갔으니 오직 한 번 죽음으로써 위로 국가에 보답하고 아래로 인민에 사례하노라. 그러나 여한이 있는 것은 국세가 회복되지 못하고 황상의 위엄이 행해지지 못하는 것이라. 우리 전국 동포(同胞)는 내가 죽은 것을 슬퍼하지 말고 각자 분발하여 나라를 도와서 우리 독립의 기초를 부식하고 회계지치(會稽之耶)²를 설욕하듯 한다면 병세는 비록 구천지하(九泉之下)에서나마 춤추며 기뻐할 것이리니 각기 힘쓰도록 하오.

라고 하였다.

각국 공사에게 편지로 알리면서 말하길

병세가 전번에 일본 특사[이토 히로부미]의 겁약사(劫約事)로 각국 공사 각하께 편지를 보낸 바 있으나 단 한 번도 모여서 처리하지 않았습니다. 근심과 울분을 참지 못하여 죽음으로써 나라에 보답하노니, 원컨대 제위(諸位)께서는 우방의 정의(情誼)를 유념하시고 약소한 나라를 불쌍히 여기시어

---

2  중국 고대 춘추시대 월왕 구천(越王 勾踐)이 오왕 부차(吳王 夫差)에게 패해서 성하지맹(城下之盟)을 맺은 치욕.

공동 협의하여 우리의 주권을 회복해 준다면 병세는 죽었어도 마땅히 결초
(結草)[3]하겠습니다. 현기증이 일어나고 기력이 다하여 이를 바를 모르겠소
이다.

라고 하였다.

부음(訃音)이 전해지자 황제는 구슬피 울며 충정(忠正)이란 시호를 내
리고 정려문도 내리도록 하였다.

〈후략〉

을사늑약이 한국 조야에 미친 충격은 매우 컸다. 이를 제일 먼저 알
린, 장지연의 '시일야방성대곡(是日也放聲大哭: 이날 소리 내어 크게 통곡
함)'은 이 중 압권이었다. 즉 장지연은 유근과 함께 일본 정부가 대한제
국 정부를 협박하여 강제로 맺은 조약의 참상을 없애 버릴 것을 우려하
여 조약 체결의 전말을 《황성신문》에 대서특필하였으며 이 소식은 삽
시간에 퍼졌다. 박은식 역시 이런 소식에 접하고 이 논설이 나오는 과

---

3  결초보은(結草報恩)의 줄인 말. 죽은 뒤에라도 은혜를 잊지 않고 갚음을 이른다. 중국 춘추
   시대에 진(晉)의 위무자(魏武子)의 아들 과(顆)가 아버지의 유언을 실행하지 않고 그 서모를
   개가시켜 순사(殉死)를 면하게 하였더니, 후에 위과(魏顆)가 전쟁에 나가 진(秦)의 두회(杜回)
   와 싸워 위태할 때, 그 서모의 아버지의 망혼이 적군의 앞길에 풀을 잡아 맺어 두회를 사로잡
   게 하였다 한다.

정을 소상하게 소개하는 한편 『한국통사』의 여타 부분에서 《대한매일신보》가 일본의 검열을 받지 않고 을사늑약의 부당성을 비판하는 글을 게재하였음을 서술하고 있다. 아울러 매국을 성토한 상소를 그대로 전하여 후인에게 열람할 수 있도록 하였다. 이는 기록을 남겨 후인들을 각성시키고자 한 노력이라 하겠다. 이 중 민영환을 비롯한 순국자의 사정을 전함으로써 저자의 필봉은 절정을 이루었다.

그런데 순국은 처변삼사(處變三事)[4] 중 조용히 자결하는 것을 택하는 것이다. 저자는 이 중 민영환의 상소와 유서를 먼저 소개하였다. 사실 순국의 차례로 따지면 홍만식(洪萬植)이 앞선다. 그러나 민영환이 고위 관직 자리에 있었다는 것도 고려했겠지만 민영환 자신이 국제 정세에 밝고 민권에 관심을 가졌다고 평가하는 저자로서는 당연히 제일 먼저 서술하고 싶었을 것이다. 무엇보다 국제적 시야와 만국 공법에 대한 깊은 이해 속에서 조약의 부당성을 신랄하게 지적하면서 조약 철회를 강력하게 주장하는 근대적 애국자의 모습을 민영환에게서 확인할

---

4 만고에 일찍이 없었던 큰 변고(萬古所無之大變)에 정당하게 처신할 수 있는 선비들의 세 가지 행동 방안. 유학자들은 나라가 망할 때면 처변삼사 중 하나를 선택해야 한다. 첫째, 은거하여 도맥을 계승하는 방안이다. 대표적으로 전우(田愚) 같은 인물이다. 그는 전라북도 계화도에 들어가 후학을 양성하며 유학을 잇고자 하였다. 중국의 경우, 절의를 지키며 수양산에 살다가 죽어간 백이와 숙제가 그런 인물이다. 둘째, 다른 지역으로 망명하여 도를 보전하는 방안이다. 셋째, 조용히 자결하는 방안이다. 을사늑약 당시 민영환을 비롯한 순국자가 그러하였고 이후 일제의 강제 병합 때에 매천 황현이 이러한 방식을 따랐다.
또한 이 세 가지 방안 중 어느 것도 맞는 선택이 아니라고 여겼을 때는 의병을 일으켜 적을 쓸어버리는 방안이 있다. 이러한 결정은 선비의 정상적인 선택은 아니었다. 그러나 국가가 존망의 기로에 서 있다든지 무도한 왕이 횡포를 부리고 있다고 판단되면, 선비들이 전쟁 일선에 나섰다. 임진왜란과 조선 말·대한제국기의 선비들이 주도한 의병항쟁 등이 대표적인 사례다.

수 있다.

　또한 박은식은 을사늑약 반대 운동을 주도하였던 조병세의 활동과 상소 내용을 상세하게 서술하고 있다. 이들을 통해 한때 국가의 녹을 받았던 인사들의 의기에 찬 모습을 확인할 수 있으며 국망 즈음에 이완용 등이 보여주었던 행태에서 절망을 느꼈던 우리 근대사에서 실낱같은 희망을 발견할 수 있다. 뿐만아니라 『한국통사』의 여타 부분에서 자료의 부족으로 김수민(金秀敏) 같은 평민 의병장을 간단하게 언급하는 데 그쳤지만, 저자는 이들을 통해 민중들의 순국 의지도 보여준다. 국가가 그들에게 아무런 혜택도 주지 않았지만 국망 앞에서 목숨을 내걸고 의롭게 죽어 간 민초들을 역사에 남기려고 했던 것이다.

## 第三十八章 侍從武官長閔泳煥原任議政大臣趙秉世參判洪萬植經筵官宋秉璿學部主事李相哲平壤徵上兵金奉學併自殺殉國

閔泳煥字文若, 號桂庭, 驪陽府院君維重之七世孫, 故輔國謙鎬之子, 明成皇后之從姪也, 以肺腑之親, 早歷華顯, 乙未以全權公使, 如俄京, 丁酉, 復以英德俄法義奧六國公使之任, 周察歐洲政治制度富强情形, 嘆曰是懋實之效也, 戊戌回國, 欲略倣歐制, 以興民權, 以鞏國基, 懇懇奏請, 而不獲施焉, 惟新置陸軍, 出於其謀畫也, 乙巳拜參政, 以反對日人之要求, 故卽遞, 移侍從武官長.

是年十月, 往龍仁, 緬葬前配金夫人, 歸京, 而日本之保護條約成矣, 痛哭嘔血, 遂偕趙秉世諸臣, 伏闕聯疏以爭之, 屢被嚴旨不退, 十一月一日朝, 暫回家, 招諸子使前, 撫長兒範植背曰, 何時見汝成長乎, 仍往校洞, 拜母夫人徐氏, 復趨闕, 是夕, 趙秉世被日兵押去, 泳煥代爲疏首, 苦籲不已, 自上有拘拿懲辦之命, 待罪蒙釋, 更移設疏廳, 判書閔泳奎·金宗漢·南廷哲諸人, 約明日再會而散.

泳煥移舘隣舍, 揮傍人出曰我要睡, 惟一傔在側, 昧爽謂傔曰, 出取盥水來, 傔出卽鎖戶, 抽刃自刺, 刃短不能深入, 更緊握, 自頸至腹, 亂刺不已, 血流滿房乃死, 傔聞哀苦聲, 破戶而入視, 刃尚在手, 勃勃如生, 卽十一月四日午前六時也, 時有大星隕于西, 有鵲百餘, 群集而噪, 裏尸還第, 觀者數千, 無不號哭失聲, 如哀親戚, 有遺書二片, 在衣襟中, 一, 訣告國民, 一, 函告各公使也.

訣告國民書曰, 嗚呼, 國耻民辱, 乃至於此, 我人民, 行將殄滅於生存競爭之中矣, 夫要生者必死, 期死者得生, 諸公豈不諒只, 泳煥決以一死, 仰報皇恩, 以謝我三千萬同胞兄弟, 泳煥死而不死, 期助諸君於九泉之下, 幸我同胞兄弟, 千萬倍加奮勵, 堅乃志氣, 勉其學問, 決心戮力, 復我自由獨立, 則死者當喜笑於冥冥之中矣, 嗚呼, 少勿失望, 訣告我大韓帝國二千萬同胞.

函告各公使書曰, 泳煥為國不善, 國勢民計, 乃至於此, 徒以一死, 報皇恩, 以謝我二千萬同胞, 死者已矣, 今我三千萬人民, 行當殄滅於生存競爭之中, 貴公使豈不諒日木之行為耶, 貴公使閣下, 幸以天下公議為重, 歸報貴政府人民, 以助我人民之自由獨立, 則死者當喜笑感荷於冥冥之中矣, 嗚呼閣下, 幸勿輕視我大韓, 誤解我人民之血心.

(중략)

趙秉世, 字稚顯, 號山齋, 故相文簡公觀彬之五世孫, 性樸直忠勁, 不修邊幅, 歷仕內外, 所在有績, 拜相以直見重, 甲午解職, 歸加平鄉第, 丙申袖箚陳時務十九條, 戊戌復拜相固辭, 庚子入對, 極言宵小干政之弊, 因謝病歸, 至是聞日人勒締保護條約, 大痛曰, 國亡矣, 吾以世臣, 殉之固當, 疾驅入都, 請對哭奏曰, 國非一人一家之私有, 故有大事, 雖人主不得獨斷, 我祖宗成憲, 必博議于時原任大臣·二品以上及在外儒臣, 方可決行, 今日使所請五條, 何等重大, 而一二臣僚, 不體聖意, 不遵國典, 擅自可否, 以國與敵乎, 其蔑法賣國之罪, 萬戮猶輕, 自主務大臣朴齊純以及各大臣之書可者, 亟正邦刑, 以謝公論, 即下詔勅, 繳消該案, 聲明于各國, 若未蒙俞允者, 臣審碎首天陛而死, 上謝以喉症不見, 不得已退出私邸, 遂率百官, 聯疏伏闕, 乃被日兵拘詰, 旣而回, 至表勳院, 謂諸人曰, 余此行, 固決意殉國, 而況受辱至此乎, 即草遺疏, 藏之衣帶中, 又有遺書之訣告國中士民及函告各國公使者, 遂仰藥而死.

其遺疏曰, 伏以臣老而不死, 目見國家危亡, 迫在呼吸, 輿疾入城, 以奏以箚, 屢回觸忤, 而迷不知止者, 冀或有一半分救拔得來矣, 不料事變無窮, 竟至被押於外兵, 重胎羞辱於國家, 而猶且頑忍苟延者, 庶幾望陛下之感回, 復此冒羞包恥, 署名百僚聯章之列, 臣固知論者加之以一層罪案也, 現今宗社之亡, 匪朝伊夕, 而陛下只與四五逆臣, 謀諏周旋, 雖欲不亡得乎, 臣既不得辦一死於天陛之下, 乃至為狡虜脅持以去, 辱國辱身, 自速大戾, 豈死期將至, 天奪其魄而然歟, 然則臣非徒為陛下之罪人, 亦為殉節臣閔泳煥之罪人矣, 臣以何顏, 復立覆載間乎, 臣罪深誠淺, 生無以感動天意, 逆臣不除, 而刧約未繳, 則不得不以一死報國, 故敢為陛下永訣, 臣死之後, 誠宜奮發乾斷, 齊純·址鎔·根澤·完用·重顯五賊, 論以大逆不道, 而殄滅之, 以謝天地神人, 旋即交涉各使, 繳滅偽約, 以復國命, 則臣雖死之日, 猶生之年, 如以臣言為妄, 即醢臣身, 以賜諸賊焉, 臣精神迷亂, 不能盡所欲言, 懷痛窮天, 死不瞑目, 瞻望宸極, 有淚徹泉而已, 伏惟聖明哀憐之.

訣告國中士民書曰, 秉世臨死, 警告國內人民, 嗚呼, 強鄰渝盟, 賊臣賣國, 五百年宗社, 危如綴旒, 二千萬生靈, 行將奴隸, 寧以國斃, 忍見今日如此羞辱乎, 此誠志士抹血飲泣之秋也, 秉世忠憤所激, 不揣力量, 封章叫閽, 席藁闕外, 將欲扶國權於已移, 救生靈於濱死, 而事不從心, 大勢已去, 惟以一死, 上報國家, 下謝人民, 然有餘恨者, 國勢未復, 主威未行也, 惟我全局同胞, 勿以我死為悲, 各自奮發, 益勉忠義, 左右邦家, 扶植我獨立基礎, 以雪會稽之恥, 則秉世雖九泉之下, 蹈舞悅豫矣, 其各勉之.

函告各公使曰, 秉世向以日使刦約事, 知照各館僉閣下, 而竟未得一次會辨, 憂憤撑中, 以死報國, 伏願僉尊, 垂念鄰誼, 矜側弱小, 共同協議, 以復我獨立之權, 則秉世死當結草矣, 神眩氣促, 不知所云, 訃聞, 上震悼, 賜謚忠正, 命旌閭.

(후략)

# 04

# 중국지사 반종례가 바다에 투신자살함

이때 중국 유학생 반종례(潘宗禮)가 있었으니 그의 자는 자인(子寅)이오 순천부(順天府) 통주인(通州人) 혹은 천진인(天律人)이라고 한다. 일본에서 유학을 하고 고국으로 돌아가던 길에 배가 인천항에 머물렀다. (그는) 일본인이 한국을 협박하여 보호조약을 체결하였다는 소식을 들으면서 한국인이 학대를 당하는 모습을 눈으로 직접 보고 눈물을 떨구며 흐느꼈다. 마침 같은 배에 타고 있던 상인이 민영환의 유서를 가지고 와서 반종례에게 보이자 훑어 보고 울면서 말하길 "충신이 다만 그죽음이 늦었다. 몸을 희생하여 나라를 구한다는 것은 모름지기 망하기전에 도모해야 하는 것이다. 대세가 이미 틀렸음에 피를 뿌린들 어찌 미치리오. 중·한의 순치(脣齒) 관계를 생각할 때 한국이 이미 망했다면 중국 또한 위태로운 것이다. 우리 국민이 아직도 그것을 깨닫지 못하고 있으니 사전에 피로써 그것을 경고하지 않으면 아니 되겠다" 하였다. 시무

14조(時務十四條)를 열거하고 친구에게 부탁하여 정부에 바치게 하고 마침내 바다에 뛰어들어 투신자살을 감행하였으니 나이 42세였다.

직예(直隷, 허베이) 총독 원세개(袁世凱)가 그 소식을 듣고 그를 의롭다 하고 즉시 진소하여 조정에 알리는 한편, 글을 지어 조위(弔慰)를 표하길 "우리의 아들은 이미 갔으니 동포여 어찌할 것인가. 제군들은 힘쓸 것이며 필부(匹夫, 원세개 자신을 가리킴 — 역해자)도 책임을 느끼겠다" 하였고, 또 애도하는 글[挽聯]을 증정하며 말하길 "가련하도다. 지사가 생을 가벼이 버리다니, 그것은 마침내 성난 파도가 되어 큰 바다를 흔들었도다. 원컨대 국민 단체를 묶어 함께 역경에 굴하지 않고 광란(狂瀾)을 만회할 지어다"라고 하였다. 이때 중국인이 인천항에서 나와 나[박은식]를 방문하고 이 사실을 술회했다. 나는 그 말을 듣고 탄식하며 말하길 "반군은 진실로 중국을 위해 순국했다고 할 것이나 우리나라 일로 말미암아 이러한 일이 있었으니 또한 혈족(血族)의 기류(氣類)를 느낀 데서 그러한 것이 아니었겠는가" 하고, 이에 뇌사(誄辭)[1]를 읊어 바다에 던지고 조위를 표하였다.

〈후략〉

을사순국 가운데 가장 이색적인 사건은 중국인 반종례가 자결한 사

---

1 죽은 사람의 살았을 때 공덕을 칭송하며 문상하는 말. 조문(弔文)을 가리킨다.

건이다. 박은식이 자세히 소개한 바대로, 반종례는 일본 유학을 마치고 돌아오다가 배가 인천항에 도착하였을 때 을사늑약 소식을 듣고 황해에 투신자살한 사람이다. 그의 이런 행위는 당시 저자에게 깊은 인상을 주었을 것이다. 그럼에도 저자가 반종례의 자결 사건을 자세히 다룬다거나 반종례의 시(詩) 전문을 소개하는 것은 함축하는 의미가 적지 않다.

우선 『한국통사』가 중국 상해 대동편역국에서 출간된다는 점에서 중국인 독자들과의 연대 의식 또는 동병상련의 감정으로 이 사건을 기술했을 것이다. 또한 저자는 반종례의 자결 이유를 소개하면서 나라가 망하기 전에 선비들이 나라를 지킬 방도를 구했어야 했음을 강조하고자 하였다.

그렇다면 여기서 왜 반종례는 자결을 택하였는가라는 의문이 남는다. 중국인에게 대한제국의 멸망은 단지 다른 나라의 멸망으로 인식된다는 점에서 이러한 의문은 꼬리를 물고 제기될 수 있다. 그 이유를 역사적 맥락 속에서 찾으려 한다면 당시 청국 내부의 사정에 주목할 필요가 있다.

결론적으로 먼저 말한다면, 반종례는 중국 인민에게 중국 역시 나라가 망할 수 있다는 경고를 보내고 싶었던 것이다. 당시 중국 인민은 러일전쟁에서 일본이 승승장구하는 형세를 매우 환호하면서 받아들였다. 비록 그들이 청일전쟁에서 일본에 패배하기는 하였지만 일본인과 같은 황인종 의식을 공유하는 데다가 러시아의 만주 침략에 대한 두려움이 있어서 그와 같이 환호했을 것이다. 이러한 분위기는 일반 민인에만 국한되지 않고 극히 일부를 제외하고는 중국의 대다수 식자층에게 퍼져 있었다. 중국의 혁명 지도자 손문(孫文) 역시 일본의 승리에 고무되었다.

그런 점에서 일본에 유학한 반종례 또한 이러한 분위기를 쉽게 받아들였을 것이다. 그러나 반종례는 일본이 을사늑약을 강제로 체결하여 대한제국의 주권을 유리하는 것을 보면서 중국인 특유의 위기의식을 느꼈을 것이다. 즉 일본의 침략이 한반도에 국한되지 않고 만주, 나아가 중원까지 미칠 것임을 우려하면서 중국 인민에게 경고하고자 하여 스스로 목숨을 끊은 것이다. 그렇다면 반종례의 행위는 환호 속에서 경종을 울리는 애국 행위라 하겠다. 나아가 그의 이러한 행위는 저자에게도 많은 영향을 미쳐 『한국통사』에 상세하게 실리게 된 것으로 보인다.

반면에 저자는 을사늑약 직후 자결을 선택한 일본인 평화주의자 니시자카 유타카(西坂豐)를 언급하지 않았다. 분명 저자는 니시자카의 죽음을 알고 있었음에도 그가 아무래도 침략의 주체가 일본인인 데다가 정보가 부족하여 이를 서술하지 않은 것으로 보인다. 반면에 황현은 『매천야록』에서 다음과 같이 서술하고 있다.

일본인 니시자카 유타카(西坂豐)가 자결하였다. 그는 일본의 유사(儒士)로, 평화를 주장하여 우리 동양을 돌아다니면서 세상 사람들에게 평화를 권고하고 한, 청, 일의 순치 관계(脣齒關係)를 더욱 강조하였다. 그리고 그는 또 우리 서울에 온 지 조금 오랜 세월이 지났는데, 이토 히로부미(伊藤博文)와 하세가와 요시미치(長谷川好道) 등의 전횡을 보고 누차 간하였다. 그러나 그들이 듣지 않자, 그는 죽음으로써 자신의 뜻을 밝히기 위해 다락에서 떨어졌으나 죽지 않았다. 그는 많은 군중 앞에서 연설을 한 후에 결국 자결하였다.

이처럼 동병상련의 중국인은 물론 침략국인 일본의 선각자들도 을사늑약의 부당성을 비판하면서 동아시아의 평화를 지키기 위해 과감히 죽음을 선택하였던 것이다. 오늘날 세계화 시대 속에서 민족 사이의 갈등을 넘어 화해와 평화를 추진하는 모습을 이처럼 과거 동아시아사에서 찾아볼 수 있다.

## 第三十九章 中國志士潘宗禮蹈海

時, 有中國學生潘宗禮, 字子寅, 順天府通州人, 或曰天津人, 遊學日本回國, 舟次仁川港, 聞日人脅韓締保護約, 且覩韓人被虐之狀, 涕泣哽咽, 適有同舟商人, 將閔泳煥遺書示之, 宗禮覽而泣曰, 忠臣但其死也晚, 捨身救國, 須及於未亡而圖之, 大勢已去, 濺血何及, 因念中韓脣齒也, 韓之旣亡, 中亦危矣, 而國民猶懵無覺焉, 非以血警之不可, 乃列十四條時務, 托其友, 獻政府, 遂蹈海而死, 年四十二歲.

直隸總督袁世凱, 聞而義之, 卽陳疏具聞于朝, 且爲文以吊曰, 吾子已矣, 同胞奈何, 諸君勉之, 匹夫有責, 又贈挽聯曰, 可憐志士輕生竟化怒濤撼大海, 願結國民團體共爲砥柱挽狂瀾.

於時有華人, 來自仁港, 訪余述此事, 余聞而嘆曰, 潘君固殉乎中國者, 然因吾國事而有此, 亦非血族之氣類相感而然歟, 乃賦誄投水以吊之.

(후략)

# 헤이그 만국평화회의에 특사 파견

　오호라! 우세한 자가 이기고 열세한 자가 패배함은 하늘이 정한 것이요, 약육강식(弱肉強食)은 일반적인 법칙이며 평화의 속내는 경쟁을 뜻하는 것이며 보호의 실상(實相)은 병탄(倂呑)이다. 만약 종이 위의 글들이나 구두선(口頭禪)을 진실이라고 믿는다면 그 오류가 크고 그 실패가 심할 것이다. 헤이그에서 개최된 만국평화회의가 그 명칭과 같이 무기를 소멸시켜 옥백(玉帛)으로 만들며, 쟁투를 종식시켜 읍양(揖讓)[1]으로 만들며 강권의 횡포를 견제하여 약자의 원통하고 억울한 일을 풀어주며 지구상에 화기(和氣)를 불어넣어 주고 중생을 행복과 즐거움으로 충만시켜 줄 수 있다면 어찌 인도의 기치와 공리(公理)의 표준이 되지 않겠는가. 그러나 이 회의를 제창하고 주도권을 잡은 사람은 누구이

---

1　겸손한 태도를 가짐.

며, 이 회의에 참석해서 다짐 글을 낭독한 자는 누구이냐. 모두가 욕심을 부리고 호시탐탐 날로 약소국을 침략하고 병탄하여 잔약한 종족을 박멸하는 것이 마땅히 행할 의무로서 버려둘 수 없는 것이라 생각하니, 어찌 평화주의로서 약소국을 구휼하고 횡포를 억제하여 멸망하는 것을 부흥시켜 주며 절단하는 것을 계승시켜 공법(公法)을 밝혀 주고 정도(正道)를 유지시켜 주리오. 특히 강대한 나라는 거짓으로 이것을 소리 높여 천하를 호령하고 더욱 자신들의 권력을 확장하려 할 뿐이었다. 오호라! 병이 심하여 거의 죽을 지경에 이른 사람이 하늘에 외치며 살려 달라고 하는 것은 아픔이 심하여 부득이 나오는 소리인데, 어찌 그 정황을 보고 쓸데없다고 나무랄 수 있겠는가. 그러나 한국이 평화회의 밀사 문제로 일본인에게 구실을 주게 되어 오히려 화를 촉진하게 되었으니, 저들이 내세운 이른바 평화란 명칭이 심히 우리나라를 그릇되게 하였던 것이다.

1907년 6월 5일, 네덜란드 수도 헤이그에서 만국평화회의를 개최하니 각국 위원으로 참석한 자가 47인이었다. 네덜란드 외상이 정성스럽게 축사를 하고 미국 대통령 루스벨트[羅斯福, Theodore Roosevelt]가 세계평화주의에 관해서 연설하고 찬송하는 말을 보냈으며, 각국 위원들은 의안을 제출하여 공의에 부쳤다. 이때에 한국 밀사가 돌연히 나타났으니, 전 의정부 참찬 이상설(李相卨)과 평리원 검사 이준(李儁), 러시아 주재 공사관 서기관 이위종(李瑋鍾) 등 3인이었다.

이상설은 유학계의 준걸로 한학에 박식하고 서양 글도 잘했으며 재주와 덕망이 당대에 뛰어났고 의정부 참찬으로서 을사보호조약에 극력 반대한 까닭으로 벼슬자리에서 물러나게 되었다. 이준은 사람됨이 힘차고 굳세고 모험심이 풍부하였으며 실패를 거듭해도 꺾이지 않는 기개가 뛰어나 사회로부터 높이 받들어지고 귀하게 여겨졌다. 일찍이 평리원(平理院) 검사로 재직할 때 법을 다투다가 상관과 충돌하여 파직되었으며, 이위종은 주 러시아 공사관 이범진(李範晉)의 아들로서 유럽 각국어에 정통하였다.

먼저 이상설과 이준이 (황제의) 밀칙을 받고 4월 20일 서울을 출발하여 함경도를 거쳐 블라디보스토크(海蔘威)에 가서 시베리아 열차를 타고 러시아 수도 페테르부르크(彼得堡)에 도착하였으며, 그곳에서 이위종을 만나 동행하여 헤이그에 이르렀다. 당시 러시아 위원 넬리도프[鼐利圖厚, A. I. Nelidov] 백작이 평화회의 의장이었는데, 세 사람이 방문하자 (이미) 러시아 정부로부터 한국의 밀사에 관해 훈령한 전보를 방금 받아 보았던 터라 만나볼 수 있었다. 그러나 회의 참가 여부는 의장의 권한이 아니라고 하자 이상설 등은 드디어 영국·미국·프랑스 등 각국의 위원을 두루 방문하며 회의 참석을 간절하게 요청하였다. 또한 네덜란드 정부에도 설명하기를 을사조약은 한국 황제의 비준 윤허가 없었으니 일본이 한국의 외교권을 탈취할 이유가 없는 것이며, 이러한 까닭으로 해서 한국 황제가 사절을 특파하여 참석하게 된 것이라 하였다.

이상설 등은 또한 영국의 저명한 신문 기자 스테드[於伊利透馬斯, William T. Stead] 등을 방문하고 동정을 얻었다. 각국 신문단이 연합해서 국제협회를 열자 이위종이 등단하여 연설하면서 일본인의 강압과 박해 상황을 들어 수시간 동안 통렬히 논박하였으며, 피눈물이 종횡으로 흘러 청중이 비통하게 여기지 않음이 없었다.

7월 5일 이상설 등이 평화회의장에 나아가 고하는 글을 전하니, 그 내용의 개략은 다음과 같다.

우리들은 삼가 우리 황제의 명을 받고 귀 총통과 대표께 눈물로 고한다. 전에 우리 한국이 1848년(1897년의 오기 — 역해자)에 자주독립하여 귀 각국이 공인하고 더불어 수호(修好)하여 왔다.[2] 그런데 1905년 11월 17일 이후 일본인이 무력으로 우리 한국을 압박하여 각국과의 국제 교섭 권리를 강탈하였다. 이제 일본인이 한국에 대하여 파괴한 일체의 법률·정권 등의 사항을 특별히 세 조목으로 열거하여 삼가 바치노니, ① 일체의 정사를 한국 황제의 승낙을 기다리지 아니하고 마음대로 시행했으며, ② 일본인이 육·해군의 세력을 믿고 한국을 압박하였으며, ③ 일본인이 한국의 일체 법률과 풍속을 파괴한 것 등이다. 귀 총통은 널리 통하는 도리에 의거하여 처단하여, 일본인이 공법을 위배했음을 보여주시오. 한국은 이미 자주적 위치에 있는데 어찌해서 일본인으로 하여금 우리의 국제 교섭에 간섭하게 하고, 폐국 황제의 명을 받고 온 전권사절을 이 회의에 참석치 못하게 하는가. 바라건대 귀 총통은 특별히 약소국을 지탱하고 위급함을 구제하는 데 도움을 베풀어 우리 사절로 하여금 만국평화회의에 참석케 하여 일체의 고소[申訴]를 받아들여 주면 매우 다행이겠소.

---

2 김도형 교수의 번역본에 따르면, 박은식이 1897년 대한제국의 성립에서 독립 제국의 의미를 찾고 있다는 점에서 1848년은 1897년의 오기로 추정된다.

각국 위원들이 이와 같이 고하는 말을 듣고 그 고충은 알았으나 처리할 방도가 없어서 서로 바라보고 말이 없다가 마침내 물리쳤다. 이준은 북받치는 울분을 참지 못하고 갑작스럽게 사망했고, 이상설과 이위종은 미국으로 건너갔다.

❀

헤이그 특사 사건은 1906년 4월 만국평화회의를 주창한 러시아의 니콜라이 2세(Nikolay II)가 1906년 4월 고종에게 극비리에 제2회 만국평화회의의 초청장을 보내온 것이 계기가 되었다. 고종은 일본의 침략과 을사늑약의 무효를 국제적으로 알리기 위해 그해 8월에 개최할 예정이던 이 회의에 특사를 밀파하고자 하였으나, 일부 열강의 불참으로 회의가 무산되었다. 이어 이듬해인 1907년 6월에 회의가 열리게 되자, 다시 특사 파견이 추진되었다. 비록 특사들의 활동이 일본의 방해 책동으로 인해 좌절되었지만, 대한제국 정부의 국권 수호 의지를 각국 기자들에게 잘 보여주는 사건이었다. 그리고 이러한 소식은 당시 《대한매일신보》 1907년 7월 21일 자에 실려 국내의 많은 민인들에게 실낱같은 희망을 던져주었다. 저자가 이 사건의 중요성을 인식하고 사건의 내막을 상세하게 서술하였음은 이 때문이었다.

그런데 박은식은 여기에서 다른 대목과 달리 그의 역사관과 국제 인식을 먼저 피력하고 있다. 즉 그는 사회진화론에 입각하여 헤이그 특사 사건을 둘러싼 국제사회의 냉엄한 질서와 열강의 이기주의를 날카롭게 지적하고 있다. 이는 그가 국제 정세를 냉정하게 볼 수 있는 시야에 도달하였음을 보여준다. 그리하여 그는 만국평화회의 자체를 제국주의 국가들 간의 흥정과 타협의 산물로 바라보며 우리가 평화라는 말에 현혹되어 특사를 파견했음을 지적하고 있다. 저자는 이러한 생각을 이미 1911년에 저술한 『몽배금태조(夢拜金太祖)』에서 다음과 같이 설파하고 있다.

> 이른바 평화재판이 국제법에 따른 담판이라고 하는 것은 강권을 가진 자와 이긴 자의 이용물에 지나지 않는 것이고 약한 자와 열등한 자는 그 고통을 호소하고 억울한 것을 하소연할 데도 없는 실정입니다.

그의 이러한 인식은 구미 열강과의 조약 체결을 언급하는 다른 대목에서도 잘 드러난다. 즉 그는 이른바 조약문이 "모두 종이 위에 글자를 다듬어 놓은 데 지나지 않은" 것으로 이해하고 있다. 결국 저자의 말대로 "자강·자립의 실력이 없이 허망하게 외국인의 달콤한 말만을 믿고 스스로 안심하는 것은 망국을 더욱 재촉할 따름"이라고 단정 지었다.

한편, 저자는 국제관계의 이러한 속성을 냉철하게 인식하면서도 이상적인 국제관계를 대동세계의 연장선에서 희구하였다. 그러면 그가 꿈꾸었던 대동세계는 무엇인가. 이는 양명학의 양지(良志) 혹은 만물일체의 인(仁)을 개인적 혹은 사회적으로 실천하는 것으로 공자가 추구했던 '천하위공(天下爲公)의 대동사회'였다. 이 점에서 그의 독립운동은 기본적으로 개개인의 천부적 도덕성, 즉 유교의 인의도덕을 사회, 민족,

국가, 인류 차원에서 구현하려는 도덕 실천운동이라고 볼 수 있다. 그가 현실의 냉혹함에 절망하지 않고 독립을 꿈꿀 수 있었던 이유가 바로 여기에 있다. 이 점에서 그는 헤이그 특사 사건을 통해 제국주의의 본질을 정확하게 인식할 수 있었을 뿐더러 이를 극복할 수 있는 희망의 실마리를 발견할 수 있었다.

참고로 당시 이상설 등이 접촉했던 신문 기자 스테드는 실제로는 영국 출신의 기자로서 을사늑약의 무효성을 국제사회에 알릴 수 있었던 계기를 제공한 것으로 보인다. 스테드가 편집인을 맡고 있었던 《평화회의보(Courrier de la Conférence)》의 1907년 6월 30일 자에 한국 대표단의 성명이 실렸기 때문이다.

## 第四十六章 海牙平和會之密使

嗚呼, 優勝劣敗, 爲天演, 強食弱肉爲公例, 平和之內容, 爲競爭, 保護之實相, 爲吞幷, 若以紙上之文, 口頭之禪, 認以爲眞, 則其謬尤大, 其敗尤甚, 若海牙府之萬國平和會, 苟如其名詞也, 可以消兵戈爲玉帛, 可以息爭鬪爲揖讓, 可以制強權之橫暴, 伸弱者之冤抑, 可以措寰球於和氣, 度衆生於福樂, 豈不爲人道之旗幟, 公理之標準也哉, 然倡是盟, 而執牛耳者何人, 預其席而讀載書者何人, 皆鷹瞵虎視, 狙詐狼貪, 日以侵吞弱國, 撲滅屠種, 爲當行義務之不可放棄者, 烏有所謂平和主義之恤小制暴, 興滅繼絶, 以昭公法, 以維正道者乎, 特強者大者, 假此爲聲, 號召天下, 益張其權力焉已耳, 嗚呼, 病劇濱死之人, 籲天呼救, 出於痛苦迫切之不得已, 原其情, 豈可以無效尤之, 然韓國以平和會之密使問題, 反予日人以口實, 愈促奇禍, 彼所謂平和之名詞, 誤我甚矣, 西曆一千九百七年六月五日, 和蘭海牙府, 開萬國平和會, 各國委員之至者四十七人, 和蘭外部大臣, 陳拜祝之忱, 美國大統領羅斯福, 演世界平和主義, 致讚頌之詞, 各國委員, 均提出議案, 付之公斷, 而時有韓國密使之突現, 即前議政府參贊李相卨 · 平理院檢事李儁 · 駐俄公使書記官李瑋鍾三人也.

李相卨儒界儁也, 博於漢學, 兼通西文, 才望冠一時, 以議政府參贊, 當乙巳保護締約, 以極力反對, 故而遞職, 李儁爲人強勁, 富於冒險, 有百折不撓之氣, 甚得社會之推重, 嘗以平理院檢事執法, 忤上官見罷, 李瑋鍾駐俄公使李範晉之子, 精通歐洲各國語者也.

先是李相卨 · 李儁受密勅, 以四月二十日, 發京城, 由咸鏡道經海蔘威, 乘西伯利亞火車, 抵俄京彼得堡, 見李瑋鍾, 因與之同行, 至海牙府, 時俄國委員鼐利圖厚伯爵, 爲平和會議長, 三人訪之, 而俄國政府, 方以韓國密使事, 有訓電, 故得以接見, 然該會之認受與否, 非議長權限所及, 相卨等, 遂歷訪英米佛各國委員, 懇求參會, 且對和蘭政府說明, 乙巳條約, 無韓皇允準, 則日本無奪取韓國外交之理, 由是以韓皇, 特派使節來也.

相卨等, 又訪俄國著名新聞記者於伊利及透馬斯等, 得其同情, 聯合各國新聞團, 開國際協會, 李瑋鍾登壇演說, 擧日人強壓迫害事狀, 痛論數時, 血淚縱橫, 聽者莫不悲之.

七月五日, 相卨等, 詣平和會, 呈控詞, 其槪曰, 吾等祗承皇命, 泣告於貴總統代表, 向者我韓以千八百四十八年自主獨立, 而貴各國公認, 與之修好, 乃千九百五年十一月十七日以後, 日人以兵威, 逼我韓國, 強奪各國國際交涉之權利, 今將日人對我韓國破壞一切法律政權等事, 特列三條 謹呈, (一) 一切政事, 不待韓皇承諾, 擅恣施行, (二) 日人伏陸海軍勢力, 壓迫韓國, (三) 日人破壞韓國一切法律風俗, 貴總統, 據公理處斷, 可見日人之違背公法, 韓國旣處自主之位, 奈何使日人干預我國際交涉, 致令弊國皇命之全權使節, 不得參列於斯會乎, 望貴總統, 特施扶弱濟危之助力, 使弊使等, 參列於萬國平和會, 容收一切申訴, 幸甚幸甚.

各國委員等, 見此控辭, 縱諒其苦衷, 而末有以處之, 相視無言, 終乃却之, 李儁憤劇頓死, 相卨·瑋鍾走之美國.

# 06

# 군대해산과 참령 박승환의 순국

　이미 일본인은 경비를 절약하고 병제를 쇄신한다고 하면서 군인 수를 줄였다. 이때에 와서 황위 폐립 등으로 인하여 한국 군인의 형세가 자못 불온함에 이토는 그것이 환란이 될까 염려하고 이에 군대를 모두 해산할 것을 도모했다. 당시 서울에 주둔하고 있는 군인 수는 참장(參將) 이하 장교 336명, 사졸이 9,640여 명이었고, 지방 진위대(鎭衛隊) 장졸이 4,270여 명이었다. 이토는 이완용을 불러 몰래 의논하여 이를 결정하였다. 7월 30일 하세가와(長谷川, 주차관사령관)와 이병무(李秉武, 군부대신) 등이 창덕궁에 들어가 황제를 협박하여 군대해산 조칙을 내리게 하였다. 그 내용은 다음과 같다.

　짐은 나랏일의 어려움이 많은 때를 당하여 필요 없는 경비를 절약하여, 이용후생의 산업에 응용하려 하노라. 현재 우리 군대는 용병으로써 조직된 것이니, 이제부터 군대를 쇄신하여 사관을 양성한 후에 징병령을 발할 것이다. 짐은 황실 시위에 필요한 자만을 골라 두고, 나머지 병력은 일시에 해산하노라. 짐은 그대 장졸들의 노고를 생각하여 은사금을 내리노니 그대들은 각자 생업에 돌아가라.

그러나 이 조칙은 극비에 붙이고 선포하지 않았다. 이병무는 사변이 발생할 것을 두려워하여 이완용의 명의로 이토에게 조회(照會)를 보내 사전에 진압의 계책을 미리 마련해 주도록 하였다.

먼저 각 군이 보유하고 있는 탄환을 수거하였다. 여단사령부에서 각 군에 비밀리에 훈령하여 위관·사졸에게 훈칙하기를 "긴급한 전시에 무장할 탄환을 더 많이 발급하기 위해 (탄환이) 나가 있는 것을 방지하려는 것이라" 운운하였다. 대장 이하 각 장졸들은 자못 형세가 용감하게 뛸 듯하였으며 하루라도 충성을 다하고 싶다는 소원이 있었다. 드디어 여단사령부로부터 무장을 해제하고 탄환을 회수하라는 훈시가 갑자기 내려왔다. 또한 군부와 시종무관부에서 황칙(皇勅)을 잇달아 전하면서 탄환을 회수할 것을 촉구하니, 각 대장 등은 두려워하여 감히 반포하지 못하였다. 이에 위관들을 모아 논의하고 우선 하사관에게 말한 다음 병졸에게 말하였다. 이에 사졸들은 분노해서 일제히 큰 소리로 외치며 말하길, "탄환은 군인의 생명인데 빼앗아 가려 함은 무슨 까닭인가. 죽어도 맹세코 따를 수 없다" 하였다. 각 대대장들이 온갖 효유를 하였으나 (군인들은) 펄펄 외치며 대성통곡하여 질서가 몹시 어지러워졌으며 총을 들고 대장의 위졸에게 발사하려는 지경에까지 이르렀다. 이렇게 되자 각 대장들은 마침내 그 명령을 잠시 중지시켜 그들의 마음을 안정시키게끔 하였다.

이때에 궁중은 큰 협박을 받아 잠시도 늦출 수 없다 하면서 시종무관장 이종건(李鍾健)·배종무관장(陪從武官長) 조동윤(趙東潤)을 특파하여 칙명을 전하길 간곡하게 하였다. 또한 효유하기를 "무장을 해제하고 탄환을 회수함은 결단코 다른 뜻이 있는 것은 아니다"라고 하였다. 각 부대에 황제의 이름으로 친히 보낸 전보[親電]에서 "그대들은 과연 충국애국의 마음이 있으나 속히 짐의 뜻을 준수하여 큰 화를 면하도록 하라" 운운하였다. 10여 일이 지나 이 일은 비로소 진행되었는데, 시위대(侍衛隊) 제1연대 제3대대의 병졸이 분개함을 참지 못하여 무기를 휴대하고 탈영하는 자가 있어 도성 안은 진동하였다. 시위대 제1연대 제2대대장 이기표(李基豹)가 명령을 준수하지 않으므로 바로 육군법원에 체포·구속되었다. 이전에 각 병영마다 모두 일본인 사관·교관이 군사감독을 하였던 까닭에 한국군의 일거일동을 정탐하여 알지 못하는 것이 없었다.

이에 이토와 하세가와는 해산 방법을 의논하여 결정하였다. 제1차로 서울에 주둔한 시위대 보병 5개 대대와 기병·포병을 해산하고, 제2차로 지방 진위대 8개 대대를 해산하고, 제3차로 헌병대·여단 사령부·연성학교(研成學校)를 순차적으로 해산시키기로 하였다. 그렇게 되면 잔여 병력은 군부와 위생원(衛生院) 등 모두 시위보병 1개 대대 병력뿐이었다.

8월 1일 이토는 일본 교관에게 명하여 상오 10시에 한국군을 훈련원에 집합시키도록 하고 진영이 텅 빈 틈을 이용하여 바로 일본군으로 채워 두며, 무기·탄약과 각 군수품 저장창고도 모두 일본 보초병에 명하여 점령토록 하였다.

이날 새벽에 큰 비가 쏟아져서 군부에서 전령기병을 파견하여 각 부대장을 급히 소집시켜 대관정(大觀亭) 일본군 사령부에 모이도록 하였다. 각 부대장은 놀라며 괴상한 생각을 품었으나 일본 교관이 기병을 인솔하고 와서 독촉하는지라 상오 8시에 여단장 양성환(梁性煥)과 시위연대장·시위 각 대대장·각 부대 단장이 모두 일본군 사령관 하세가와 관저에 모이었는데, 이병무가 한국군의 해산 조칙을 낭독하였다. 이어 말하길 상오 10시에 훈련원에서 해산식을 거행하겠다 하니, 양성환은 크게 놀라 얼굴빛이 하얗게 질려 비분함을 참지 못하였으나 일본군 감시하에 있어 조금이라도 항의하면 화가 닥쳐올 것을 알고 부득이 병영에 돌아왔다. 얼굴색이 흙빛 같은 모습이 되어 각 부대에게 말하기를 "오늘 훈련원에서 맨손체조를 실시하며 또한 내외장관의 연설이 있다"라고 운운하였다.

이에 군부 협판 한진창(韓鎭昌) 및 부원과 일본 무관 등이 훈련원에 모이니 일본 보병·기병·공병 등이 네 줄로 포위하였다. 상오 11시에 이르러 각 부대 한국병이 진영을 나와 훈련원에 나왔으나 모두 맨손으로 이르렀다. 이에 빠른 말을 달려 사방으로 달리며 재촉하였으나 유독 시위연대 2대대는 오지 않았다. 이날 하늘은 찌푸렸고 가는 비가 보슬보슬 내렸다.

오호라! 훈련원이란 우리나라 5백 년 동안 무술을 연마하던 곳이며 현재 또한 다년간 뛰면서 무예를 습득하던 장소인데 오늘에 와서 갑자기 끝장이 나게 됨에 슬프지 아니한가. 일본 무관은 2대대의 도착을 기다리지 아니하고 마침내 해산명령을 내리고 차고 있는 칼을 거두고 견장을 떼어 내었다. 한국 각 부대장은 그 부하 병졸에 대하여 훈화하길 "근로를 생각해서 상으로 은사금을 내려주겠다" 하고 하사관에 80원, 1년 이상 근무한 병사에 50원, 1년 미만 근무한 자에 25원을 반급하였으며 이어서 자유해산을 명하였다. 이때 일본인은 일본군의 위세를 보이려 군대를 배치했고, 대포를 배열하고 감시를 하니 한국군은 끓는 피와 분노가 치솟아서 눈물을 뿌리며 방성대곡하였으며 은사금 명목으로 받은 종이돈을 찢어 땅에 던지었다. 그들이 돌아감에 길가에 서 있던 사람들이 분하여 꾸짖되 "너희들은 군인의 몸으로 한갓 국록으로 배만 채우고 한 푼어치의 보답도 없이 몇 조각의 종이돈에 팔려 달게 왜놈의 노예가 되려느냐" 하였다. 병졸들은 더욱 분통해 하며 지방에 달려가서 의병에 가담한 자가 많았다.

시위대 제1연대 제1대대장 박승환(朴昇煥)은 을미흉변(乙未凶變, 명성황후 시해사건 — 역해자) 이후 일찍이 원수를 갚겠다는 뜻을 품어 왔으나 일본의 압박이 날로 심하고 국가의 명맥도 점점 쇠약하여짐에 눈물을 흘리며 강개하여 한 번 죽음으로써 보답하려 하였다. 황위(皇位)가 폐치(廢置)되는 날, 궁중에서 거사하려 하였으나 화가 임금에게 미칠 것을 염려하여 그만두었다. 8월 1일 일본군 사령관 하세가와가 각 대장을 소집하였으나 그는 병을 칭하고 가지 아니하고 중대장을 대신 가도록 하였었다. 그러나 군대해산의 조칙을 듣고 울분을 참지 못하여 발광

하며 책상을 차고 의자를 부수며 큰 소리로 통탄(痛嘆)하고 품었던 뜻을 성취하지 못할 바에야 차라리 순의(殉義)하겠다 하고 드디어 단총을 잡고 자기 몸을 쏘아 죽으니 옆에 있던 시위 병졸들이 크게 놀라 비통하게 울부짖었다. 이때 일본 교관 구리하라(栗原)가 바야흐로 그 대대를 지휘함에 부대 장졸들은 이 소리를 듣고 서로 고하여 말하길 "대장은 죽었소. 대장은 죽었소" 하며 일시에 분기 격발하여 바로 탄약고를 파괴하여 탄환을 끄집어 내어 구리하라를 사살하려 하였다. 구리하라는 이에 놀라서 도망하였다. 제2연대 제1대대 또한 같은 소리로 향응하여 일본 교관은 급히 도주하여 간신히 살아났다. 이에 일본군 사령관이 호각을 불며 군대를 소집하여 수천 명이 집합하자 질풍같이 달려와서 포위·공격하자, 한국군도 병영 내 창틈에서 총을 쏘아 대위 가지하라(梶原)와 그의 병졸 1백여 명을 살해하였다. 일본인은 더욱 노하여 남대문 성벽을 의지하고 기관포를 발사·공격을 가했다. 도성 각지에 있는 일본인도 남녀를 가리지 않고 무기를 들고 와서 협조하였다. 일본군 소위 오타(太田)가 영내에 폭약을 투척하자 한국군은 드디어 진영을 뛰어나와 일본병과 접전을 벌이게 되었는데, 쌍방 간에 살상자가 발생했다. 한국군은 탄환이 떨어지자 패하여 도주하게 되었고, 일본병은 마침내 병영을 탈취·점령하였으며 수색하고 난사하여 위관급이 다수 참사했다. 한국군 사망자는 1백여 명이었고, 부상자가 1백여 명, 나포된 자가 5백 16명이었다. 부모·처자들은 울부짖어 하늘을 진동시켰으며, 선혈이 가득하여 더욱 비참함을 금치 못했다.

서울에 있던 각 부대가 해산되자 계속해서 지방에 있는 8개 진위대의 해산을 단행하였다. 전화로 한국인 부대장과 일본군 교관 등을 불러 서울에 모이라고 명령을 내린 후 일본병 8개 대대를 파견하여 각기 (진위대를) 대리토록 하였는데, 이로 인해서 원주와 강화에서 소란한 충돌이 야기되었다.

원주 진위대는 황제 폐립 사건과 군대해산을 단행하자 크게 울분을 가졌다. 8월 6일 아침에 많은 사람을 모아 일제히 거의(擧義)하자 그곳에 거류하던 일본인은 황급히 도망하였다. 한국군은 우편국을 습격하여 일본인 1명을 살해하고 일본인의 감옥을 파괴하는 한편, 일본군 경찰대에 나아가 두 시간 접전을 벌여 쌍방이 살상자를 내었으며 일본군은 충주로 달아났다. 이때 일본교관 후루쇼(古莊)가 그 대장의 훈시를 가지고 서울에서 내려오다 변이 일어났다는 소식을 듣고 즉시 혼성 1개 부대를 이끌고 원주에 이르니, 한국군은 이에 춘천과 횡성을 향하여 퇴거하게 되었고 일본병은 병영을 점령했다.

강화 진위대병으로 자강회원이 된 자[이동휘 — 역해자]가 있었으니, 국변을 듣고 인민 5백여 명을 연합하여 일본 순사 주재소를 습격하여 일본 순사를 살해하고 군수 정경수(鄭景洙)를 살해하였는데, 그가 친일파 일진회원이었기 때문이다. 이때 일본군 대위 오쿠라(小倉)가 보병 2개 부대를 인솔하고 월곶(月串) 부근에 이르러 상륙하자, 한국군이 해안에 웅거하며 사격전을 전개하여 일본군 5명을 죽이고 5명을 부상시켰으나 마침내 중과부적이라 퇴각하였다. 다음 날 또한 미국 교회당 앞에서 전투를 전개하였으나 일본병의 1개 부대가 증원되어 한국군을 공격하니 마침내 패하여 흩어졌다.

그동안 군대해산은 을사늑약과 일제의 고종 황제 강제 퇴위에 묻혀 별로 주목을 받지 못하였다. 언급한다고 하더라도 1907년 의병 투쟁에 군인들이 참여하기 시작하였음을 설명하기 위해 군대해산을 간단하게 소개할 뿐이었다.

그러나 군대해산 사건은 당시 언론계나 국민들에게 대단히 중요한 사건으로 주목받았다. 《대한매일신보》 8월 2일 자는 한국군과 일본군 사이에 수십 명에 이르는 사상자를 낸 서소문과 정동 일대의 전투의 처참상을 다음과 같이 보도했다.

한국 내에서 우리 한인의 살육당함은 일본 정책에 기인한 것으로 논책함이 옳도다. 서소문에 있는 병영에서 무장해제 칙령을 들은 박승환 대장이 곧 자살한지라 그날 상오 8시 반에 소요가 시작되어 거의 정오에 이르도록 계속되었다.…… 격심한 전투가 끝난 후에 병영 내가 시체로 즐비하였으며 은밀한 구석에도 시체와 무기가 흩어져 있었으니 추측건대 무기가 다하도록 싸우다가 일본 기관포의 잔인한 발포에 혼비백산하여 숨을 곳을 찾다가 일인의 탄환과 총칼에 죽음을 당하니 땅위 피 냇가를 이룬 것이라.

이러한 보도는 당시 언론계에 종사하였던 박은식에게도 충격이었을 것이다. 그래서 그는 일찍부터 이에 관한 자료를 수집하였을 것이고 이 전투에서 죽어 간 구한국 군인과 부상 군인, 체포된 군인들의 현황을 파악하여 이렇게 기술하였다. 한국군 사망자는 1백여 인이었고, 부상자가 1백 여 인, 나포된 자가 516명이었으니 그 규모가 매우 큼을 알 수 있었다.

그런데 저자는 여기서 박승환의 순국이라는 제목 아래 극적으로 상황을 서술하고 있다. 사실 대한제국 군대 해산은 이미 단행된 바 있었다. 1905년 4월 총 2만 명에 이르는 진위대 18개 대대가 8개 대대로 감축되었는데, 이때 감축된 군인의 수는 군대 해산령으로 해산된 군인 수보다 훨씬 많았다.

그럼에도 이 시기에는 한국군이 왜 저항하지 않았을까. 러일전쟁 와중이고 일본의 동양평화론이 한국의 많은 식자층은 물론 국가의 군대인 한국 군인들에게 영향을 미쳤을 것이다. 그러나 1907년 8월 군대해산령이 내린 때는 이미 일제가 헤이그 특사 사건을 트집 잡아 고종을 강제 퇴위시킨 직후라서 군인들마저도 흔들렸을 것이다. 여기에 박승환이라는 애국 군인의 순국은 한국 군인들의 반일 애국심을 불러일으켰을 것이다. 아울러 남상덕(南相惠, 1881~1907. 8. 2) 같은 이는 1881년 경상남도 의령(宜寧)에서 출생한 인물로 시위대 참위(侍衛隊參尉)로 있다가 1907년 정미조약(丁未條約: 한일신협약)으로 군대가 해산되자, 1,000여 명의 군사를 이끌고 남대문에서 일본군과 교전, 지휘관 가지하라(梶原) 등을 비롯한 300여 명을 사살하고 전사하였다.

그리하여 저자는 본문의 여타 부분에서 민긍호 의병 부대를 서술하면서 해산당한 군인들이 참가하여 불어난 의병들을 다음과 같이 높이 평가하고 있다.

우리 조상의 강했던 무력(武力)의 종자는 사회가 나쁜 일을 함으로 인하여 이렇게 열악하고 어리석게 되었으며, 이런 현상을 드러내고 이런 아픔과 고통을 받았으니 슬프도다. 오직 의병을 일으킨 형제들은 굳건한 자세로써 공업(共業)의 고질화된 습관에 빠지지 아니하고 의를 앞세워 자기 한 몸을 보살피지 아니하고 국민의 직분을 다하였으므로 가히 저 세상에 있는 우리 조상의 영혼을 볼 때 부끄러움이 없으니 이것[무력의 종자]이 가히 없어지겠는가.

그의 이러한 언급은 당시 유생들을 제외하고는 여타 식자층 내에서는 좀처럼 보기 힘든 언설이다. 나아가 그는 『한국독립운동지혈사』에서 의병은 '민군(民軍)'이오 우리 민족의 '국수(國粹)'라고 높이 평가하였다. 반면에 식자층 대부분은 의병운동을 비난하면서 오로지 교육운동과 식산흥업운동을 위주로 전개된 계몽운동에만 몰두하였다. 여기서 계몽운동에 중심을 두면서도 의병운동을 결코 배척하지 않고 심지어 나라의 정수(精粹)로 인식한 저자의 민족운동론을 발견할 수 있다.

한편 이러한 군인들의 의병 전쟁 합류는 전쟁의 성격을 완전히 바꿔 놓았다. 1907년에 이르러 의병들의 활동 지역은 한반도 전역으로 확산되었고, 간도, 연해주 지역에서도 의병 활동이 전개되었다. 그것은 해산 군인들의 참여로 무기와 전술, 군기, 군사훈련 등 전투 능력이 향상되었기 때문이다. 특히 강화 의병의 경우 문명계몽운동을 벌였던 대한자강회(大韓自強會) 회원들이 일제의 경제 침략에 맞서 강화도의 직물 산업을 지키기 위해 의병 대열에 가담함으로써 농민들과 애국적 식자층이 서로 힘을 모을 수 있는 계기가 되었다. 이런 일은 의병운동이 일제의 반발만을 초래한다고 비난하면서 가담을 주저했던 일반 식자층의 태도와 극명하게 대비되었다.

이후 일제의 무력 탄압에 밀려 이들 군인은 다시 국경을 넘어 만주로 가야 했다. 그리고 여기서 독립군의 근간을 만들어 갔다. 대표적으로 신흥무관학교(新興武官學校) 교관들을 들 수 있다. 이들은 대한제국 군대의 장교들로서 독립군 양성에 온몸을 다바쳐 훗날 봉오동 전투, 청산리 전투에서 독립군들이 승리하는 데 기여하였던 것이다.

## 第四十九章 軍隊解散參領朴勝煥殉國

先是日人稱以節省經費, 刷新兵制, 業行縮少軍額矣, 至是因皇位廢立, 而韓兵頗形不穩, 伊藤恐其爲患, 乃謀盡行解散, 時軍人之在京者, 參將以下三百三十六人, 士卒九千六百四十餘人, 地方鎭衛隊將卒四千二百七十餘人, 伊藤招完用等密議決定, 七月三十日, 長谷川及完用·秉武等, 入昌德宮, 脅帝下軍隊解散詔曰, (중략)

然此詔秘而不宜, 秉武恐生事變, 以完用名義, 照會伊藤, 預備鎭壓之策.

先是各軍彈丸之收也, 自旅團司令部, 秘訓各軍, 飭尉官士卒曰, 以緊急戰時武裝彈丸, 加數發給, 防止出番云, 隊長以下, 頗形踊躍, 有一日効忠之願矣, 乃自旅團部, 解武裝收彈丸之訓忽下, 又自軍部及侍從武官府, 連傳皇勅, 促收彈丸, 各隊長等, 懼不敢頒, 乃會議尉官, 先諭下士, 次諭兵卒, 於是士卒憤怒, 齊聲大呼曰, 彈丸軍人之生命, 而欲奪之何也, 誓死不從, 各大隊長, 曉諭萬端, 而狂呼大哭, 秩序甚亂, 至有擧鎗擬射隊長之衛卒者, 各隊長, 遂暫止其命, 以安其心, 此時宮中大被脅迫, 刻難暫緩, 特派侍從武官長李鍾健·陪從武官長趙東潤, 傳勅懇摯, 又諭以解裝收彈, 斷無他意, 至有皇帝親電各隊曰, 爾等果有忠愛之心, 速遵朕勅, 使免大禍云, 歷十餘日, 此事始行, 而侍衛第一聯隊第三大隊之兵, 不勝憤慨, 有携械脫營者, 城中震動, 侍衛第一聯隊第二大隊長李基豹, 以不遵命令, 卽拿入陸軍法院, 先是各營均有日本士官教官, 爲軍事監督, 故一擧一動, 無不偵知矣.

於是伊藤與長谷川, 議定解散方法, 第一次解散在京城之侍衛步兵五個大隊騎兵砲兵隊, 第二次解散地方鎭衛八個大隊, 第三次解散憲兵隊旅團司令部·研成學校, 其餘在留者, 軍部及衛生院等, 並侍衛步兵一個隊而已, 八月一日, 伊藤令日本教官, 以上午十時, 集合韓兵于訓鍊院, 乘其空營, 即以日兵填充, 而武器彈藥及糧秣各庫, 均令日本步哨領之.

是日曉, 大雨如注, 自軍部, 派傳令騎兵, 急召各隊長, 刻卽來會于大觀亭日軍司令部, 各隊長驚怪異常, 日本教官, 牽騎兵來促, 上午八時, 旅團長梁性煥及侍衛聯隊長侍衛各大隊長各部隊團長, 齊集于長谷川官邸, 秉武讀解散詔, 仍曰以上午十時, 赴訓鍊院, 舉行解散, 梁性煥大驚失色, 不勝悲忿, 而處日軍監視之中, 若稍抗之, 禍立至, 不得已回營, 面色如土, 謂各隊曰, 今日行徒手鍊習于訓鍊院, 又有內外將官之演說云.

於是, 軍部協辦韓鎭昌及部員與日本武官等, 會訓鍊院, 日本步騎工兵等, 四列環圍, 至上午十一時, 各隊韓兵出營赴院, 皆徒手而至, 于時飛騎四馳而促之, 獨侍衛聯隊之二大隊不來矣, 是日天陰微雨蕭蕭, 嗚呼, 訓鍊院者, 國家五百年講武之所, 現時軍人, 亦多年踊躍習藝之場, 遽從今日而別, 天其不吊乎, 日本武官, 不待二隊之至也, 遂將各隊解散, 命繳納佩劍, 脫肩章, 韓各隊長, 對其部下兵, 發訓, 稱以賞酬勤勞, 頒給恩金, 下士八十圓, 兵役一年以上者五十圓, 未滿一年者二十五圓, 仍命自由解散, 時日人盛設兵威, 排列大砲, 而監視之, 韓兵血忿自激, 或揮涕號泣, 或放聲大哭, 或扯恩賜紙幣而擲之地, 其歸也, 路傍人民, 皆忿罵之曰, 汝等身爲軍人, 徒飽國祿, 無一分報效, 而爲幾片紙所賣, 甘作人奴耶, 兵卒愈益忿痛, 多有走地方而爲義兵者.

侍衛第一聯第一大隊長朴勝煥, 自乙未凶變以後, 嘗懷報仇之志, 而日本之壓迫日甚, 國家之大命近止, 涕泣慷慨, 欲以一死報之, 當皇位廢置之日, 欲於宮中舉事, 恐禍及君上而止, 八月一日, 長谷川召集各隊長, 而稱疾不往, 使中隊長替行, 及聞解散軍隊詔, 忿劇若發狂, 蹴床打椅, 大聲痛歎, 慨宿志之未遂, 寧溘然而殉義, 遂引短鎗, 自射而斃, 在傍衛卒大驚, 發哀苦聲, 時日本教官栗原, 方指揮該隊, 隊中將卒, 猝聞此聲, 傳相告語曰, 隊長死矣隊長死矣, 一時忿氣激發, 直破彈藥庫, 取出藥丸, 欲射殺栗原, 栗原驚逃, 第二聯隊第一大隊, 亦同聲響應, 日本教官, 急逃得脫, 於是日本司令長官, 吹角呼軍聚數千, 馳若風雨, 環而攻之, 韓兵從營內窓隙發射, 殺大尉梶原及其卒百餘名, 日人益怒, 據南大門城壁, 發機關砲轟擊, 凡日人之在漢城各地者, 無論男女, 各持武器, 來助聲勢, 小尉太田, 將爆藥投營內, 韓兵遂離營突出, 與日兵接戰, 互有殺傷, 韓兵以彈盡潰走, 日兵遂奪營佔之, 因搜索亂射, 尉官多慘死, 闖入民家, 恣行殺戮, 韓兵死者百餘人, 負傷者百餘人, 被擒者五百十六人, 父母妻子, 呼哭震天, 腥血載塗吁其慘矣.

京城各隊, 旣行解散, 繼行地方八鎭衛隊之解散, 電招韓人隊長·日本教官等, 會集京城發令後, 派日兵八大隊以代之, 因此而原州·江華之擾亂起焉.

原州鎭衛隊, 自皇位廢立·軍隊解散大憤, 以八月六日早朝, 聚衆擧義, 日人之居留當地者, 惶急奔竄, 韓兵襲擊郵便所, 殺日人一名, 並毀日人家屋, 進與日軍警察隊, 接戰兩時, 互有殺傷, 日軍竄忠州, 時日本教官古莊, 持該隊長訓示, 自京城來聞變, 卽以混成一部隊, 至原州, 韓兵乃向春川橫城退去, 日兵遂佔其營, 江華鎭衛隊兵, 有爲自强會員者, 聞國變, 聯合人民五百餘名, 襲擊日巡駐在所, 殺日巡, 因殺郡守鄭景洙, 以其爲日黨一進會員也, 時日本大尉小倉, 率步兵二隊, 至月串附近上陸, 韓兵據岸射擊, 斃日軍五名, 傷五名, 竟以衆寡不敵退却, 翌日, 又戰於美國敎會堂前, 日兵更添一部隊來攻, 韓兵遂潰散.

# 07

# 안중근 의사가 이토를 저격 살해함

　기유년(1909) 10월 이토가 만주 시찰길에 올랐다. '놀이 삼아 가는 것이지 정치의 성격을 띠고 가는 것이 아니다'라고 선언하였으나, 일본의 신문에서는 보도하기를 '공(公)의 이번 여행은 만주 경영 실행의 단서를 시찰하기 위한 것'이라 하였다. 또한 일본인의 이른바 비밀사(秘密史)를 보더라도 "일·러 협약을 토대로 하여 한·일합병의 결실을 보게 될 것"이라 하였다. 중국인의 신문에서도 세간의 시끄럽게 전하는 바에 의거하여 "이토의 이번 여행은 만주의 일들을 처분하여 마무리하고 중국 내정의 감독을 바라고 중국의 재정을 통감할 것을 주장하려는 것"이라 하였다. 이런 제반 보도로 입증한다면, 이번 여행의 목적은 러시아 대신과 만주 문제를 타협한 후 각국의 비밀 사절과 세계적으로 담판을 벌이고, 중국 재정 감독의 일을 진행하여 그 자신이 통감을 맡는 것이니 크도다! 그 야심이여. 드디어 하얼빈에 이르러 한국의 의사 안중근의 저격을 받고 사망하고 말았다.

안중근(安重根)은 황해도 해주 사람이었다. 부친 태훈(泰勳)은 진사로 기개와 절의가 있는 사람이었다. 갑오동학당이 난을 일으키자 향병(鄕兵)을 모집하여 토벌하는데 당시 중근은 나이 15세로 홍의(紅衣)를 입고 아버지를 따라 종군하여 거침없이 나아갔다. 총을 쏘아도 빗나가는 게 없었다. 적들은 궤멸되어 흩어졌다. 난이 평정됨에 군대를 해산하고 농사짓는 일로 돌아갔다.

대개 우리나라는 문을 숭상하고 무를 배척하여 점점 약함에 들었으니, 동학은 오합지졸인데도 난이 일어난 지 수년이나 되도록 관군은 그것을 속히 평정하지 못하여 화가 전국에 미쳤을 뿐만 아니라 동아(東亞)의 큰 국면에서 전화(戰禍)를 야기했다. 안중근은 이것을 뉘우치고 경계하여 상무(尙武) 교육을 제창하며 가재(家財)를 털어 무기를 구입하여 마을 사람들이 훈련하는 데 제공하였다.

갑진년(1904) 일·러 전쟁이 벌어지자 안중근은 탄식하여 말하길 "이 전쟁은 실로 우리나라 존망과 관계된다"라고 하였다. 또 일본과 러시아 간의 강화조약이 성립되었다는 소식을 듣고는 그 부친께 고하기를 "형세가 급하게 되었으니 며칠 안 되어 우리나라 사람들이 손을 쓸 수 있는 여지가 없어질 것이므로 다른 여러 나라를 찾는다면 오직 중국밖에는 없다"라고 하였다.

을사년(1905) 10월 집을 떠나 배를 타고 연대(煙臺, 옌타이)·교주(膠州, 자오저우)·위해(威海, 웨이하이)·상해 등지를 두루 돌아다니며 함께 일할 수 있는 재주 있고 총명한 사람을 구하였으나 만나지 못하였다.

얼마 지나지 않아서 부친이 별세했다는 소식을 듣고 환국하였다. 이듬 해 평안도 삼화 진남포로 이사하여 삼흥학교(三興學校)를 설립하고 청 년을 교육시켰으며, 두 동생에게 서울에 가서 공부하도록 하였다. 뜻 있는 사람들을 불러 모아 연결하고 마냥 대중을 모아 놓고 연설하면서 당시에 벌어지고 있는 사건들을 통렬하게 논박하여 인심을 고무시키고 슬프고 분한 마음을 격앙시켰으니 청중들은 모두 울었다.

정미년(1907) 7월 이토가 고종을 핍박하여 황위를 물려주게 하고 군 대를 해산시켜 서울 장안이 크게 동요하였다가 수일이 지나서 안정되 었다. 안중근은 의병을 일으켜 죽기를 결단하고 전국을 망라하여 수완 을 발휘코자 하였으나, 민간이 소지한 무기가 전부 압수당하여 쇳조각 하나도 남은 것이 없었다. 맨손으로 호랑이를 잡는다고 하여도 이루어 질 수 없으므로 마침내 러시아령인 블라디보스토크로 건너가서 활동 할 방면을 찾으려 하였다. 그곳은 한국인의 이주가 가장 번창한 곳이었 고, 일본인 세력 범위 밖에 있었기 때문이다. 그가 처음 이곳에 도착하 여 동지 12인을 만나 손가락을 끊고, '대한독립(大韓獨立)'이란 네 글자 를 피로 쓰고 하늘에 맹세하며 고하였다. 이에 각지로 바쁘게 뛰어다니 며 교육을 역설하는 한편 의용병을 모집하여 군대를 편성하니 3백여 명 이었다.

기유년(1909) 6월, 마침내 의기(義旗)를 들고 러시아령 수도(首塗)를 거쳐 두만강을 건너 경흥군에 들어왔다. 여기서 일본인을 습격하여 교 전 3차에 적 50여 명을 사살하였다. 이어서 회령군에 있는 일본 병영 을 습격하였다. 이에 일본인은 각지에 급전(急電)을 보냈는데 주둔병이 모두 5천 명에 이르고 포격이 더욱 맹렬해졌다. 안중근은 직접 충돌하여 한나절 동안 격전을 벌였으나 대부분 원조가 끊어지고 탄환이 떨어지자 마침내 패하여 흩어졌다. 안중근을 따르는 사람은 두 명뿐이었다. 길이 몹시 험하고 구름과 안개까지 낀 어두운 상황에서 추격하는 일본병으로 말미암아 급박해졌다. 이에 모두 숲 속에 엎드렸다가 밤을 이용하여 산길을 걸었다. 5일 동안이나 굶어 따르는 사람들도 몹시 피로해서 사색(死色)이 되었으나 안중근은 의기가 태연자약했다. 마침내 살아서 러시아령에 들어가 다시 동지를 규합하여 다음 일을 도모하자 사람들은 이것을 보고 그의 용기에 더욱 감복하였다.

이때에 와서 이토가 만주를 시찰한다는 소식을 듣고 생기가 돌면서 말하길 "이는 천재일우(千載一遇)의 좋은 기회다"라고 하고, 마침내 동지 우덕순(禹德淳)·유동하(劉東夏)·조도선(曹道先) 세 명과 함께 관성자(寬城子)에 도착해서 이토가 올 시기를 탐지하여 기다렸다가 공격하고자 하였다. 그러나 어느 곳에서 그와 서로 만나는지를 알지 못해서 우덕순과 조도선 2명은 그대로 관성자에 남아서 대기하고 안중근은 하얼빈에 갔다. 이토는 10월 25일 관성자에서 묵고 다음 날 이른 아침 러시아 철도국에서 보낸 특별 열차편으로 상오 9시에 하얼빈 역에 도착하였다. 러시아 경호병 수천 명과 각국 영사단 및 관광객들이 빽빽하게 줄을 섰고 군악이 울려 퍼지고 화포(花砲)가 경쟁을 하듯 발사되었다. 이토가 하차하여 러시아 대신과 악수를 하며 군대의 경례를 받고 서서히 걸어서 각국 영사들이 있는 곳으로 다가갔다. 안중근은 양복 속에 감춰 둔 권총을 꺼내 러시아 군 배후에 서서 엿보다가 거리가 10보 쯤

되었을 때 돌입하여 제1탄을 발사하여 이토의 가슴을 적중시켰다. 총포 소리가 요란하여 군인들은 깨닫지 못하였다. 제2탄을 발사하여 늑부를 명중시키니 군인·경찰과 환영단이 그때서야 깨닫고 겁을 집어 먹고 도망쳤다. 제3탄이 복부에 적중하여 이토가 땅에 엎어지자 다시 일본 총영사 가와카미(川上)와 비서관 모리(森), 철도총재 다나카(田中) 세 사람을 향하여 발사하여 모두 쓰러뜨렸다.

권총 여섯 발이 연거푸 적중하는 예는 일찍이 없었던 일로, 이는 안중근이 담력과 용기, 그리고 사격술이 세상에서 뛰어났기 때문이다. 수천 명의 군대가 모두 흩어져 도망치며 감히 다가서지 못하다가 탄환이 떨어져서 총성이 멈추자 그때서야 각 군인들이 모여들어 안중근의 총을 빼앗아 헌병대에 넘겨주었다. 안중근은 즉시 라틴어로 "대한독립 만세"를 삼창하였다. 안중근은 결박을 당하면서 박장대소하되, "내가 어찌 도망칠 것인가. 내가 도망치겠다고 마음먹었다면 내가 사지(死地)에 들어오지 않았을 것이다"라 하였다. 이토는 10분을 넘기지 못하고 바로 죽었으며, 이 일이 전해지자 세상 사람들은 깜짝 놀라 혀를 차며 말하길 "한국에도 사람(인물)이 있구나" 하였다. 러시아인 사진사는 안중근이 이토를 저격 살해하는 장면을 활동사진에 촬영하여 세계에 공급하니 일본인도 6천 금을 내고 구입해 갔다.

안중근은 붙잡혀서 여순 감옥에 이르렀는데 쇠줄로 결박하여 학대가 심하였다. 안중근이 질책하여 말하길 "나는 대한국의 의병장으로 너희나라 대관과 같이 대접하여야 하거늘 어찌 이같이 야만스럽고 모질다는 말인가"라고 하였다. 일본인 검사가 매일 감옥에 들어가 위세로 굴복시키려고 화를 내며 엄하게 심문하며 때려죽일 것 같이 하였으나, 안중근은 조금도 흔들리지 않고 항변하기를 더욱 엄하게 하였다. 검사는 그를 강제로 굴복하기는 어렵다는 것을 깨닫고 마침내 결박을 풀어 주었으며, 한국말을 하는 사람을 시켜서 날마다 감언이설로 꾀며 좋은 음식과 지필(紙筆), 서적 등을 보내 주며 그의 비위를 맞추었다. 일본인 게이키(境喜明), 소노키(園木次郎) 두 사람이 와서 달래기를 "만약 잘못 이해했다고 자복(自服)한다면 반드시 특사(特赦)가 있을 것이다"라고 하자, 안중근이 말하길 "내가 구차한 생을 누리고자 했다면 어찌 이러한 거사를 할 수 있었겠는가. 내가 이미 이토를 저격할 때에 죽기를 결심하였는데 오늘까지 연명한 것은 의외이다. 나 또한 살기를 바라지 않노니 그대들은 나를 회유하지 말라" 하는 한편 웃음을 지었다. 일본 정부와 법원은 계속 상의하여 그의 자복을 얻을 것을 기약하고 2백여 일간 위협과 회유 등 온갖 방법을 총동원하였지만 거절함이 더욱 준엄하였다.

안중근은 옥중에서 한가로이 생각도 하고 시를 읊으며 스스로를 굳세게 하였으며 "인심유위 도심유미(人心惟危 道心惟微)"[1] 두 구절을 써서 스스로 성찰하며 「동양평화론(東洋平和論)」이라는 장문을 써서 자기의 주장을 발표하였다. 일본인 또한 그의 의(義)를 흠모하여 그의 필적을 구하는 자가 많았는데 모두 응해 주고 글씨 쓰는 것을 게을리 않아 필

---

1 『서경(書經)』 대우모편(大禹謨篇)에 나오는 구절로 '인심유위(人心惟危) 도심유미(道心惟微) 유정유일(惟精惟一) 윤집궐중(允執厥中)'을 줄인 것이다. 사람들의 마음은 위험해져 가고 도심은 점차 희미해지니, 마음 자세를 맑고 한결같이 하고 진실로 그 중심을 잡으라는 뜻이다. 순임금이 우왕에게 다시 왕좌를 넘기면서 살을 붙이고 그 의미를 더욱 상세하게 정리한 것이다.

사한 종이 분량이 2백여 폭에 달하였다. 공판이 개정되자 법관이 신문하기를 "어찌해서 이토를 살해하게 되었는가" 하니, 안중근이 대답하길 "귀국과 러시아가 전쟁을 벌일 때 귀국 황제가 천하에 선포하기를 우리나라의 독립을 도와서 서게 하겠다고 하여 우리나라 사람들은 감사하게 생각하여 굳게 믿고 일본군이 승리하기를 축수하였는데, 일본이 승리한 후에 이토는 무력으로 우리 임금과 신하를 협박하고 우리의 독립을 박탈하였으니, 이것은 귀국 황제의 뜻이 아님이 분명하고 이토가 공을 탐하여 한 짓이다. 이는 세계 인도(人道)의 적이며 우리 대한제국 만대의 원수로서 어찌 살해하지 않을 수 있겠는가. 나는 마침내 대한 의병 참모장으로 의병을 규합하고 또한 군함을 구입하여 이토를 격살하고 우리의 독립을 회복하려 하였다. 마침 이토가 하얼빈에 온다는 소식을 듣고 내가 먼저 와서 죽였다. 나는 적국으로 본다면 한 사람의 포로로서 자격이 있으니 나를 형사 피고로 대하는 것은 마땅치 않다"라고 하였다. 이어 이토의 13가지 큰 죄를 들어 수 시간 통박하니 웅변이 도도하고 눈빛이 빛나서 방청자가 전부 놀라 감탄하였다. 또한 이토를 규탄하길 "이토는 비단 우리나라에 대하여 폐위, 시역(弑逆)의 대죄를 저질렀을 뿐만 아니라 귀국에 대해서도 죄가 있다"라고 하였다. 법관이 말하길 "그것이 무슨 뜻인가" 하고 묻자, 안중근이 말하되 "귀국 선황 고메이[孝明皇帝]의 일이다"라고 하였다. 법관 등은 갑자기 얼굴색이 흙빛깔이 되었으며, 급히 손을 휘둘러 방청을 중지토록 하였다.

최종 공판이 끝난 후 두 아우 정근(定根)과 공근(恭根)에게 말하길, "내가 죽은 후에 나의 유골을 하얼빈 공원 곁에 묻어 주고, 우리나라가 국권을 회복하는 날을 기다렸다가 고향 땅에 이장해 달라. 내가 천국에 가서 또한 우리 국가의 주권 회복을 위해 진력할 터이니, 너희들은 나를 위해 우리 동포에게 고하길 '각기 국가의 책임을 짊어지며 국민의 의무를 다하고 동심일력(同心一力)으로 공을 세우고 업(業)을 수립하겠다'고 하여라. 대한독립의 소리가 천국에 들리면 내 마땅히 기뻐 춤추며 만세를 외치겠노라"라고 하였다. 경술년(1910) 양력 3월 26일 상오 10시에 형장에 서서 혼연(渾然)히 말하길 "나는 대한독립을 위해 죽는 것이며 동양 평화를 위해 죽는 것이다. 죽는다고 어찌 유감스럽겠는가"라고 하고, 마침내 한복으로 갈아입고 조용히 형벌을 받으니 그때 나이 32세였다.

❀

20세기 벽두에 일어난 안중근의 이토 히로부미 저격 사건은 동아시아 각국 인민들에게 커다란 충격이었다. 특히 일제가 약속과 달리 한반도를 집어삼키고 나아가 만주를 손아귀에 넣으려는 야욕을 노골적으로 드러내는 상황을 무기력하게 바라보아야 했던 한국인은 물론 중국인들에게는 이 사건이 환호의 순간으로 다가왔다. 그래서 많은 한국인 식자층들은 이 사건을 역사에 남기고자 하여 안중근의 행적과 사상을 담은 전기를 간행하였다. 이 중에서도 박은식이 1914년에 간행한 『안중근전(安重根傳)』은 가장 대표적인 안중근 전기이다. 따라서 안중근에 대한 그의 인식과 평가를 제대로 파악하기 위해서는 그가 집필한 『안중근전』

의 서언을 들여다볼 필요가 있다.

안중근은 역사(행적)에 근거하면 몸을 바쳐 나라를 구한 지사(志士)라고
말할 수 있고 또한 한국을 위하여 복수한 열협(烈俠: 義烈士)이라고도 말할
수 있다. 그러나 나는 이러한 것이 안중근을 다 설명하기는 부족하다고 생
각한다. 안중근은 세계적인 안광(식견)을 가지고 스스로 평화의 대표로 나
선 사람이다.…… 그(이토)를 죽이게 된 것은 안중근이 세계의 평화를 희망
하고 이토를 평화의 공적(公敵)으로 인정하여 그 괴수를 제거하지 않으면
화를 막을 수 없다고 여겼기 때문이다. 한 개인의 생명을 내던지고 세계의
평화를 얻은 것은 무상의 행복이다. 주의가 서로 상반되어 같이 살 수 없는
결과로 이에 이르게 된 것이다. 이와 같이 논할진대 안중근은 세계적 안광
을 가지고 있으며 스스로 평화의 대표를 자임할 것이다. 어찌 한국만을 위
하여 복수한 것이라고만 하겠는가?

여기서 저자가 안중근의 행적을 서술하게 된 이유를 짐작할 수 있다.
그것은 무엇보다 안중근이 이토를 저격하여 처단했다는 사실 자체보다
는 왜 그를 저격할 수밖에 없었는가에 초점을 두고 있다. 즉 이토 저격
사건이 테러범 개인의 충동적인 공명심이 아니라 계몽운동과 의병운동
에 적극적으로 가담하면서 터득한 독립운동의 방략과 오랫동안 구상했
던 안중근의 동양평화론에서 비롯했음을 강조하고 있다.

따라서 박은식은 『안중근전』의 요약판이라 할 이 글에서도 지사로서
의 안중근, 의사로서의 안중근보다는 동양 평화를 몸으로 실천하려고

했던 사상가로서의 안중근에 초점을 맞추고 있다. 그리하여 이 글은 이토가 왜 하얼빈에 가게 되었는가를 먼저 서술하는 것으로 시작한다. 그리고 이에 대한 안중근의 저격 동기를 이어서 서술하고 있다. 요컨대 이 글의 주조는 이토의 이른바 동양평화론과 안중근의 동양평화론의 대립 구도로 이루어지고 있다.

우선 이토는 자신의 동양평화론에서 조선과 청, 일 3국이 백인종인 서양 세력의 침략에 맞서 공동으로 대응해 동양의 평화를 지켜야 한다고 역설하였다. 이에 한국인이나 중국인 식자층마저도 러시아가 만주를 장악하자 한, 중, 일이 위기에 처하고 황인종이 멸종할 것이라는 위기의식에 사로잡혀 이토의 동양평화론을 적극 지지하고 나섰다.

사실 이러한 생각은 저자가 언급하고 있지 않지만 안중근도 마찬가지였다. 그는 훗날 신문조서에서 "실제 한국 인민은 일러전역(러일전쟁―역해자)까지는 호개(好個)의 친우로 일본을 좋아했고, 한국의 행복으로 믿고 있었다. 우리들 따위도 결코 배일사상 같은 것은 가지고 있지 않았다"라고 진술하고 있을 정도로 러일전쟁 초창기만 하더라도 이토의 동양평화론에 공감한 것으로 보인다.

그런데 이토의 동양평화론에 공감하였던 이들 신식 식자층은 문명화를 지상 최고의 목표로 삼고 교육계몽을 통해 문명국가를 건설하고자 하였다. 이 점에서 개화파 계열의 천주교 신자인 안중근과 박은식은 사상적 기반은 달랐지만 양자가 추구하는 개혁 목표와 방식은 공감대를 형성했을 가능성이 높다. 특히 1907년 군대해산 이후 교육운동에서 벗어나 적극적인 무장투쟁을 모색하였다는 점에서 안중근과 박은식의 노선은 유사하였다.

그러면 이들 안중근과 박은식 같은 개화파는 언제부터 동양평화론의 허상을 인식하게 되었을까. 그것은 『안응칠역사(安應七歷史)』('응칠'은 안중근의 아명(兒名)이다)에 따르면 본문과 달리 러일전쟁에서 일본의 승리로 기울어 가고 있었던 1905년 6월로 보인다. 당시 안중근은 이토가 '동양의 평화를 유지하고 한국의 독립을 굳건히 한다'라고 했는데 실제로는 대의를 지키지 않고 한국에 대한 침략을 자행하고 있다고 판단하였기 때문이다. 그리고 실제로 일본은 러일전쟁에서 승리하고 그 여세를 몰아 한국의 외교권을 박탈하고 침략을 가속화하면서 일본을 맹주로 한 동아시아 질서 체제를 구축하려 하였다. 즉 이토가 주장한 동양평화론은 일본이 맹주가 되어 조선과 청을 보호해야 한다는 것이 기본 전제였다. 을사늑약은 이를 위한 첫 걸음이었을 뿐이다. 비록 그가 조선의 병합보다는 자치를 옹호한 온건파였지만, 이는 주변 열강을 의식해서였다. 그가 하얼빈행 열차에 오른 것도 조선 병합을 위해 러시아의 양해를 구하러 가는 마지막 여정이었던 것이다.

이에 안중근은 일본이 주장하는 동양평화론을 비판하기 시작하였다. 그가 이토를 사살한 이유는 바로 이토가 동양의 평화를 깬 위험한 인물이며, 그를 처단함으로써 일본이 동양 평화를 위한 올바른 길로 돌아서기를 촉구하기 위해서였다. 그래서 그는 일본인 변호사에게 이토를 살해한 이유와 동양평화론의 관계를 다음과 같이 설명한다.

이것은 집에서 불이 났을 때 일이다. 화재의 근원인 굴뚝은 화도(火道)를 구부려서 만들고 모닥불은 □□□□(확인 안 되는 글씨 — 역해자) 서서히 지펴야 하는데, 누군가가 큰 섶나무를 가져다 놓은 것을 빨리 알아채서 화재를 미연에 방지한 선각자는 아무런 상도 혜택도 없다. 오히려 마침내 큰일이 난 다음에야 머리를 태우고 이마를 데며 허풍스럽게 불을 끈 구경꾼들이 상객이 되어 크게 대접받는다는 것이다. 거기에서 이를 비유하기를 동양의 대화재는 아직 불길이 하늘을 태우고 사람들을 놀라게 하는 데에까지 이르지 않았다. 나는 이토라는 섶을 치워 한국이라는 굴뚝에 불이 나지 않도록 하였고 나아가서 동양이라는 하나의 가옥을 태우지 않도록 한 선각자이다. 즉 하얼빈의 거사는 정치범이라든가, 복수적이라든가 라고 불릴 이유가 없고 동시에 비단 한국을 위해서뿐 아니라 일본을 위해서 한 것이다.[2]

여기서 훗날 안중근의 동양평화론을 뒷받침하는 밑그림이 나왔을 것이다. 나아가 안중근은 이 모든 것이 사실상 일본 천황의 뜻을 거스른 이토의 독단적인 행동이라고 판단하고 있다. 이러한 판단은 일본 정치체제를 잘 모르는 데서 나온 소치이기도 하지만 안중근 자신이 분명한 목표를 가지기 위해 당시 대한제국 침략의 선봉에 섰던 이토를 지목했던 것으로 보인다.

따라서 저자는 안중근의 성장 과정과 행적도 그의 동양평화론에 연계하여 서술하고 있다. 특히 안중근의 동양평화론이 한국인, 중국인은 물론 일부 일본인에게 영향을 끼쳐 이들이 안중근을 흠모하고 그의 필

2 《오사카마이니치신문(大阪每日新聞)》, 1910년 2월 22일.

적을 구하려 했음을 강조하고 있다. 나아가 이 글의 절정은 이토 살해 동기를 장황하게 소개하는 데서 잘 드러난다. 사실 이 점이 저자가 이 책을 읽는 독자들에게 가장 하고 싶었던 주장이었을 것이다. 즉 한국인들은 일본이 우리나라의 독립을 부식하겠다고 하여 감사하고 있던 차에 오히려 일본은 무력으로 한국의 임금과 신하를 협박하고 독립을 박탈했다고 답변한 것이다.

또한 저자는 안중근의 거사 이후 재판과 수감 이후의 행적에 대해 여타 주제와 달리 많은 지면을 할애하여 그의 의젓함과 당당함을 감동적인 필치로 묘사하고 있다. 안중근은 거사 후 체포되자 자신이 대한의 의병장임을 주장하면서 교전 당사국의 포로로서의 대접을 받아야 한다고 강조했다. 여기서 그가 계몽운동가로서 당시의 만국 공법에도 상당한 식견이 있었음을 알 수 있다. 이어서 저자는 안중근이 재판받는 장면을 묘사했는데, 이는 그의 식견을 드러내기 위한 목적 이외 이런 제도의 운용을 통해서 이른바 문명국이라고 자처했던 일제가 얼마나 야만적이었는가를 폭로하고 있다. 특히 그가 사형당하기까지를 구체적으로 묘사함으로써 죽음 앞에 섰던 안중근이 어떻게 죽음과 대결하면서 대의에 충실했는가를 잘 묘사했다. 그래서 저자는 안중근의 유언을 다음과 같이 전달하고 있다.

내가 죽은 후에 나의 유골을 하얼빈 공원 곁에 묻어 주고, 우리나라가 국권을 회복하는 날을 기다렸다가 고향 땅에 이장해 달라. 내가 천국에 가서 또한 우리 국가의 주권 회복을 위해 진력할 터이니, 너희들은 나를 위해 우리 동포에게 고하길 '각기 국가의 책임을 짊어지며 국민의 의무를 다하고 동심일력(同心一力)으로 공을 세우고 업(業)을 수립하겠다'고 하여라. 대한독립의 소리가 천국에 들리면 내 마땅히 기뻐 춤추며 만세를 외치겠노라.

이는 저자 자신이 안중근의 유언을 빌려 우리 민족에게 독립운동의 정당성을 심어 주면서 독립운동 방략이 어떠해야 함을 역설하는 것이다. 더욱이 말미에 안중근이 왜 이토를 저격 살해해야 했었는가를 다시 한 번 안중근의 말을 빌려 서술함으로써 안중근 의거의 당당함과 정의로움을 강조하고 있다.

끝으로 이 대목을 읽으면, 개설서에서 보이는 딱딱함과 단조로움보다는 감동적인 서사시를 읽는 느낌을 갖는다. 그것은 이 대목만은 여타 대목과 달리 위인전 형태의 문체로 집필하였기 때문이다. 이는 역사 개설서로서는 대단한 파격이다. 물론 이전 시대의 역사서술 방식인 기전체의 열전에서 이러한 서술 문체를 볼 수 있다. 그러나 이 경우는 통사라 할 본기 속에 들어 있지 않고 어디까지나 열전 조의 형식에 맞추어 별도로 서술된 경우이다. 이 점에서『통사』의 이러한 서술 방식은 앞서 집필했던『안중근전』의 영향이기도 하거니와 멀리는 박은식 자신이 1910년 이전 계몽운동기의 위인전 집필의 연장선에 있다고 하겠다. 즉 무엇보다 저자 자신이 시대의 거친 대세와 위인의 절대적인 운명을 씨줄과 날줄로 삼아 안중근의 의거와 동양평화론을 인간사의 미세한 그물망으로 잡아 보려 했던 것으로 보인다.

그러면 안중근이 꿈꾸었던 동양 평화의 세계는 어떤 세계였을까. 그 핵심은 한·중·일 세 나라가 각기 독립국을 유지하는 대등한 상태에서 서로 협력하면서 서양 세력의 침략을 방어하고 동양 평화와 세계 평화를 성취하자는 것이었다. 여순항을 개방해 일본·청국·한국의 3국 대표가 공동 관리하는 군항으로 만들고, 여순항에 3국 대표를 파견해 세계평화회의를 조직하자고도 주장했다. 물론 안중근은 재판에서 "동양에서 일본의 위치를 인체에 비유한다면 머리에 해당한다고 할 수 있다"라고 시인했을 정도로 일본 근대사의 성취를 부인하지 않았다. 그러나 "(현재 일본의 정책은) 과거 외국에서 써오던 수법을 흉내 내는 것으로 약한 나라를 병탄하는 수법"이라고 비판한 대로 일본은 제국주의의 길을 걸었다. 그래서 안중근은 자서전에서 "동양 평화가 이렇게 깨어지니 백년 풍운이 어느 때에 그치리오"라고 탄식하면서 일제의 식민지 팽창 정책과 그에 대한 저항으로 점철될 아시아의 고통스러운 미래를 정확히 예견했다. 안중근의 순국 이후 동양의 세계는 일본 제국주의의 야만과 폭력이 점철하는 광기의 시대가 되었다.

그럼에도 역사는 안중근을 기억하고자 했다. 독립운동가 겸 역사학자 계봉우(桂奉瑀)는 『만고의사 안중근전』에서 "의병 참모중장의 자격으로 하얼빈 정거장에서 독립전쟁을 시작하여 적장 이등박문을 쏘아 죽이고 대승리를 얻었다"라고 평가했다. 특히 중국인들도 다음과 같이 예송하면서 안중근을 기억하고자 했다. 우선 신해혁명의 지도자 손문은 안중근과 이토 양자의 운명과 평가를 시로써 이렇게 표현하였다.

공은 삼한을 덮고 이름은 만국에 떨치나니

백세의 삶은 아니나 죽어서 천추에 드리우니

약한 나라 죄인이요 강한 나라 재상이라

그래도 처지를 바꿔놓으니 이토도 죄인이라.


그리고 훗날 중국 총리 저우언라이(주은래)는 이 사건을 두고 "(조선과 중국) 두 나라 인민의 일본 제국주의를 반대하는 공동 투쟁이 시작되었다"라고 평가했다.

요컨대 저자는 『한국통사』에서 안중근의 의거를 상세하게 서술함으로써 한국 민족을 비롯한 세계 만방의 피억압 민족에게 안중근의 총성은 동양 평화란 높은 사상으로 제국주의라는 뒤틀린 길로 매진하던 일본 근대사에 던진 피억압 민족의 외침이었음을 널리 알려주려고 했던 것은 아닐까.

## 第五十六章 安重根狙擊伊藤斃之

己酉冬十月, 伊藤有視察滿洲之行, 宣言漫遊, 無政治之性質者, 而日人報紙曰, 滿洲經營, 以公此行為視察實行之端倪, 又日人所謂秘密史曰, 基日俄協約, 以就韓國併合之結果, 又華人報紙, 據世所轟傳者而載之曰, 伊藤此行, 處分滿洲事竣, 冀中國內政之監督, 而主張統監中國財政事, 以此證之, 此行目的, 與俄國大臣, 商妥滿洲問題, 後與各國秘使, 邀集世界談判, 進行中國財政監督事, 而自任統監也, 富矣其野心, 乃至哈爾濱, 被韓國義士安重根狙擊而死.

安重根, 黃海道海州人, 父泰勳進士, 有氣節, 甲午東學黨作亂, 募鄉兵討之, 時重根年十五, 着紅衣, 從軍突擊, 砲無虛發, 賊潰散, 亂既平, 散兵歸農, 蓋我國崇文黜武, 馴致積弱, 東學以烏合之衆, 為亂數年, 官軍不能速平, 以致禍延全國, 惹起東亞大局之戰禍, 重根大懲於此, 提倡尚武教育, 捐家財購鎗械, 以資鄉人鍊習, 甲辰日俄開戰, 重根嘆曰, 是役也, 實關吾國存亡, 及聞日俄媾和, 告其父曰, 勢急矣, 不幾日, 吾人必無措手地, 求諸域外, 惟中國可耳.

乙巳十月, 辭家航海, 遍歷煙台·膠州·威海·上海等地, 以求才俊之可與共事者, 而未有所遇也, 未幾, 聞父喪還國, 明年春, 徙居平安道三和鎮南浦, 創辦三興學校, 教育青年, 令二弟入京城遊學, 邀結有志, 每聚衆開演, 痛論時事, 鼓發人心, 激昂悲憤, 聽者皆泣.

丁未七月, 伊藤逼禪皇位, 解散軍隊, 漢城大擾, 數日乃定, 重根欲倡舉義旅, 決一死戰, 而網羅彌天, 揮腕無地, 民間武器盡被搜括, 寸鐵無存, 徒手搏虎無濟於事, 遂潛赴俄領海蔘威, 以求活動方面, 以其為韓人移住最繁之地, 而在日人勢力範圍之外也, 其始至也, 得同志十二人, 斷指結盟, 血書大韓獨立四字, 誓告於天, 於是奔走各地, 力倡教育, 且募義勇, 編成軍隊, 得三百餘人.

己酉六月, 遂舉義旗, 由俄領首途, 越豆滿江, 入慶興郡, 襲擊日人, 交戰三次, 斃敵五十餘名, 進襲會寧郡日兵營, 日人急電各地駐兵, 合至五千, 砲擊甚猛, 重根直犯其衝, 激戰半日, 衆以援絶彈盡, 遂至潰散, 隨重根者止二人, 嶺路絶險, 雲霧晦冥, 而追兵甚急, 乃晝伏於林, 夜經於山, 不食者五日, 從者疲甚無人色, 而重根意氣自若, 遂得轉至俄領, 復糾合同志, 以為後圖, 人以此尤服其勇也, 至是, 聞伊藤視察滿洲, 躍然曰, 此千載一時也, 遂與同志禹德淳·劉東夏·曹道先三人, 偕行至寬城子, 探伊藤來期, 將邀擊之, 而未知何處與彼相見, 德淳·道先二人, 留寬城子待之, 重根赴哈爾濱, 伊藤以十月二十五日, 宿寬城子, 詰朝, 由俄國鐵道局, 派特別火車而迎之, 上午九時, 抵哈爾濱驛, 俄兵警衛者數千, 各國領事團及觀光者, 羅列如林, 軍樂迭奏, 花砲競發, 伊藤下車, 與俄國大臣握手, 受軍隊敬禮, 徐步向各國領事所, 重根服洋裝, 持拳鎗, 立俄軍之背而伺之, 相距直十步, 突入舉鎗一發, 中伊藤胸, 花砲亂之, 各軍不覺, 再發中肋, 軍警及懽迎團, 始覺而惻走, 三發中腹, 伊藤仆地, 更向日人總領事川上秘書官森·鐵道總裁田中三人而射之皆倒, 舉鎗之六發連中, 世所未有, 此重根之膽勇射藝, 天下無雙者也, 數千軍隊, 皆散走, 莫敢近, 旣而彈盡無砲聲, 各軍始乃聚集, 取重根鎗, 付之憲兵, 重根即以拉丁語, 三呼大韓獨立萬歲, 被縛重根, 拊掌大笑曰, 我豈逃者哉, 我欲逃, 我不入死地矣, 伊藤不逾十分即死, 此事傳播, 天下之人, 莫不動色吐舌曰, 韓國有人, 俄國寫眞師, 撮重根射伊藤狀, 供世界之奇觀, 日人出六千金購之去, 重根被拘至旅順監獄, 縛以鐵索, 虐遇甚, 重根叱曰, 我大韓義兵將員, 與爾國大官等遇, 可也, 而如此蠻暴耶, 日檢事, 每日就獄, 欲以威屈, 盛氣嚴訊, 若將搏殺者然, 重根毫不少撓, 抗辨甚厲, 檢事知其不可强屈, 遂去其縛, 使其解韓語者, 日以甘言誘之, 進美食及紙筆書籍等物, 以適其意, 而日人境喜明·園木次郎兩人來見, 誘說以誤解自服, 必蒙赦特, 重根曰, 余欲苟生, 豈有此舉, 余已決死於砲擊伊藤時, 而延至今日, 亦意外也, 我不要生, 爾無誘我, 且笑, 日政府與法院, 極費商議, 期取其自服, 凡二百餘日之間, 威脅利誘, 出於萬端, 而拒之愈峻, 在獄意思閒暇, 或吟詩以自壯, 書人心惟危道心惟微兩語, 以自省, 述東洋平和論數萬言, 發表其主義, 日人亦慕其義, 求其筆蹟者多, 而應之不倦, 寫至二百餘幅, 吁其從容矣, 及開公判, 法官訊曰, 若何爲殺伊藤公也, 重根曰, 貴國與俄開戰也, 貴皇宣布天下日, 扶植我國之獨立, 我國人胥感而信之, 祝日軍勝利, 乃克俄之後, 伊藤以兵脅我君臣, 奪我獨立, 此明非貴皇之意, 而卽伊藤貪功而爲之, 此世界人道之賊, 而我大韓萬歲之讎, 安得不殺, 余乃大韓義兵參謀將也, 糾集義兵, 且購兵艦, 要擊殺伊藤, 而復我獨立矣, 適聞伊藤來哈爾濱, 我獨先行而殺之, 則余於敵國, 卽一被虜者資格, 不當以刑事被告待我也, 乃擧伊藤之十三大罪, 痛駁數時, 雄辨滔滔, 目光如電, 傍聽者莫不動色, 且叫伊藤, 不獨於我國, 負擅廢弑逆之大罪, 而在貴國亦有之, 法官曰謂何, 重根曰, 貴國先皇孝明事, 法官等, 忽面如土色, 急揮手止傍聽, 及其最終公判後, 謂二弟定根·恭根曰, 我死後, 埋我骨於哈爾濱公園之傍, 待我國權回復, 返葬故土也, 我往天國, 亦當爲我國家恢復盡力, 汝等爲我告同胞, 各擔國家之責任, 盡國民之義務, 同心一力, 建功樹業, 大韓獨立之聲, 達於天國, 則余當蹈舞, 呼萬歲矣, 以庚戌陽曆三月二十六日上午十時, 立刑場, 欣然而言曰, 余爲大韓獨立而死, 爲東洋平和而死, 死何憾焉, 遂換着韓服, 從容就刑, 年三十有二.

# 일본이 대한제국을 병합함

이전에 일본인은 지구(芝區) 녹정(綠亭)에서 하나의 모임을 조직하고 한국 문제를 토론하였다. 하세가와(長谷川芳之助)가 의장이 되고 아울러 다수의 위원을 두었는데 일·한합방 논의를 지어내어 논의 진행의 첫 목소리가 되었다. 또한 수십 년 전에 일본인 모리모토(森本藤吉)가 『대동합방론』(大東合邦論: 대동이라 함은 동아시아 3국을 말한다 — 역해자)을 지었는데, 이에 이르러 다시 간행하여 퍼뜨렸다.[1]

한국의 일진회당은 그 이야기[風旨]를 듣고 화응(和應)할 뜻을 표하고 문자로 공포하였으니, 곧 일진회의 고문인 일본 사람 우치다 료헤이(內田良平)의 소행이었다. 이때 한국 정부는 자못 이 일을 반대하였다. 대한협회(大韓協會) 및 국민대회(國民大會)는 격문을 발포하고 일진회를

---

1 『대동합방론』의 저자는 다루이 도키치(樽井藤吉)이다. 박은식의 착각으로 보인다.

공격하고 인심을 환기시켜 합방 반대를 결의하였다. 통감부는 우리 정부를 질책하는 한편, 경관을 파견하여 국민회장을 구속하고 해산시키니 대한협회는 드디어 아무 소리도 못했다.

이때 내각총리 가쓰라 다로(桂太郎)와 육군대신 데라우치 마사타케(寺內正毅)는 무단파(武斷派)로 한국 합병을 의결하고, 데라우치를 통감으로 야마가타 이사부로(山縣伊三郎)를 부통감으로 임명하였다. 그들은 7월 15일 도쿄를 출발하여 한국에 건너왔다. 먼저 한국 경찰권 위임 문제를 총리대신서리 박제순과 협의하여 조인하고 같은 달 25일 발표하였다. 내용은 다음과 같다.

> 일본 정부와 한국 정부는 한국 경찰제도의 개선과 재정의 기초를 공고히 할 목적으로 다음과 같이 조약을 체결한다.
> 제1조 한국 경찰제도가 완비되기 전의 경찰 사무는 일본 정부에 위임한다.
> 제2조 한국 황궁 경찰 사무에 관한 필요한 것은 궁내부 대신이 사무관과 함께 임시 협의하여 처리한다.

이에 통감부의 일부 관제를 고쳐 바꾸고, 전국 경찰권을 경무총감에게 통일시켰다. 7월 1일 헌병경찰 제도를 공포하고 일본인 헌병 2천여 명을 증파하여 조선 13도 요처에 배치했다. 또 다수의 밀정을 보태어 보조기관으로 삼았고, 군함 수십 척을 인천과 부산 사이를 오가게 하면서 경비를 엄밀히 하였다.

이때 이완용은 상처가 나아 온양 온천에서 귀가하였다. 그 집안사람

중에 벼슬을 그만두라고 권유한 사람이 있었다. 이완용이 말하기를 "나는 국민의 원수가 된 지 벌써 오래되었는데 물러나면 화가 있을 것이니 차라리 시종 일본에 의지하여 몸을 보존해야 된다"라고 하였다. 7월 31일 이완용, 박제순, 조중응 세 사람은 한성구락부에 모여 시국 문제에 대해 행동 일치를 결의했다.

일본 헌병사령관 겸 한국 경찰총감(경무총감의 오류 — 역해자) 아카시 모토지로(明石元二郎)가 데라우치의 뜻을 받들어 납량회(納涼會)와 관월회(觀月會)를 수차례 열고 한국 원로 대신과 기타 유력자를 청하여 담소하는 사이 시국 문제를 은근히 꺼냈다. 그때 일본 도쿄에 큰 수재가 났는데 이완용이 8월 16일 오전에 통감부 관저에 들어가 데라우치 통감을 위문하였다. 데라우치가 합방안을 꺼내 설명하니 이완용이 수긍하고 물러 나왔는데, 그날 밤으로 정부참여관 고쿠분 쇼타로(國分象太郎)를 방문하여 몰래 논의하였다. 다음 날 17일 아침에 내부대신 박제순, 탁지대신 고영희, 농상대신 조중응을 초청하여 회의하였으며, 18일에 내각회의를 열었다. 경무총감 아카시는 한국 각 신문을 금지시키고, 들어오는 일본 신문도 거두어 들였으며, 각 단체를 해산시키고, 서울 및 지방 신사로 조금이라도 명망이 있는 사람 수천 명을 경찰서에 가두었다. 또 헌병과 순사들은 총과 실탄을 갖고 거리에 도열하여 밤낮으로 엄중하게 경계하였다.

처음 이토는 이완용과 송병준을 앞잡이[爪牙]로 삼았는데, 두 사람은 서로 권력 다툼을 하면서 이토에게 잘 보이려고 국권을 파는 등 각기 기량(伎倆)을 다한 까닭에 이토가 이들을 사로잡기는 더욱 용이했다.

이미 또 이완용이 조중응과 합세하여 송병준이 관직을 잃게 되자, (송병준은) 도쿄에서 늘 앙앙대며 이완용을 가리켜 원망하는 말을 지껄였다. 이에 이르러 데라우치는 합병의 계책을 짜내고 이완용을 독촉하고자 하여 여러 차례 도쿄 전보로 "송병준이 온다, 송병준이 온다"라고 떠들어 댔다. 이완용이 이 소문을 듣고 (송병준이) 자기 자리를 대신 맡을 것을 두려워하여 드디어 급히 스스로 조약을 체결하였으니, 일본인들이 한국인을 이용하는 것이 또한 가히 교묘하다 하겠다.

아! 슬프다. 동아시아 한반도의 4천 3백 년의 역사를 가진 한국이 경술년(1910) 8월 29일 마지막을 고한다니, 하늘이시여. 사람들이여! 이날 이완용 등은 나라를 일본에게 양여한다는 조칙을 속여 만들어 황후의 숙부 윤덕영(尹德榮)에게 주어 옥새를 찍게 하였으니, 황제는 흐느끼면서 승낙하지 아니하였고, 황후 또한 통곡을 그치지 아니했다. 윤덕영은 본디 교활하고 탐욕을 부려 이완용 등과 안팎으로 화응하던 자로, 황후에게 통곡하는 것을 그치라고 간청하면서 말하길 "이같이 한다면 일족이 모두 죽음을 면치 못하는 화[赤族之禍]가 될 것이다"라고 하였다. 가련하도다, 제실(帝室)이여. 밖으로는 강국에 제압을 당하고, 안으로는 적신(賊臣)의 핍박을 받았으며, 또 골육에게 압박을 받았으니, 운명의 쇠퇴함이여, 어찌 이런 극한에 이르게 되었는가. 윤덕영은 드디어 황제가 취침에 들어간 틈을 타서 몰래 옥새를 찍어 가지고 나와서 이완용에게 주었으며, 이완용은 그것을 데라우치에게 주었다. 그런 까닭으로 일본 정부는 윤덕영을 자작(子爵)에 봉하고 특별 은사금 40만 원을 주게 된 것이다.

## 합병늑약(合倂勒約)

일본국 황제 폐하와 한국 황제 폐하는 양국 간에 특수하고 친밀한 관계를 고려해, 상호의 행복을 증진하며, 동양의 평화를 영구히 확보하는 데 이 목적을 달성하기 위해서는 한국을 일본에 병합하는 방법밖에 없다고 확신해 이에 양국 간에 병합조약을 체결하기로 결정하니 이를 위해 일본국 황제 폐하는 통감 자작 데라우치 마사타게(寺內正毅)를, 한국 황제 폐하는 내각 총리대신 이완용(李完用)을 각각 그 전권위원에 임명함에 아래의 전권위원은 회동·협의하여 다음과 같은 제 조항을 협의해 정했다.

제1조 한국 황제 폐하는 한국 전부에 관한 일체의 통치권을 완전하고 영구히 일본국 황제 폐하에게 양여한다.

제2조 일본국 황제 폐하는 앞에 게재된 조문의 양여를 수락하고 또 한국을 일본제국에 병합함을 승낙한다.

제3조 일본국 황제 폐하는 한국 황제 폐하·태황제 폐하·황태자 전하와 그 후비(后妃) 및 후예에 대해서 각자 그 지위에 응해서 상당한 존칭·위엄 및 명예를 향유하며 또 보지하는 데 세비(歲費)를 충분히 공급한다.

제4조 일본국 황제 폐하는 앞의 조항 이외에 한국 황족 및 그 후예에 대해서도 각기 상당한 명예 및 대우를 향유토록 하고 이를 유지하는 데 필요한 자금을 공급한다.

제5조 일본국 황제 폐하는 특별히 한국인의 훈공을 표창하는 것이 적당하다고 인정되는 자에 대해 영작(榮爵)을 수여하고 은금(恩金)을 준다.

제6조 일본국 정부는 앞의 병합의 결과로 완전히 한국의 시설을 담임하고 또 그곳에서 시행하는 법규를 준수하며 그 신체 및 재산에 대해서도 충분히 보호하며 또 복리의 증진을 도모한다.

제7조 일본국 정부는 신제도를 성의껏 충실히 존중하며, 한국인에 대해서도 상당한 자격이 있는 자를 사정이 허락하는 범위에서 제국 관리로서 등용한다.

제8조 본 조약은 일본국 황제 폐하와 한국 황제 폐하의 재가를 거쳐 공포일로부터 시행한다.


통감부는 조선총독부(朝鮮總督府)로 고치고 각 도에 고시했다.

합병 선포 이후 일본 경찰관은 한국 민간에 대하여 감상이 어떠냐고 물어 곧 대답하지 않는 자는 번번이 구타하였다. 또 합병찬하문(合倂讚賀文) 1통을 각 백성에게 돌려 보이며 서명 날인토록 하여 거절하면 벌을 주었다. 그러므로 도피자가 많았으며, 향촌의 인민들 중 사실 인장이 없는 자는 일본 경찰관이 대신 만들어 날인하였다.

이때 한국 인사로 순절한 사람이 많았으나 각 신문이 이미 폐간되어 천지가 캄캄하였으니 그 일도 발표될 곳이 없었다. 또 일본 경찰관 등은 죽은 사람이 있다는 소식을 들으면 그 집 사람들을 위협하여 그 사유를 누설하지 못하도록 하였다. 이때 겨우 전해 들은 바에 따르면 이런 사람들이다.

금산군수 홍범식(洪範植), 주러시아 공사 이범진(李範晉), 승지 이만도(李晩燾), 진사 황현(黃玹), 환관 반학영(潘學榮), 승지 이재윤(李載允),

승지 송종규(宋鍾奎), 참판 송도순(宋道淳), 판서 김석진(金奭鎭), 참판 정 모(鄭某—金溝人), 의관 백 모(白某—興德人), 의관 송익면(宋益勉), 정언 정재건(鄭在楗), 감역 김지수(金智洙), 감찰 이 모(報恩人), 영양 유생 김도현(金道賢), 동북에 사는 송완명(宋完命), 태인 사람 김천술(金天述), 김영세(金永世), 익산에 정동식(鄭東植), 선산에 허 모, 문의에 이 모, 충주에 박 모, 공주에 조장하(趙章夏), 연산에 이학순(李學純), 전의에 오강표(吳剛杓), 태인에 김영상(金永相), 홍주에 이근주(李根周) 등 29인이며, 그 밖에 죽은 사람들도 전하는 바가 있으나 모두 그 이름을 알 수 없다.

　대개 이 사람들 중에는 명문 집안 출신이거나 학문이 깊은 원로도 있고, 혹은 유림으로 저명한 자도 있었다. 죽을 때, 목을 매거나 할복하기도 하고, 물에 빠져 죽기도 하며 굶어 죽기도 하였으며, 또는 독약을 먹고 죽기도 하고, 절명사(絕命詞)와 유서를 남겨 놓기도 하였다. 진실로 모두 역사가들이 대서특필하여 전해야 할 것이다. 오호라! 죽은 사람도 저들의 협박을 받아 그 절개를 드러낼 수 없으니 산 사람의 고초가 어찌 죽은 사람보다 심하지 않으랴! 내가 이제 사정을 대략이나마 안 사람은 홍범식, 김도현, 황현 세 사람으로, 나머지 사람들은 후일을 기다리겠다.

〈중략〉

총독부 관제

총독 데라우치, 정무총감 야마카다 〈중략: 총독부 국장 이상 일본인 관원〉

중추원 의관에 김윤식, 이완용, 박제순, 고영희, 조중응, 이용직, 이지용, 권중현, 이하영, 이근택, 송병준, 임선준, 이재곤, 조희연(趙羲淵), 이근상(李根湘)이었다.


작위와 은사금을 받은 자

공작(公爵): 이강(李堈), 이희(李熹), 이준용(李埈鎔)

후작(侯爵): 이재완(李載完), 이재각(李載覺), 이해창(李海昌), 이해승(李海昇), 윤택영(尹澤榮), 박영효

백작(伯爵): 이지용(李址鎔), 민영린(閔泳麟), 이완용(李完用)

자작(子爵): 이완용(李完鎔), 이기용(李埼鎔), 박제순, 고영희, 조중응, 민병석(閔丙奭), 이용직, 김윤식, 권중현, 이하영, 이근택, 송병준, 임선준, 이재곤, 윤덕영, 조민희(趙民熙), 이병무, 이근명(李根命), 민영규(閔泳奎), 민영소(閔泳韶), 민영휘(閔泳徽), 김성근(金聲根)

남작(男爵): 윤용구(尹用求), 홍순형(洪淳馨), 김석진(金奭鎭), 한창수(韓昌洙), 이근상, 조희연, 박제빈(朴齊斌), 성기운(成岐運), 김춘희(金春熙), 조동희(趙同熙), 박기양(朴箕陽), 김사준(金思濬), 장석주(張錫周), 민상호(閔商鎬), 조동윤(趙東潤), 최석민(崔錫敏), 한규설, 유길준, 남정철, 이건하(李乾夏), 이용원(李容院), 이용태(李容泰), 민영달(閔泳達), 민영기(閔泳綺), 이종건(李鍾健), 이봉의(李鳳儀), 윤웅렬(尹雄烈), 이근호(李根浩), 김가진(金嘉鎭), 정낙용(鄭洛鎔), 민종묵(閔種黙), 이재극(李載克), 이윤용, 이정노(李正魯), 김종한(金宗漢), 조정구(趙鼎九), 김학진, 박용대(朴容大), 조경호(趙慶鎬), 김사철(金思轍), 김병익(金炳翊), 이주영(李冑榮), 정한조(鄭

漢朝), 민형식(閔炯植)

이 중 김석진은 자살했고, 조정구도 자살을 기도했으나 죽지 않았다. 윤용구, 한규설, 유길준은 모두 받지 않았다.


살피건대[按] 일본이 한국을 취함에 본디 무력으로 하였지만 실제로는 구제(救濟)를 사칭한 것이 많다. 대개 저들이 한국을 경영하겠다는 생각을 가진 것은 멀리는 도요토미 히데요시(豊臣秀吉)로부터 말미암았으며, 가까이는 사이고 다카모리(西鄕隆盛)에서부터 출발한 것이니 류큐[琉球] 합병은 한국 합병의 효시가 되었다. 병자통상조약 이후 교제가 빈번해지면서 쉽게 한국을 집어삼키려고 기회를 엿보다가 가만히 나아가서 취하려 하였다. 그러나 중국이 한국 배후에서 감시하니 당시 세력으로는 저들 일본이 대적할 바가 되지 못하였으며 역사상·지리상·종족상·인민의 감정상에서 고루 단단히 응결되어 있어서 그 근저(根柢)를 풀지 않는 한 비록 일본이 백이라 하더라도 그 사이를 갈라놓을 수 없었다. 그러나 일본은 이 때문에 의기소침하지 않고 한뜻으로 나아가 백 가지 계책을 만들어 중·한 관계를 단절하여 그 목적하는 바를 관철하려 하였다. 이에 한국은 각국과 함께 수교하여 자주권을 얻었으며 외교상의 문서를 오고 가게 만들어 독립국과 같아졌다. 그런데 일본인은 '독립'이라는 두 글자를 인식하여 한국인이 중국인을 배척하는 계기로 이용하였다. 우리나라에서 이름난 집안의 재사로서 나이가 어리면서도 기예(氣銳)가 있는 무리들이 해외를 유람하고 새로이 세계의 안목을 듣게 되어 국체를 스스로 높여야 되겠다는 사상을 틔었다. 또 일본에 머무르면서 교제가 많아지자 저들은 교활한 수단으로 이런 사람을 낚아 유치할 수 있었으니 이에 이들에게 독립의 영광을 미끼로 내세워 원조를 허락하였다. 드디어 갑신정변을 배양하여 친청파를 다수 살해하고 친일당의 정부를 조직하여 자신들의 세력을 펼쳤다. 그러나 도리어 청병에게 격퇴되어 다케조에(竹添) 공사 등은 자기 나라로 쫓겨 갔다. 표면으로 볼 때 저들은 비록 패했다고는 하나 사실상 이득을 얻은 것이 많았고 피해를 받은 자는 한국뿐이었다. 어찌해서 그러한가. 한국의 국사범(國事犯) 중에서 이용당한 자는 기타 친일파와 몰래 연계하여 통하는 것에 거리낌이 없으며, 친일하는 것 외에는 살아갈 방도가 없으니 후일 써먹을 가치가 확실함에 의심할 여지가 없다. 더욱이 천진(天津) 조약으로 중국으로부터 다소의 양보를 받아내고 동등권을 차지하면서 장래의 결전을 준비하였으니, 이것이 그들이 기만하여 이득을 얻은 첫 번째이다.

갑오년 한국의 동학란을 빌미로 온갖 간섭을 자행하여 마침내 전쟁을 일으켰다. 그러나 저들은 선언하여 말하기를 "우리는 한국의 독립을 완성하기 위하여 이렇게 군대를 출동시켰다"라고 하였다. 국외의 사람들은 일본인의 이번 거사를 가리켜 의협(義俠)에서 나온 것이라 하였으나, 한국의 친일당은 모두 구사일생(九死一生)으로 뛰쳐나와 정권을 독점하였으니, 일본에 대한 감정이 얼마나 친절하고 정성스러운지 그들의 요구를 들어주고 편리하게 하여 줌이 미치지 못할까 두려워하였다. 이때 대원군이 조금 다른 의견을 갖게 되어 몰래 청국과 통하다가 친일당에게 적발되어 정계에서 쫓겨났다. 나머지 재야 수구파의 사람들은 친일당과 뜻을 같이 하지 않더라도 벼슬도 없고 권세도 없으니 어찌 일할 수 있었겠는가. 이것이 일본인이 해상과 지상 전투에서 많은 편리함을 얻고 아무런 장애 없이 진행할 수 있었던 바였다. 만약 한국사람 전체가 같은 마음으로 일본을 원수로 여기고 방해하였다면 일본이 전승을 거두더라도 저같이 쉽게 하지는 못했을 것이다. 이것이 그들이 기만하여 이득을 얻은 두 번째이다.

을미년 명성황후에게 러시아와 관련을 갖고 일본을 배척하는 낌새가 있자, 저들은 바로 "시해하여 해독을 제거할" 계책을 결정하였다. 궁중(명성왕후─역해자)의 감찰을 염려하여 예방하였으니 이노우에는 일본으로 귀국하는 그날 궁궐에 들어가 상주하여 말하길 "일본인은 궁중 대권을 유지하고 안녕을 확보하면 결단코 다른 염려가 없겠습니다"라 하는 한편 민씨 척족들을 불러서 정계에 참여할 것을 청하였다. 이에 궁중은 일본을 믿고 염려하지 않음으로써 방비를 늦추었으니, 마침내 미우라(三浦梧樓)의 무리로 하여금 명성왕후를 시해하는 흉악한 의도를 드러내고 일본을 배척하는 중심 인물을 제거하였다. 이것이 그들이 기만하여 이득을 얻은 세 번째이다.

갑진년에 러시아에 선전포고를 하면서 말하길 "한국의 독립을 보존한다"라고 하였으며, 한국인의 환심을 사기 위해 말하길 "만주를 개방하고 각국의 동정을 얻으려 북진하는 것이다"라 하였다. 한국 국민은 일본을 위해 군수 물자를 운반해 주고 철도 부설 공사에 참여하여 막대한 편리를 제공하고 일본의 승리를 빌었다. 각 국민들도 대다수가 일본을 두둔하여 전쟁 승리에 이르게 되었다. 그러나 강화할 때는 드디어 한국을 병탄하겠다는 야심을 드러내고 만주의 이익을 독차지하였다. 이것이 그들이 기만하여 이득을 획득한 네 번째이다.

일본군이 우리나라에 들어오자 하야시 곤스케(林權助)는 한국 조정을 협박하여 6조를 의정(議定)하고 막대한 권리를 차지했으며 기타 각종 행동도 침략을 실행하지 아니한 것이 없었다. 이에 한국 신민은 모두 염려하고 두려워하는 마음을 품게 되고 의원(議院: 의회) 설립을 건의하였다. 입헌제도를 본떠 민의기관(民意機關)을 조직하여 상하가 한마음으로써 망하는 나라를 구하겠다는 계획을 수립하려 하였다. 그러나 이토가 대사로 내한하여 황제를 뵙고 말하기를 "일본의 이번 거사는 한국 독립을 지탱하고 만주를 확보하여 중국 영토로 하겠다"라고 하는 한편 "원컨대 폐하께서는 여러 신하들의 말을 가벼이 듣지 마시며 임금의 권한을 잃지 마소서"라고 하였다. 한국 황실은 본디 이토를 중시하여 이토가 이미 임금의 권한을 보호하고 있으나, 의원을 설치하자는 조정 신하들의 청은 임금의 권한을 감소시키려는 것이며 충성이 아니라고 생각하였다. 논의는 마침내 실행되지 못했고 민의기관은 세우지 못했다. 후일에 늑약(勒約)을 드디어 정부의 소수 인원을 협박하여 받아내고 여러 사람의 일치된 의견의 저항을 받는 것을 면하게 되었으니, 이것은 기만하여 이득을 차지한 다섯 번째이다.

갑오년 동학당이 패하여 흩어진 뒤 그 괴수 이용구와 송병준 등이 망명하여 도쿄에 있었고, 그 나머지 중 국내 각지에 있는 자가 아직도 많았다. 일본인은 그들 괴수가 일본에 있는 것을 못되게 이용하는 기화

(奇貨)로 삼아 그 괴수에게 말하기를 "우리 일본인이 한국에서 뜻을 얻고 가고 있으니 당신들은 정부를 조직하여 정치를 개혁하시오"라 하였다. 그 괴수들은 크게 기뻐하고 그 무리로 하여금 하나의 큰 단체를 조직하고 "일진회(一進會)"라 불렀다. 널리 어리석은 백성들을 꾀어 입당시키면서 말하길 "우리들은 정치를 개혁하여 안으로는 대신과 협판, 바깥으로는 관찰사와 군수도 우리 당이 아니면 차지하지 못한다"라고 하였다. 또 "부자의 땅도 모두 우리당의 공동 재산이니 당신들은 자기 가옥과 전토를 팔아서 회금(會金)으로 바치면 대소관직도 원하는 대로 할 수 있고, 부자들의 전토도 반드시 당신들에게 돌아갈 것이다" 하였다. 어리석은 하류층에서는 그 소식을 듣고 기뻐서 날뛰며 다투어 당원이 되고 전 재산을 털어 바치었다. 또한 일본인은 일진회를 금전으로 도와주고 힘으로 비호함으로써 그들이 일본을 따르고 달라붙는 의지를 단단하게 하여 여기서 많은 앞잡이를 얻었다. 보호조약이나 황제 폐위, 한국합병 등의 큰일에서 모두 그들을 이용하였으며 한국합병을 공포하는 날에는 "이런 일은 한국인민이 찬성하는 것이다"라고 하여 각국에 대해서 구실을 대었다. 마침내 합병을 실행한 후에는 각 단체를 모두 해산시켜 버렸다. 가옥과 전토를 팔아 바쳤던 우민들이 얻은 바는 오직 '매국적(賣國賊)'이라는 악명으로 떠돌아다니며 구걸할 뿐이었다. 이것은 그들이 기만하여 이득을 얻은 여섯 번째이다.

일본은 황실의 존엄을 유지한다고 말하고는 갑자기 폐위를 단행하였고, 화폐를 개량한다고 말하고는 재산을 빼앗았으며, 군제를 대신해 주겠다고 말하고는 군대를 해산시켰고, 교육을 지도해 주겠다고 말하고는 학교를 없애 버리고 서적을 불태워 버렸으며, 한국의 부강을 기도하겠다 말하고는 부원(富源)을 모두 빼앗아 촌철(寸鐵)이나마 그대로 두지 않았으며, 인민의 행복을 증진하겠다고 말하고는 산업을 유린하여 혈육을 썩거나 문드러지게 하였다. 이것들은 모두 그들이 기만하여 이득을 얻은 두드러지고 큰 것일 뿐이다. 그 밖에 온갖 일들이 사기를 치지 않고는 나온 것이 없다. 한국은 온통 그렇게 당했다.

오호라! 세상에 나라가 있는 자는 외국인의 사기에 걸려들어 한국의 전철을 밟지 말아야 될 것이다. 또한 스스로 누가 우리나라를 멸망시켰는지를 반성해야 할 것이다. 정부를 책망하는 사람들은 말하길 "정치가 부패한 까닭이다"라 하고, 인민을 책망하는 사람들은 말하길 "민지(民智)가 유치한 까닭이다"라고 한다. 이들 모두는 근거가 있어서 책망하는 것이니 진실로 당연하다. 그러나 나는 홀로 말하길 "우리 선조의 교화(敎化)가 바뀌어 이 지경에 이르렀다"라고 할 것이다. 무엇으로써 그렇게 말할 수 있는가? 보건대 대개 지구상에 여러 나라들 중 일부는 패자(覇者)가 되기도 하고 일부는 노예가 되기도 하며, 흥하기도 하고 망하기도 하는데, 그 나라 국민이 무력이 강하고 용감하여 삶을 가볍게 여기면 패자가 되고 흥하며, 그 국민이 문약(文弱)하여 겁을 먹고 죽음을 겁내면 노예가 되고 망하게 된다.

무릇 우리나라의 건국한 역사와 고대문화는 일본보다 앞서 있다. 유교, 불교, 도덕의 가르침, 백공기예(百工技藝)의 기술과 시(詩), 서(書), 예(禮), 악(樂)의 교화는 모두 저들이 흠모하여 배웠던 것이다. 옛날 임진왜란[壬辰之役] 때 일본 장수 사야가(沙也可)는 군대를 데리고 우리나라에 들어왔다가 우리 문물을 흠모하여 드디어 부하 3천 명을 데리고 우리나라에 귀화하여 힘써 본받는 데 애를 썼고 우리나라의 중흥을 칭찬하였다. 어찌 침략하는 도중에 한 번 보고 이러한 결단을 내릴 수 있었겠는가? 그것은 우리나라를 흠모한 지가 이미 오래되었기 때문이다. 사야가는 일본의 날쌘 장수로 임진왜란 때 우선봉장(右先鋒將)으로 우리나라에 들어와서 우리 문물을 보고 바로 부하를 이끌고 와서 항복하여 말하길 "섬 가운데서 태어나 자라서 오래도록 귀국 문화를 흠모하다가 이제 도요토미가 명분 없이 전쟁을 일으켜 마음속으로 잘못되었다 생각하고 성인의 백성이 되어 적을 토벌하기를 원합니다"라 하였다. 여러 차례 그의 기이하고 뛰어난 공로를 상주하였고 성명을 하사하였으니 김충선(金忠善)이라고 하였다. 갑자난[이괄의 난]과 병자호란 때 또한 훈공을 세우니 후인들이 사당을 지어 제사를 지냈다. 문집 두 권이 있어 세상에 전한다.

지금에 이르러 일본인이 우리나라를 멸하고 우리 민족을 노예로 삼아 지옥 아래에 버려두는 것은 무슨 까닭인가. 서양의 신문화를 빨리 수입하여 우리 정치와 학술보다 비교적 빠르고 또한 다소 발전이 앞섰다고 해서 승패의 운수가 전적으로 여기에 있는 것은 아니다. 저들은 힘이 강한 것을 기회로 우리의 문약한 틈을 노린 것이다. 또 우리나라는 수십 년 전 이래로 충의지사(忠義之士)가 순국할 것을 결단하고 맨주먹을 휘두르며 칼날에 맞서 싸우고, 죽는 것을 집에 돌아가듯이[視死如歸][2] 여기고 그 의혈(義血)을 뿌린 사람이 이미 많지 않은가. 자방(子房)의 철퇴[3]와 포서(包胥)의 통곡[4]과 예양(豫讓)의 칼부림[5] 같은 것에 이르

러 요란하고 열렬하여 세계를 진동시키는 것이 역시 연달아 일어나고 있
지 않는가. 그러나 모두 나라가 망하는 것을 구하지 못한 것은 우리 민
족 전체가 문약해서 저들의 힘을 대적하지 못한 것이다. 그렇다면 우리
나라의 무력이 약해진 것은 어느 때부터인가! 조선왕조[本朝] 오백 년간
은 문치(文治)를 숭상하고 무(武)를 물리침이 몹시 심하여 약하게 되었
다고 하는 것은 사람들 모두가 알고 말한다. 그러나 나는 홀로 말하길,
"우리 조상의 교화가 바뀌어 무력이 쇠퇴하게 된 것이다. 대개 총, 대
포, 칼, 창 등은 기계의 무(武)이며 충신(忠信), 용감(勇敢)은 정신의 무
(武)이니, 기계의 사용은 반드시 정신력에 의지해야 한다." 우리 조상의
상무정신은 교화 가운데 깃들어 있었는데 옛날 삼국시대 세속오교(世
俗五敎)의 조목에서 말하길 "충성으로써 임금을 섬기며(事君以忠), 효도

---

2 시사여귀(視死如歸)는 육절(六節)을 지키는 사람이 죽음을 두려워하지 아니하고 고향에 돌아
가는 듯이 여긴다는 뜻이다.

3 중국 한(韓)나라 고조의 공신 장량(張良)에 얽힌 고사성어. 장량은 자방(子房)으로 한의 세족
출신인데 한이 진시황에게 망하자 그 원수를 갚는다고 자재를 털어 자객을 구하고 역사(力
士)를 구하였다. 120근의 철퇴를 만들어 동유(東遊) 중인 진시황 정(政)을 박랑사(博浪沙)에
서 습격했으나 빗나가 부차를 박살 냈다.

4 중국 초(楚)나라 대부인 신포서(申包胥)에 얽힌 고사성어. 초나라가 오(吳)나라의 침략을 받
아 위태롭게 되자, 신포서가 진(秦)나라에 가서 구원을 청하였으나 들어주지 않으므로 뜰가
의 담장에 기대어 7일 동안 통곡하니, 진나라 왕이 가엾게 여겨 군사를 파견하여 국난을 안정
하게 하였다.

5 중국 전국시대(戰國時代) 진(晉)나라 의사(義士)인 예양(豫讓)에 얽힌 고사성어. 그는 처음
에 진의 경(卿)이었던 범(范)씨·중항(中行)씨를 섬겼으나, 뒤에 지백의 신하가 되어 총애를
받았다. 기원전 5세기 중엽에 지백은 조양자(趙襄子)를 치려다가, 도리어 조(趙)·한(韓)·위
(魏)의 연합군에게 멸망되었다. 이때 예양은 "선비는 자기를 알아주는 이를 위하여 죽는다"
하고 보복을 맹세한 후 편법을 버리고 정공의 자세로 조양자에게 원수를 갚으려 한 후 의연
하게 죽었다.

로써 어버이를 섬기며(事親以孝), 믿음으로써 벗을 사귀며(交友以信), 싸움에 임하여 물러가지 말 것이며(臨戰無退), 살아 있는 것을 죽이되 가림이 있어야 한다"라는 것이 바로 이것이다. 대개 이 세속오교를 백성에게 보급하여 그 신경에 관철시켰던 까닭에 당시 우리 민족은 나라를 위해 목숨을 바쳤으며, 싸워서 물러나지 아니하여 수나라 백만 대병을 살수에서 수장하고, 당나라 십만 대군을 안시성에서 곤궁에 빠뜨렸다. 어찌 우리 민족이 무력(武力)으로 한 것이 아니었던가. 오호라! 우리 선조의 교화가 바뀌어 상무정신이 보존되지 못했으니 지금에 이르러 누구의 허물이라 하겠는가? 원통하고 원통하도다!

※

일제는 1910년 8월 29일 대한제국을 병합하였다. 우리는 이를 경술국치(국권피탈)라고 부른다. 저자는 일제가 대한제국을 병합하는 과정을 상세하게 소개하면서 일제의 병합론과 일진회의 매국 활동 등을 서술하고 있다. 특히 일제의 병합 계획은 일찍부터 마련되어 치밀한 계략으로 진행되었음을 하나하나 언급하고 있다. 이는 당시 일본의 고위 관계자들이 자주 언급하고 있듯이 한국 병합 의도가 없었으며 일진회의 합병 요청서를 근거로 내세워 병합은 한국인들의 자발적인 요청에 따른 결과라는 주장을 정면으로 반박하는 내용이다.

한편, 저자가 주안을 두었던 점은 일제의 병합 과정에서 병합조약의 불법성을 밝히는 것으로 국제법에 입각하여 하나하나 지적하고 있지는 않으나 순종 자신이 병합조약을 비준하는 조칙을 거부하였음을 분명히 적시하고 있다. 이는 비준이 결여되었음을 보여준다. 물론 이런 과정이 궁중 내부에서 은밀하게 이루어졌기 때문에 이에 대한 저자의 오해와 착각이 있을 수 있다. 예컨대 윤덕영이 나라를 내주는 조칙을 만들어 황제에게 어새를 찍을 것을 요청함에 황제가 흐느끼면서 이를 허락하지 않자, 황제가 침실로 들어간 틈에 몰래 찍어 이완용에 건네주었다는 기술 내용이 논란이 된다. 왜냐하면 윤덕영이 옥새를 몰래 찍은 대상은 병합조약을 비준한다는 조칙이 아니라 이완용을 전권위원으로 임명한다는 위임장이었기 때문이다.

　그러나 일부 내용의 오류에도 불구하고 정교의 『대한계년사』에서 기술한 부분과 매우 유사하다는 점에서 그 신빙성이 높다. 특히 최근 윤대원의 연구(2011)에 따르면, 당시 통감 데라우치가 조약 체결의 당사자가 될 전권위원의 위임장에 대한 순종 황제의 재가를 고심하던 차에 부채 문제로 어려움에 처해 있던 윤덕영에게 부채 해결을 약속하며 공작을 지시했다는 것이다. 당시 윤덕영은 황후의 친부인 윤택영의 형이자 시종원(侍從院) 경(卿)으로서 순종에게 쉽게 접근할 수 있는 이점을 살려 황제의 침실에 몰래 들어가 옥새를 찍음으로써 순종이 조약 체결을 전권위원에게 위임하지 않았음에도 이를 날조하기에 이르렀던 것이다. 나아가 일제가 조약의 불법성을 가리기 위해 순종이 자발적으로 병합에 동의했다고 보여주려고 했던 칙유를 작성하여 공포하기도 하였다. 그러나 여기에도 마지막 부분에 당연히 있어야 할 황제의 이름, 즉 친서(親署)가 없다.

이 점에서 박은식의 이러한 기술은 훗날 연구자들이 병합늑약에 의문을 품고 연구할 수 있는 단서를 제공해 주었다. 특히 저자의 이러한 기술은 대한민국 임시정부가 1919년 9월 국제연맹에 제출할 목적으로 작성한 『한일관계사』 가운데 '합병늑약'을 기술한 부분을 뒷받침하는 전거가 되었다. 한 역사가가 어려운 조건 속에서 진실을 남기려는 노력이 불완전한 가운데서도 빛을 발하여 후배 독립운동가와 후세 역사가들에게 커다란 자산으로 다가온 것이다.

한편 저자는 병합늑약 이후 나라를 팔아먹은 매국노와 함께 국망을 애통하며 순절한 애국자의 명단을 제시하여 후일의 감계(鑑戒)로 삼고자 하였다. 특히 작위와 은사금을 받은 자들의 명단을 빠짐없이 게재함으로써 역사의 준엄한 심판을 고대하였다.

끝으로 저자는 안설(按說)을 통해 이 책의 내용을 요약 정리하면서 자신의 주장을 피력하고 있다. 즉 그는 일제의 기만적인 침략을 한국의 주요 사건인 갑신정변, 동학란, 명성왕후 시해, 러일전쟁, 을사늑약, 일진회 공작 등과 연계하여 날카롭게 비판하였다. 그 밖에 고종의 강제퇴위, 화폐정리사업, 자원수탈, 군대해산, 교육탄압 등을 들어 일제의 침략상을 부각시키고자 하였다. 그러나 저자는 일제의 침략을 고발하는 데 그치지 않았다. 우리 역사와 문화의 잠재력을 다시 한 번 일깨우면서 상무정신을 통해 난국을 극복해야 함을 역설하고 있다. 이처럼 그는 국망의 현실을 냉철하게 인식하면서도 광복의 꿈을 버리지 않았던 것이다.

## 第五十八章 日人倂韓之最終

先是, 日人在芝區綠亭, 組織一會, 討論對韓問題, 長谷川芳之助, 爲議長, 並設委員多人, 作日韓合邦之論, 以爲進行之先聲, 又數十年前, 日人森本藤吉, 有大東合邦論(大東者東亞三國-저자), 至是重刊而播之, 韓國一進會黨, 聞其風旨, 表示和應, 公布文字, 卽該當顧問日人內田良平所爲也, 時韓政府, 頗欲反對此事, 大韓協會及國民大會, 發布檄文, 攻擊一進黨, 喚起人心, 決議反對合邦, 自統監府, 切責政府, 且派警官, 拘國民會長而解散之, 大韓協會, 遂無聲矣.

此時, 日本內閣總理桂太郎・陸軍大臣寺內正毅, 武斷派也, 議決韓國合倂, 寺內爲統監, 山縣伊三郎, 爲副統監, 以七月十五日, 發東京渡韓, 先將韓國警察權委任問題, 與總理大臣署理朴齊純, 協議調印, 同月二十五日發表日, 日本國政府及韓國政府, 以韓國警察制度改善, 財政基礎鞏固之目的, 締決條約如左.

第一條, 韓國警察制度完備之前, 警察事務, 委任日本政府.
第二條, 關於韓國皇宮警察事務之必要者, 宮內大臣與事務官, 以臨時協議處理.

於是改變統監府一部官制, 全國警察權, 統一于警務總監, 七月一日, 發布憲兵警察制度, 加派日憲兵二千餘名, 排置十三道各要地, 又加多數密偵, 以爲補助機關, 又軍艦十隻, 遊弋仁川釜山之間, 警備嚴密.

時, 李完用創愈, 自溫陽溫泉歸家, 其家人, 有勸以掛冠者, 完用日, 我爲國民怨府久矣, 退則有禍, 寧始終依日以自保也, 七月三十一日, 完用·齊純·重應三人, 會于漢城俱樂部, 對時局問題, 議決一致行動, 日本憲兵司令官兼韓國警察總監明石元二郎, 受寺內意, 開納涼會及觀月會數回, 請韓國元老大臣及其他有力者談笑之間, 暗以時局問題示之, 時日本東京大水, 完用以八月十六日午前, 詣統監邸慰問, 寺內提合併案說明, 完用首肯而退, 當夜訪政府參與官國分象太郎密議, 越十七日朝, 招內部大臣朴齊純·度支大臣高永喜·農商大臣趙重應會議, 十八日開閣議, 警務總監明石, 禁止韓國各報, 併收日本報紙之來者, 解散各團體, 拘京城及地方紳士之稍負聲譽者數千人, 置之警察署, 憲兵巡查, 皆荷鎗實彈, 排列街巷, 日夜戒嚴.

　始伊藤引完用·秉畯爲爪牙, 而兩人自相爭權, 求媚伊藤, 賣與國權, 各盡伎倆, 故伊藤獲之尤易, 既又完用與重應合, 而秉畯失職, 在東京常快快, 指完用有怨言, 至是寺內決計合併, 欲促完用, 屢以東電揚言曰, 秉畯來, 秉畯來, 完用聞之, 恐其代己也, 遂汲汲自行締約, 彼之利用韓人, 亦可謂巧矣.

　耗矣哀哉, 亞東半島四千三百年歷史之韓國, 以庚戌(西曆一千九百十年-저자)八月二十九日, 而告終, 天乎人乎, 是日完用等矯造讓國詔, 遞皇后叔父侍從院卿尹德榮以進, 要押御璽, 帝獻欷不允, 皇后痛哭不已, 德榮素巧黠貪賕, 與完用等表裏和應者, 懇請皇后止哭曰, 若是則有赤族之禍, 可憐帝室, 外制於強國, 內逼於賊臣, 又迫於骨肉, 命之衰矣, 胡至此極, 德榮乃乘帝就寢, 潛捄御璽以出, 援完用, 完用致之寺內, 以故日政府, 封德榮子爵, 特賜金四十萬圓.

合併勒約

日本國皇帝陛下及韓國皇帝陛下, 顧念兩國間特殊之親密關係, 欲增進相互幸福, 確保東洋平和永久, 爲達此目的, 信韓國併合於日本, 茲決兩國間併合條約締結, 日本國皇帝陛下之統監子爵寺內正毅·韓國皇帝陛下之內閣總理大臣李完用, 以各其全權委員之任命, 會同協議, 協定諸條于左.


第一條, 韓國皇帝陛下, 關於韓國全部一切統治權, 完全且永久讓與日本國皇帝陛下.

第二條, 日本國皇帝陛下, 揭前條讓與受諾, 且承諾韓國併合於日本帝國.

第三條, 日本國皇帝陛下對韓國皇帝陛下·太皇帝陛下·皇太子殿下, 並其后妃及後裔, 應各其地位, 以相當之尊稱威嚴及名譽享有之, 且保持十分供給歲費.

第四條, 日本國皇帝陛下, 於前條以外, 對韓國皇族及其後裔, 各其相當明譽及待遇享有之, 且維持其必要供給資金.

第五條, 日本國皇帝陛下, 特爲表彰韓國人勳功, 認以適當者, 授榮爵且與恩金.

第六條, 日本國政府, 以前記併合之結果, 全然擔任韓國之施設, 且遵守同地施行之法規, 對其身體及財產, 與以十分保護, 且圖其增進福利.

第七條, 日本國政府, 以誠意忠實, 尊重新制度, 對韓人有相當資格, 且限於事情之容許, 以帝國官吏登用.

第八條, 本條約, 經日本國皇帝陛下及韓國皇帝陛下之裁可, 自公布日施行.

改統監府爲朝鮮總督府, 告示各道.


合併宣布以後, 日警官, 對韓國人民問感想如何, 而不卽答者, 輒毆之, 且以合併讚賀文一通, 巡示各民, 勒請署名捺印, 拒之有罰, 故逃避者多, 鄉村人民, 實無印章者, 日警官代造而捺之.

于時韓國人士殉節者多, 而各報旣廢, 天地黑闇, 其事無由發表, 且日警官等, 聞有死者, 脅其家人, 俾不得洩其故, 于時傳聞, 僅得此若而人.

錦山郡守洪範植·駐俄公使李範普·承旨李晚燾·進士黃玹·宦官潘學榮·承旨李載允·承旨宋鍾奎·參判宋道淳·判書金奭鎭·參判鄭某(金溝人)·議官白某(興德人)·議官宋益勉·正言鄭在樴·監役金智洙·監察李某(報恩人)·英陽儒生金道賢·同福宋完命·泰仁金天述·金永世·益山鄭東植·善山許某·文義李某·忠州朴某·公州趙章夏·連山李學純·全義吳剛杓·泰仁金永相·洪州李根周等二十九人, 其餘死者, 亦有所傳, 而併失其姓名.

蓋此諸人, 或名家華冑也, 或耆年宿德也, 或儒林著望也, 其死也, 或自經, 或刎腹, 或投水, 或餓死, 或飲藥, 或有絶命詞及遺書, 固皆史家, 大書特書, 爲之立傳者也, 嗚呼死者, 亦受彼脅迫, 其節莫得以彰, 則生者之苦楚, 豈不有甚於死者乎, 余今略得其狀者, 有洪範植·金道賢·黃玹三人, 而餘竢後日也.

(중략)

總督府官制

總督 寺內正毅, 政務總監 山縣伊三郎, 總務部長 有吉忠一, 度支部長
荒井賢太郎, 司法部長 倉富勇三郎, 農商工部長 本內重四郎, 內務部長宇
佐川勝美, 取調局長官石塚英藏, 臨時土地調查局副總裁 俵孫一, 通信局
長官 池田十三郎.

中樞院議官 金允植 · 李完用 · 朴齊純 · 高永喜 · 趙重應 · 李容稙 · 李址
鎔 · 權重顯 · 李夏榮 · 李根澤 · 宋秉畯 · 任善準 · 李載崑 · 趙羲淵 · 李根湘.


受爵位及恩賜金者

公爵 李堈 · 李憙 · 李埈鎔.

侯爵 李載完 · 李載覺 · 李海昌 · 李海昇 · 尹澤榮 · 朴泳孝.

伯爵 李址鎔 · 閔泳璘 · 李完用.

子爵 李完鎔 · 李埼鎔 · 朴齊純 · 高永喜 · 趙重應 · 閔丙奭 · 李容稙 · 金允
植 · 權重顯 · 李夏榮 · 李根澤 · 宋秉畯 · 任善準 · 李載崑 · 尹德榮 · 趙民熙 ·
李秉武 · 李根命 · 閔泳奎 · 閔泳韶 · 閔泳徽 · 金聲根.

男爵 「尹用求」 · 洪淳馨 · 「金奭鎭」 · 韓昌洙 · 李根湘 · 趙羲淵 · 朴齊斌 ·
成岐運 · 金春熙 · 趙同熙 · 朴箕陽 · 金思濬 · 張錫周 · 閔商鎬 · 趙東潤 · 崔錫
敏 · 「韓圭卨」 · 「俞吉濬」 · 南廷哲 · 李乾夏 · 李容元 · 李容泰 · 閔泳達 · 閔泳
綺 · 李鍾健 · 李鳳儀 · 尹雄烈 · 李根澔 · 金嘉鎭 · 鄭洛鎔 · 閔種默 · 李載克 ·
李允用 · 李正魯 · 金宗漢 · 「趙鼎九」 · 金鶴鎭 · 朴容大 · 趙慶鎬 · 金思轍 · 金
炳翊 · 李胄榮 · 鄭漢朝 · 閔炯植, 而金奭鎭自殺, 趙鼎九自殺不殊, 尹用求 ·
韓圭卨 · 俞吉濬並不受.

按日本之取韓國, 固以其力, 而實以詐濟之者多矣, 蓋彼經營韓國, 遠因自豐臣秀吉, 近發由西鄉隆盛, 而合併琉球, 卽合併韓國之嚆矢也, 丙子通商以後, 交際頻繁, 窺伺獲便, 陰圖所以進取之者, 而中國在韓背後監視之, 當時勢力, 非彼所敵, 而於歷史上地理上種族上人民感情上, 均有固結, 不解之根柢, 雖百日本, 似不得以間之, 然日本不以此灰心, 一意進步, 百計設法, 期欲斷絕中韓關係, 貫徹其目的所在, 于時韓國與各國修交, 得自主之權, 行文往復, 與獨立國一樣, 日人卽認獨立二字為利用, 韓人排斥中國之機, 而吾國名家才士年少氣銳之徒, 遊覽海外, 新聞世界眼目, 萌自尊國體之思想, 且在日本交際最殷, 彼其巧猾手段, 尤足以餂人以致之, 乃餌此等人以獨立之榮, 許以援助, 遂釀甲申之變, 大戮親華派, 組成日黨政府, 以伸其勢力, 乃為清兵所擊退, 竹添等, 竄回其國, 以表面觀之, 彼雖云敗, 而實則獲利者多, 而受害者韓耳, 何也, 韓國國事犯之為其利用者, 與其他親日派, 陰為關通者, 自在, 于時此輩, 除親日外, 無他生路, 則其得後日之效用, 確然無疑, 加以天津條約, 得中國多少讓步, 而佔同等之權, 準備將來之決戰, 此其行詐獲利者一也.

甲午以韓國東學之亂, 俱行干涉, 遂開戰端, 而彼則宣言曰, 我為完成韓國之獨立, 有此出師云, 局外之人, 有謂日人此舉, 出於義俠, 而韓國親日黨, 皆拔於九死餘生, 驟佔政權, 則其對日感情, 尤如何款洽, 所以允其要求, 予以便利者, 惟恐不及, 于時大院君, 稍存異見, 密貳于清, 而為日黨所摘發, 被黜政界, 自餘在野守舊之士, 雖不同意於日黨, 而無位無權, 何能為役, 此日人所以大得便利水陸之戰, 進行無碍者, 若使韓人全體同心, 仇日而障害之, 則其獲全勝, 未必如彼其易, 此其行詐獲利者二也.

乙未之歲, 明成皇后有聯俄排日之幾, 彼卽以行弒除害決計, 而慮宮中監察, 而預防之, 則井上馨回國之日, 入宮面奏曰, 日人維持宮中大權, 確保安寧, 斷無他虞, 且請召閔族, 參預政界, 於是宮中, 信而釋慮, 弛其防備, 竟使三浦之徒, 逞其行弒之凶圖, 除去排日之中心, 此其行詐獲利者三也.

甲辰與俄開戰宣言曰, 保存韓國獨立, 購韓人之懽迎曰, 開放滿洲, 得各國之同情, 日兵北進也, 韓民為之運搬軍需, 擔役鐵路, 予以莫大之便利, 祝日本之勝, 各國人, 亦多袒日, 及其戰勝而講和, 則遂逞其吞韓野心, 獨佔滿洲利益, 此其行詐獲利者四也.

日軍入境, 林權助卽脅韓廷, 議定六條, 佔莫大權利, 而其他各種行動, 無非實行侵略, 於是韓國臣民, 咸懷危懼, 建議設立議院, 仿立憲制度, 組織民意機關, 欲以上下一心, 為救亡之圖, 而伊藤博文, 以大使來韓, 陛見盛言, 日本此舉, 為扶植韓國獨立, 確保滿洲, 為中國領土, 且曰願陛下, 勿輕聽羣臣言, 以失君權, 韓皇素重伊藤, 以為伊藤, 旣保君權, 而廷臣之請設議院者, 欲減君權, 非忠也, 議遂不行, 民意機關, 無從而立, 後日勒約, 逐嚇得於政府之少數人, 免受衆議之抵抗, 此其行詐獲利者五也.

甲午東學黨敗散後, 其魁李容九 · 宋秉畯等, 亡命在東京, 而其餘黨之在國內各地者向衆, 日人居此為奇貨, 謂其魁曰, 我日人得志於韓國, 用爾等組織政府, 改革政治, 其魁大悅, 使其徒, 組成一大團體, 曰一進會, 因廣誘愚民入黨曰, 吾輩改革政治, 內而大臣 · 協辦, 外而觀察 · 郡守, 非吾黨不得, 且富人田地, 皆吾當之公產, 汝等賣其家屋田土, 以納會金, 則大小官職, 如願可做, 富人田地, 必歸汝等, 蚩蚩下流, 聞而踴躍, 爭為黨員, 盡傾其財產而納之, 日人又助以金錢, 庇以勢力, 堅其趨附之意, 得多數之倀導,若保護·廢立·合併等大事, 皆得其利用, 而公布之, 曰此事卽韓國人民之贊成者, 以藉口於各國, 畢竟合併實行後, 與各團體併行解散, 愚民之賣納家舍田土者, 所得止, 賣國賊之惡名, 而流為乞丐而已, 此其行詐獲利者六也.

曰維持皇室尊嚴, 而卒行廢位, 曰改良幣政, 而先奪財權, 曰刷新兵制, 而解散軍隊, 曰指導教育, 而廢撤學校, 燒燬書籍, 曰企圖韓國富強, 而盡奪富源, 不留寸鐵, 曰增進人民幸福, 而蹂躪產業, 糜爛血肉, 此皆行詐獲利之犖犖大者也, 其他千條萬端, 無不以詐出之, 而韓國舉矣, 嗚呼, 世之有國者, 慎毋為外人所詐, 蹈韓覆轍也, 抑又自我反省, 孰亡吾國, 責政府者曰, 政治腐敗故也, 責人民者曰, 民智幼穉故也, 是皆言之有據, 責之固當, 然吾獨曰, 吾祖之教化, 替而至此耳, 何以言之, 觀夫寰球列國, 若者為霸, 若者為奴, 若者其興, 若者其亡乎, 其民武強而勇敢輕生者, 霸矣興矣, 其民文弱而惻懦畏死者, 奴矣亡矣.

夫我之立國歷史, 與古代文化, 於日本為先進也, 儒佛道德之教, 百工技藝之術·詩書禮樂之化, 皆彼所慕而學者, 在昔壬辰之役, 日將沙也可, 提兵入吾境, 慕我文物, 遂以所部三千歸我, 效力宣勞, 贊我中興, 豈於搶攘之中, 一見而決此哉, 以慕我素久也, 沙也可日本驍將也, 壬辰之役, 以右先鋒入我境, 見我文物, 卽以部下來降日, 生長島夷之中, 久慕貴國文化, 今秀吉無名興師, 心竊非之, 願為聖人氓因以討賊, 屢奏奇功, 賜姓名曰金忠善, 至甲子·丙子之亂, 亦有勳勞, 後人祠享之, 有文集二卷, 傳於世, 乃至于今, 日人縣吾國奴吾族, 置之九幽之下者, 何故, 縱其西洋新文化之輸入, 較早于我政治學術, 亦有發軔之先, 而勝敗之數, 不專在是職, 由彼之

武强, 乘我文弱耳, 且吾國數十年來, 忠義之士, 志決殉國, 張空拳冒白刃,
視死如歸, 濺其義血者, 不已多乎, 至若子房之椎·包胥之哭·豫讓之刃,
轟轟烈烈, 震動世界者, 亦不接踵而作乎, 然皆無救於國亡者, 以吾族全體
文弱, 無敵彼之力也, 然則吾國武力之隳, 自何時乎, 本朝五百年, 號尚文
治, 黜武太甚, 以陷于積弱者, 人皆知之言之, 而吾獨曰, 吾祖之敎化替, 而
武力隳矣, 蓋鎗砲劍矛, 器械之武也, 忠信勇敢, 精神之武也, 而器械之用,
必藉精神之力矣, 吾祖尚武之精神, 寓於敎化之中, 昔三國之世, 有五敎之
目曰, 事君以忠, 事親以孝, 交友以信, 臨戰無退, 殺生有擇, 是也, 夫此五
敎, 普及于民, 貫徹其神經, 故當時吾族, 為國効命, 戰不旋踵, 隋兵百萬,
潯于薩水, 唐師十萬, 困于安市, 豈不以我之武歟, 嗚呼, 吾祖之敎化替, 而
尙武之精神不存, 以至于此, 是誰之過歟, 痛矣痛矣.

옛날 발해(渤海)의 대(大)씨는 땅 면적이 5천 리이고 나라를 누린 기간은 3백 년이었으며, 무공(武功)이 이미 혁혁하고, 문물도 창성하여 천하가 해동성국(海東盛國)이라 칭하였다. 그런데 나라가 멸망함에 미쳐 이른바 발해사(渤海史)라는 책이 후세에 보이지 않으니 무슨 까닭인가. 내가 일찍이 동쪽 용천(龍泉)에 이르러 고적을 찾아보려 하였으나 단지 누런 풀이 으스스하고 쓸쓸하며 강물이 오열하는 것만을 보았을 뿐, 고왕(高王), 무왕(武王), 문왕(文王), 선왕(宣王)의 큰 훈공과 위업은 모두 이미 회오리바람에 사라지고 아무것도 없는 곳이 되어 버렸다. 무릇 문왕과 선왕 때에는 발해의 문인과 학사들이 당나라에 들어가 과거에 급제한 자가 끊이지 않았는데, 어찌해서 그 문헌이 조금도 남아 있지 않단 말인가. 또한 왕자, 왕족 및 유민들이 요(遼)나라의 노복이 되는 것을 부끄럽게 생각하고, 쓰던 그릇을 가슴에 안고 고려에 들어온 자가 1

만여 명이나 된다고 하는데, 어찌 계차지전(鷄次之典)[1] 즉 법전(法典)을 짊어지고 온 자가 없단 말인가. 한편, 그 백성은 마한과 같은 족속이었고, 그 땅은 고구려의 옛 강토이며 고려의 인사들이 당연히 일가(一家)로 여겨 왔는데, 어찌하여 물어 조사해서 저술하지 않았는가. 그러므로 후대 사람들이 발해사가 서술되지 않았음을 보고 고려가 부진하였음을 알 수 있다고 하였으니, 어찌 믿지 않을 수 있겠는가. 무릇 모든 인류가 이 지구상에 살면서 야만과 생번(生蕃: 왕화(王化)에 복종하지 않는 야만인―역해자)의 고루함을 벗어나서 국가제도를 이루고 도덕, 윤리, 정교(政敎), 법제를 갖추는 데는 역사가 없지 않았다. 역사가 보존된다는 것은 나라의 혼(魂)이 보존된다는 것이다. 아시아에서 최대이며 최고의 나라를 들어 논한다면, 중국의 혼은 문학에 의탁하였고, 돌궐의 혼은 종교에 의탁하였다. 중국은 간간히 흉노, 선비(鮮卑), 저강(底羌), 금원(金源), 몽고의 겁탈을 받았으나, 타국에 동화되지 않았으며 마침내 다른 족속을 동화하여 하나로 만들 수 있었다. 돌궐은 국세가 점차 약화되고 토지는 날로 줄어들어 열강의 제압을 받은 지 오래지만 1억 만 교도의 힘은 오히려 강하여 다시 떨칠 수 있을 것을 바랄 수 있다. 이는 혼이 강한 나라이다. 선비, 거란, 몽고와 같은 나라는 바야흐로 번성할 때는 능히 큰 땅을 정복하여 위엄을 천하에 떨쳤지만, 무력이 한번 쇠약해지자 나라의 수명도 다하게 되었다. 이는 백(魄)이 강한 나라이다. 대개 국교(國敎)·국학(國學)·국어(國語)·국문(國文)·국사(國史)는 혼

---

1 계차(鷄次)는 전국 시대 초나라 법전이다. 오나라와 초나라가 싸울 때, 초나라의 몽곡이 계차지전을 짊어지고 강으로 피난하였다가, 후에 이 법전을 바쳐 혼란한 정치를 바로 잡았다.

에 속하는 것이요, 전곡(錢穀)·군대(軍隊)·성지(城池)·선함(船艦)·기계(器械) 등은 백에 속하는 것으로, 혼의 됨됨은 백에 따라서 죽고 사는 것이 아니다. 그러므로 국교와 국사가 망하지 아니하면, 그 나라도 망하지 않는 것이다. 오호라! 한국의 백은 이미 죽었으나, 이른바 혼이란 것은 남아 있는 것인가 없어진 것인가.

나는 단군 개국기원 4190년(4192년의 오류—역해자)에 황해도 바닷가에서 태어났다. 고고(呱呱)의 소리를 지르며 땅에 떨어지던 날 이미 국민의 책임을 짊어지게 되었는데, 늙어서 백발이 성성한 지금까지 그 직분을 폐하여 우리 조상들로 하여금 제사를 받지 못하게 하였다. 이런 큰 죄를 짊어지고 어디로 돌아갈 수 있으리오. 하루는 애양(靉陽)의 우리 동포를 방문하고 머물게 되었는데, 다음 날 아침 주인이 나에게 일러 말하기를 "꿈에 한 사람이 나타나 '그대가 여기에 있는가' 물으면서 말하기를 '그 사람이 저술한 것이 있는가. 그는 동방 문헌에 대한 책임을 지고 있는 사람이다'라고 하더이다" 하였다. 내가 그 말을 듣고 눈물을 흘리며 말하길 "우리 조상이 묵묵히 소자에게 명하는 것이 있구나" 하였다. 그러나 본조(本朝, 조선—역해자)는 문(文)을 숭상하여 오백 년간을 다스려 옴에 사림(士林)을 배양하여 은혜와 덕택이 깊고 두터우니 문헌의 저술은 응당 할 만한 사람이 있을 것이다. 나는 그러한 재목이 못되니 어찌 감히 대신할 수 있겠는가. 이에 머뭇거리며 주저하다가 수년을 넘겼다. 그러나 저술하는 자가 있다는 소식을 듣지 못했다. 세월은 흐르는 물과 같아서 나로 하여금 조금 더 미룰 수 없게 하였고 나 또한 이 직무를 집어치운다면 사천 년의 문명을 가진 오랜 나라가 또한 장차 발해국이 망하자 역사도 망하는 것과 같아지지 않겠는가. 비록 세상 사람들이 자격 없는 사람이 썼다고 나를 꾸짖는다 하더라도 어찌 내가 사양하여 그만두겠는가. 그러나 사천 년 전체의 역사는 고루하고 쇠둔(衰鈍)하여 내가 능히 집필할 수 있는 바가 아니며 또한 단시일에 완성할 수도 없다. 이 일은 할 수 있는 이에게 기대한다. 내가 세상에 태어난 이후부터 목격한 근자의 역사는 대체로 노력해 볼 만하다. 이에 갑자년(1865)부터 신해년(1911)에 이르기까지의 기간을 3편 114장으로 지어 '통사(痛史)'라 명명하니, 감히 정사(正史)를 자처하려는 것은 아니다. 다행히 우리 동포들이 국혼이 담겨 있는 것임을 인정하여 버리거나 내던지지 않기를 바랄 뿐이다.

❋

저자는 여기서 다시 한 번 『한국통사』 서술의 절박성을 일깨우고 있다. 즉 국교, 국학, 국어, 국문, 국사로 대변되는 국혼(國魂)을 잃지 않는다면 나라를 유지할 수 있으며 또 설령 나라를 잃을지라도 언젠가 국혼에 기대어 나라를 찾을 수 있다는 점에서 저자는 역사가로서 국혼이라 할 국사를 남겨야 한다는 것이다. 반대로 국혼을 보존하지 않는다면 경제력과 군사력으로 대변되는 국백(國魄)이 아무리 강성하더라도 언젠가 나라의 수명이 다하면 국백은 물론 국혼도 모두 사라진다는 것이다.

그리하여 저자는 역사상에서 그러한 예들을 하나하나 들었다. 좁게는 우리 역사의 한 갈래인 발해의 역사가 고려 시기에 정리되지 않음으로써 발해가 지구상에서 영원히 소멸되었다는 점을 상기시키고 있다. 넓게는 흉노, 선비, 저강, 금, 원 등은 강한 군사력과 경제력에도 불구하고 국혼이 없어 결국 지구상에서 사라졌음을 강조하고 있다. 반면에 중국과 돌궐은 수많은 외적의 침략에도 불구하고 각각 문학과 종교에 의탁함으로써 수많은 족속들을 누르고 나라를 지켰다는 점을 강조하고 있다. 여기서 우리는 저자가 『한국통사』를 저술한 이유를 알 수 있다. 그의 말대로 역사를 보전한다면 언젠가 나라를 되찾을 수 있다는 희망에서이다.

그러나 저자는 자신을 동시대사를 집필할 재목으로 생각하지 않고 다른 이가 나타나 이러한 작업을 해주길 고대하였다. 역사가이자 언론인으로서 필명을 날렸던 문필의 대가였지만 그는 역사서가 지녀야 할 정확성과 엄중함을 누구보다 알고 있었기에 작업에 임할 수가 없었던 것이다. 이 점에서 김부식이 『삼국사기(三國史記)』 서에서 자신의 비재를 탓하고 있지만 실상 자부심이 넘쳐나는 필체로 책을 편찬하는 마음과 대비된다고 하겠다. 그러나 박은식은 결국 발해 역사의 소멸을 반면교사로 삼아 국혼을 살리기 위해 붓을 잡기에 이른 것이다. 우리는 그의 이런 자세와 목표 의식을 통해 한민족의 구성원이자 역사가로서의 뜨거운 감성과 냉철한 이성을 발견한다.

오늘날 우리는 세계화 시대에 살고 있다. 그러나 세계화가 여러 국가와 민족이 공존하면서 자신의 역사와 문화를 보존하고 발전하는 방향으로 나아가지 않는다면, 이는 한낱 강자의 세계 지배를 지탱하고 획일적인 문화를 양산함으로써 갈등과 분쟁을 더욱 부채질할 것이다. 그런 점에서 평화와 공존을 위한 진정한 세계화는 여러 지역 사람들의 다양한 삶이 존중되고 보호되는 방향으로 나아가야 할 것이다. 그리고 이를 위해서는 생명을 존중하고 타 문화와 공존할 수 있는 기반을 만들어야 할 뿐더러 이를 뒷받침해 온 자신의 역사를 온전하게 보전함으로써 자기의 존재를 자부하듯이 타자의 존재를 적극적으로 인정하고 공존할 수 있는 방향을 모색해야 할 것이다. 이는 인류 전체의 구성원으로서 우리의 문화 역량을 높이는 동시에 다른 나라까지 포함하는 전체적인 구상을 가지고 인류 전체의 미래에 대해 책임을 지는 자세를 길러야 함을 의미한다. 이러한 세상이 바로 저자 박은식이 꿈꾸었던 대동세계가 아닌가.

## 結論

昔者渤海大氏, 有地五千里, 享國三百年, 武功旣爀, 文物並昌, 天下稱
為海東盛國, 及其滅也, 所謂渤海史者, 不見於後世, 何哉, 余嘗東到龍泉,
欲訪古蹟, 但見其黃艸蕭瑟, 江水嗚咽, 而高·武·文·宣之宏勳偉業, 悉已
飄滅於無何有之鄉矣, 夫文·宣之際, 渤海之文人學士, 入唐登科第者, 先
後相望, 而何其無文獻之略存也, 又其王子王族及遺民, 恥僕於遼, 抱器
入高麗者萬餘人, 豈其無一負鷄次之典而來者, 且其民為馬韓同族, 其土
為高句麗舊疆, 高麗人士, 當視為一家, 何不訪而述之, 故後人謂渤海史不
修, 知高麗之不振者, 豈不信哉, 蓋凡人類, 宅此地球之上, 脫野蠻生蕃之
陋, 而成國家制度, 有道德倫理政敎法制之具者, 莫不有史, 史之所存, 國
魂所寓也, 試以亞洲最大且古之國論之, 中國之魂, 托於文學, 突厥之魂,
托於宗敎, 中國間被匈奴·鮮卑·氐羌·金源·蒙古之刦, 而五千年文學之
淵源不絶, 故不化於他族, 而竟能化他族而一之, 突厥國勢寢弱, 土地日削,
受制列强久矣, 而一億萬敎徒之力尙强, 可冀其復振, 此魂强之國也, 如鮮
卑·契丹·蒙古, 方其盛也, 能征服大地, 威振天下, 而武力一隳, 國命忽焉,
此魄强之國也, 蓋國敎·國學·國語·國文·國史, 魂之屬也, 錢穀·卒乘·
城池·船艦·器械, 魄之屬也, 而魂之為物, 不隨魄而生死, 故曰國敎·國史
不亡, 則其國不亡也, 嗚呼, 韓國魄已死矣, 所謂魂者, 存乎否乎.

余以檀君開國紀元四千一百九十年, 而生於黃海之濱, 呱呱墜地之日, 已
負國民之責矣, 而迄今老白首荒廢厥職, 使吾祖不祀, 負此大罪, 安所適歸,
一日訪吾同胞於靉陽而宿焉, 翌朝主人告余曰, 夢有人問君在此, 曰斯人有

述乎, 是其有東方文獻之責者, 余聞而泫然曰, 吾祖其默有命於小子耶, 然本朝右文為治五百年, 培養士林, 恩深澤厚, 文獻之述, 當有其人, 余非其材, 何敢代斲乎, 乃逡巡延竚, 奄逾數年, 而作者無聞, 歲月如流, 不我少延, 余又廢此職也, 則四千年文明舊國, 亦將不類乎渤海之國亡史亡耶, 雖天下之人, 誚我以蠻, 亦烏得以辭耶, 然四千年全部之史, 有非孤陋衰鈍, 所能為役, 且非可以時月告功, 是則有望於能者, 而自余生世以後, 目擊之近史, 庶可勉焉, 乃自甲子迄於辛亥, 為三編一百十四章, 名之曰痛史, 不敢以正史居也, 幸我同胞, 認以為國魂所存, 而勿棄擲也否.

『韓國痛史』原文 차례

참고문헌

# 『韓國痛史』原文 차례

經筵官宋秉璿學部主事李相哲平壤徵上兵金奉學併自殺殉國

강만길, 『고쳐 쓴 한국근대사』, 창비, 2006.

권태억 편, 『(자료모음)근현대 한국 탐사』, 역사비평사, 1994.

김도형, 『大韓帝國期의 政治 思想 硏究』, 지식산업사, 1994.

김문자, 『명성황후 시해와 일본인』(김승일 옮김), 태학사, 2011.

金炳佑, 『大院君의 統治政策』, 혜안, 2006.

金容燮, 『韓國近代農業史硏究[III]-轉換期의 農民運動-』, 지식산업사, 2001.

金容燮, 『新訂 增補版 韓國近代農業史硏究[II]-農業改革論·農業政策 (2)』, 지식산업사, 2004.

김태웅, 『뿌리깊은 한국사 샘이 깊은 이야기 6-근대-』, 솔, 2001.

박찬승, 『근대이행기 민중운동의 사회사 : 동학농민전쟁·항조·활빈당』, 경인문화사, 2008.

서영희, 『대한제국 정치사 연구』, 서울대학교 출판부, 2005.

서중석, 『신흥무관학교와 망명자들』, 역사비평사, 2001.

송찬섭, 『朝鮮後期 還穀制改革硏究』, 서울대학교 출판부, 2002.

愼鏞廈, 『獨立協會硏究 : 獨立新聞·獨立協會·萬民共同會의 思想과 運動』, 一潮閣, 1985.

愼鏞廈, 『朴殷植의 社會思想硏究』, 서울大學校 出版部, 1986.

역사학연구소 편, 『함께 보는 한국근현대사』, 서해문집, 2004.

왕현종, 『한국 근대국가의 형성과 갑오개혁』, 역사비평사, 2003.

柳永益, 『甲午更張硏究』, 一潮閣, 1997.

유용태, 『환호 속의 경종 : 동아시아 역사인식과 역사교육의 성찰』, 휴머니스트, 2006.

윤대원, 『데라우치 마사다케 통감의 강제 병합 공작과 '한국병합'의 불법성』, 소명, 2011.

李光麟, 『韓國史講座 Ⅴ』(近代篇), 一潮閣, 1981.

이영호, 『한국근대 지세제도와 농민운동』, 서울대학교출판부, 2001.

이영호, 『동학과 농민전쟁』, 혜안, 2004.

李元淳, 『朝鮮時代史論集 : 안(한국)과 밖(세계)의 역사』, 느티나무, 1992.

이태진, 『고종시대의 재조명』, 태학사, 2000.

이태진 편저, 『일본의 대한제국 강점 : 보호조약에서 병합조약까지』, 까치, 1995.

崔起榮, 『韓國近代啓蒙運動研究』, 一潮閣, 1997.

최덕수 외, 『조약으로 본 한국 근대사』, 열린책들, 2010.

崔文衡 외, 『明成皇后 弑害事件』, 民音社, 1992.

韓永愚, 『韓國 民族主義 歷史學』, 一潮閣, 1994.

황재문, 『안중근 평전 : 평화를 위해 총을 겨눈 인간의 다면적 초상』, 한겨레, 2011.

洪淳權, 『韓末 湖南地域 義兵運動 研究』, 서울大學校 出版部, 1991.

지은이

## 박은식(朴殷植)

한국 근대개혁기·일제강점기의 학자·교육자·언론인·독립운동가. 자는 성칠(聖七),
호가 겸곡(謙谷), 백암(白巖), 태백광노(太白狂奴), 무치생(無恥生)이며, 본관은 밀양(密
陽)이다. 한성사범학교 교관을 지냈으며 『황성신문』의 주필로 일제의 침략을 비판하고
국권 수호 운동에 앞장섰다. 1911년 만주로 망명하여 나라 밖에서 독립운동을 전개하는
가운데 많은 저서를 남겼다. 이 중 『한국통사(韓國痛史)』는 국혼론(國魂論)이 살아 숨쉬
는 대표적인 한국 근대사 개설서이다.


역해자

## 김태웅(金泰雄)

서울대 역사교육과 교수. 학문 연구와 교육 현장의 거리를 좁히고자 하는 의도 아래 한
국 근대사를 자료에 입각하여 탐구할 수 있는 『뿌리깊은 한국사 샘이 깊은 이야기-근대
편』을 펴냈다. 또한 한국 근대재정사에 관심을 기울여 『서울재정사』(공저)를 비롯한 지
방재정 관련 논문을 다수 발표하였다. 특히 사범 교육과 역사서술 방식 문제에 천착하면
서 교육자이자 역사학자로서의 박은식 선생이 저술한 역저 『한국통사(韓國痛史)』를 주
목하게 되었다. 주체적인 당대사 인식과 과학적인 서술 방식은 우리가 반드시 본받아야
할 백미라 하겠다. 근래에 근대 재정개혁의 설계자로서 어윤중의 삶과 역사적 의미를 드
러내는 『어윤중과 그의 시대』를 펴냈다.

# 한국통사

1판 1쇄 펴냄 | 2012년 2월 29일
1판 5쇄 펴냄 | 2021년 9월 3일

지은이 | 박은식
역해자 | 김태웅
펴낸이 | 김정호
펴낸곳 | 아카넷

출판등록 2000년 1월 24일(제406-2000-000012호)
10881 경기도 파주시 회동길 445-3 2층
대표전화 031-955-9511(편집) · 031-955-9514(주문) | 팩시밀리 031-955-9519
www.acanet.co.kr | www.phildam.net

ⓒ 김태웅, 2012

Printed in Seoul, Korea.

ISBN 978-89-5733-232-0
ISBN 978-89-5733-230-6(세트)